탁월하게 나답게 사는 삶

자기다움으로 승부하고 선한 영향력으로 살아가라

JUST LIVE, BE YOURSELF

탁월하게 나답게 사는 삶

이주열 지음

꿈을 이루는
사람들

먼저 읽고 이 책을
추천한 '1호' 독자들

행복한 삶을 살고 싶은가? 내가 좋아하는 것과 잘하는 것, 내게 가치 있고 보람 있는 것의 교집합을 찾아라. 이 책은 그 교집합을 찾아 삶으로 실천할 수 있게 다섯 가지 'I'로 간결하고 완벽하게 설명한 훌륭한 인생 지침서다. 꼭 읽어보고, 친구들과 가족들과 함께 자기다움을 찾아 떠나는 여행을 해보기 바란다.

김춘호 한국 뉴욕주립대학교 명예총장, 서울벤처대학원대학교 총장

책을 보는 '나만의 눈'이 있다. 저자가 이론만 가졌는지, 실제 삶의 결과를 두고 있는지, 다른 사람들의 지식을 통합한 것인지 눈여겨보는 편이다. 특정 부류의 방법을 다룬 책만 최고라고 하기엔 무리가 있지만, 나는 선인들에게 겸손히 배우며 자신의 이론을 세우고 그것에 삶을 드려본 저자의 책을 최고로 꼽는다. 이 책이 바로 그런 책이다. 이론과 실재가 조화를 이루고 있고, 무엇보다 저자가 그런 삶을 살고 있다. 나는 저자를 대학생 때부터 알고 지냈는데, 그는 속고 당하면서도 퍼주기를 멈추지 않으며 말과 행동을 일치시키려 부단히 노력해왔다. 그렇게 캠퍼스나 교회 같은 '온실' 대신 사회라는 '광야'에서 제자들을 키우며 달려온 그의 경험이 여기 고스란히 녹아 있는 것이다.

가슴을 뜨겁게 하며 날카로운 이성을 통해 자기다움을 찾고, 자기 역할에 행복감을 누리

고 싶은 사람의 필독을 권한다. 그리고 이 책에서 배우고 깨달은 바를 함께 시도할 이들을 찾아 삶으로 검증된 여러분만의 이야기를 써가기 바란다. 자기다움을 숨겨야 하고 여러 다른 부(副) 캐릭터를 혼용하며 살아가는 이 시대 청년들에게 꼭 필요한 책임을 확신하며 자신 있게 추천한다.

이승제 MCnet 대표, 가까운교회 담임목사

많은 사람이 꿈을 말하면서도 꿈을 회피한다. 이유는 그 여정이 고통스럽기 때문이다. 과연 꿈을 이루는 여정이 고통스럽기만 할까? 이 책이 주는 힌트대로 나다움을 먼저 탄탄히 하고 그것이 선한 영향력으로 이어진다면, 분명 기쁨의 여정이 될 것이다. 자신의 꿈이 기쁨과 가치로 빛나기 원하는 젊은이들의 '필독'을 권한다.

김미경 MKYU 대표, 《김미경의 마흔 수업》 저자

'체계적이고 냉철한 사고'라는 재능과 뛰어난 실행력, 끈기를 동시에 갖추고 있는 사람을 만나기는 쉽지 않다. 나아가 사람에 대한 깊은 관심과 애정까지 갖춘 이를 만나기란 더욱 더 어렵다. 이런 장점을 고루 갖춘 이주열 교수의 책은 오늘날 자기답게 살아가려는 모든 이에게 감동과 위로가 될 거라고 확신한다. 오랫동안 강의와 교육을 통해 많은 이에게 영감을 준 저자의 목소리를 마침내 책으로 만날 수 있어서 반갑고 행복하다.

김민석 자이언트스텝 부사장

서체 디자이너지만, 나는 내 글씨를 소중하게 여기고 아껴본 적이 없었다. 세상에 글씨 잘 쓰는 사람이 많고, 내 글씨는 아직 '캘리그래피'(서예)라고 자신 있게 말할 수준이 아니라고 생각했기 때문이다. 그래서 이주열 코치님이 대기업에 캘리그래피 작가로 소개해주실 때마다 이렇게 말씀드리곤 했다. "경영자들을 대상으로 수백억 원 규모 실적을 내는 경영 컨설턴트께서 그보다 훨씬 적은 비용을 받는 제 글씨 팔러 다니시는 모습이 너무 송구하고 죄송해요. 제자 먹여 살리느라 껌 파시는 것 같아요. 코치님 평판에 안 좋을 것 같아 걱정도 되고요."

그럴 때마다 코치님은 이렇게 말씀하셨다. "병호야, 롯데도 껌 팔아서 지금의 롯데가 된 거야. 어려울 때 도울 수 있어서 난 오히려 기쁘단다. 그래서 더 한 것도 팔 수 있어. 나는 병호 글씨가 세상에서 가장 예쁘고 힘 있고 멋진 글씨라고 생각해."

코치님 덕분에 여러 기업을 만나며 내 글씨의 가치는 달라졌다. 이제 나는 내 글씨가 못났다거나 평범하다고 말하지 않는다. 글씨 작업 아닌 디자인 요청을 받아도 "비전공자라 모릅니다"라고 하지 않는다. 가치 있게 바라봐 주는 분들이 계셔서, 나도 그만큼 더욱 마음 다해 작업에 집중하게 된 것이다. 그러다 나중에 깨달았다. 자신의 글씨를 소중히 여기지 않는 내 태도의 뿌리에 낮은 자존감 문제가 있다는 것을. 2014년 9월 MCA 청년자기다움학교에 참여하면서부터 2023년 현재에 이르기까지, 나는 내 가치를 알고 나답게 살아가도록 도와주신 이주열 코치님의 청년자기다움학교 공동체에서 성장과 성숙의 경험을 풍성하게 맛볼 수 있었다.

이 책은 청년자기다움학교에서 가르치는 내용을 담고 있다. 자세하고 실제적으로 정리되어 있어서 이 교육에 참여하지 않은 사람도 쉽게 이해하고 적용할 수 있을 것이다. 자기 가치를 발견하고 자신 있게 세상을 살아갈 발판이 되어줄 이야기로 가득한 이 책을 늘 곁에 두라. 나답게 살고 싶거나 인생의 칼바람에 흔들릴 때 든든한 힘과 친구가 되어줄 것이다.

강병호 서체 디자이너, MCA 청년자기다움학교 1기

"요즘 들어 자기답게 살라는 말을 자주 듣는데…, 자기다운 건 도대체 어떻게 찾는 거지?"라고 묻는 모든 이에게 이 책을 '강추'한다. 대학 졸업 후 미래를 막막해하며 살아가던 20대 시절, 이주열 코치님과의 만남은 '수동적인 나'를 '능동적인 나'로 바꾸는 계기가 되었다. 벌써 10여 년 전 일이지만, 내가 늘 자기답게 살려고 노력하는 이유 중 하나는, 그때부터 지금까지 계속해서 '자기다움'과 '선한 영향력'에 관해 고민하며 방향을 모색한 덕분이라고 생각한다. 쉽게 읽어낼 책은 아니지만, 지난 10년 동안 실제 사례를 통해 검증된 방법론이 담겨 있기에 여러분도 나와 같은 것을 경험하리라 생각한다. 마음을 나눌 이들과 함께 읽으며 차근차근 정리해보자. 어느새 자기다움을 발견하고 그렇게 살아가는 자신과 마주하게 될 것이다.

박정환 청년자기다움학교 2기

나는 저자를 진심으로 좋아하고 존경한다. 선하고 착한 사람에게 느껴지는 푸근함, 이야기에 귀 기울이게 하는 탁월함, 그리고 말과 삶의 궤적이 한결같이 일치하는 것을 늘 경험하기 때문이다. 이 책에서 저자는 인생에서 가장 핵심적이고 진중한 주제를 대화하듯 쉽게 풀어내는 동시에, 효과적이고 실제적인 해결책과 통찰까지 제공한다. '그 열매를 얼마나 취할 수 있는가'는 전적으로 여러분이 이 내용을 어떻게 적용하고 실천할지에 달려있다. 그렇다면 해야 할 일은 명확하다. 저자를 신뢰하며 마지막 장을 덮을 때까지 그가 하자는 대로 자기다움을 찾는 여정을 함께하는 것이다. 모든 과정이 여러분 인생에서 가장 가치 있는 시간 중 하나가 되리라 확신한다.

남주현 엔엑스테크놀러지 대표

프롤로그
자기답게 살자. 그게 가장 아름다운 삶이다

퇴직을 앞둔 선배나 친구들을 만나면, "앞으로 뭐 먹고 살지 막막하다. 내가 뭘 좋아하고 잘하는지도 모르겠다"라는 말을 자주 듣는다. 모든 사람이 그렇다는 건 아니지만, 공통으로 하는 말은 "앞만 보고 달려와서 나를 돌아볼 겨를이 없었다"라는 하소연 아닌 하소연이다. 그러다 보니 "대한민국 사회는 퇴직 후에 문과든 이과든 대기업 출신이든 상관없이 '기-승-전-치킨집'으로 귀결된다"라는 이야기까지 나온 게 아닐까. 이 말은 직장인들과 청년들에게 엄청나게 회자되면서 많이 씁쓸하게 하고 쓴웃음 짓게 했다.

그런데 나는 청년들에게서도 이와 비슷한 말을 많이 들었다. "제가 진짜 뭘 좋아하는지 모르겠어요. 제 전공이 너무 싫어요. 진짜 하고 싶은 건 전공과 전혀 다른 일인데 도전할 용기가 나지 않아요. 이대로 졸업해서 취업하고 나면 많이 후회될까요?"

'좋은' 대학에 들어가려고 꼬박 12년 동안 죽어라 공부만 했는데, 막상 대학에 와 보니 '나'는 사라지고 '눈앞에 놓인 취업이라는 현실'만 좇아 살고 있더라는 것이다. 더 심각한 건 졸업 후 직장에 들어가서도 여전히 '나'는 없고 '직장과 일'에만 몰두하게 되는 현실이다. 그렇게 '나'라는 사람이 원래 갖고 있던 꿈과 이상, 추구하는 의미와 가치가 온데간데없이 사라진다. 문제는—그런 상황에서도 본인이 행복하다고 느끼면 다행인데—행복하거나 감사한 마음이 들지 않는 것이다.

10여 년간 청년자기다움학교에서 강의와 코칭을 통해 수

천 명의 청년을 만났다. 그들의 사연을 접하면서 '이것이 과연 청년들만의 고민일까?'라는 생각이 들었다. 가르치는 나조차도 나답게 살아가는 것이 얼마나 어려운지 알기에 쉽게 말하지 못하고 머뭇거린 적이 많았다. 감사한 것은, 가르치는 자도 청년들과 함께 '나답게 살아가는 것이 무엇이고 왜 그렇게 살아야 하는지' 생각하고 정리하고 토론하고 나누고 정리하는 과정을 수없이 반복하며 성장했다는 사실이다.

그렇게 아름다운 열매를 맺으며 조금씩 성장하는 것을 경험하면서, 나는 청년들 수백 명과 "나답게 살자. 탁월하게 살자. 선한 영향력을 세워가며 살자"라며 외치고 부르짖던 시간이 헛되지 않았음을 깨달았다. 누군가 정해 놓은 정답을 찾지 않고 남과 다른 나만의 답을 찾는 것은 어려운 일이지만, 충분히 가능성 있고 청년들에게 도움 될 거라는 확신

이 생긴 것이다. 그 10여 년 여정을 엮은 것이 바로 이 책이다.

나는 내게 주어진 재능과 강점으로 혼자 잘 먹고 잘사는 것보다, 세상 많은 사람의 아픔과 눈물을 닦아주고 그들의 문제를 지혜롭게 해결하는 삶이 훨씬 더 의미 있다고 생각해서 이 책을 썼다. 한 번뿐인 인생이라면 의미 있고 가치 있게, 사회와 이웃에 기여하며 사는 것이 걸맞고, 합당하지 않을까? 이렇게 아름답고 멋진 나를 상상하고 그렇게 살기를 다짐하며 하루하루 소중하고 부끄럽지 않게 살아가는 것이 나다운 삶이라고 생각한 것이다.

이 책에서 나는 자신을 돌아보는 것을 '아이덴티티', 주변과 이웃을 사랑하는 마음으로 살펴보는 것을 '인사이트',

문제를 잘 해결하기 위해 공부하고 연구하며 대가를 치르는 것을 '인풋'으로 보았다. 또한 이 세 가지를 정리해서 인생 설계도로 그리는 것을 '이미지'로, 그 설계도대로 올바르고 당당한 태도로 살아가는 것을 '인플루언스'로 명명했다. 나는 이 다섯 가지 'I'가 어우러진 삶이 바로 '나다운 것'이라고 생각한다.

아이덴티티 Identity 하늘이 내게 준 재능과 보석 같은 강점이 무엇인지 살펴보라.

인사이트 Insight 사랑의 마음으로 주변을 돌아보며 하늘이 준 재능으로 섬길 대상을 찾아보라.

인풋 Input 제대로 섬기기 위해 독서하고 토론하며 문제 해결을 위해 공부하라.

이미지 Image Your Dream 공부한 것을 토대로 인생의 방향을 '미션, 비전, 핵심 가치, 브랜드'로 정리하라.

인플루언스 Influence, Impact 방향을 정했다면, 실제 삶으로 그것을 증명해야 한다. 당당하고 매력적이고 올바른 태도로 나답게 살아가라.

이 책은 인생을 살아가는 데 필요한 '생각의 근육'을 만들기 위해 질문과 적용, (함께 읽고 나누는) 소모임 활동을 통해 최대한 활용하도록 설계되었다. 절대로 혼자 읽고 끝내지 않았으면 좋겠다. 네다섯 명이 함께 읽고 적용하고 생각을 나누며 건강한 자극을 주고받을 때, 여러분 가운데 얼마나 풍성한 열매가 맺힐지 상상만 해도 가슴이 뛴다. 그러니, 꼭 모임을 만들어서 함께 읽어보자.

청년의 때, 진로를 찾아가는 것은 가슴 뛰는 일이기도 하지만, 진 빠지고 앞이 캄캄해서 불안하고 힘들고 고단한 여행이기도 하다. 하지만 달리 보면 미친 척하고 도전할 젊음이 있고, 어디든 가볼 용기가 있으며, 가보지 않은 미지의 세계에 발을 내디딜 최고의 스펙타클한 기회가 주어질 수도 있다. 인생 최고의 선물 같은 젊은 시절에 살아갈 방향을 정하고 가능성의 끝을 시험해보는 것은 너무 중요하다. 기꺼이 자신을 내던질 의미 있고 재미있는 삶을 고민하며 미래를 설계하는 '자기다움' 여행을 놓치지 말기 바란다.

27년 전, 젊은 시절의 짧은 만남이 내 삶을 송두리째 바꿀 거라고는 생각도 못 했다. 1996년 9월, 미국 패서디나 윌리엄 캐리 대학William Carey International University의 기숙사에서 청소부로 일하시던 은퇴 선교사 다니엘 할아버지!!

"폴Paul!!"

내 영어 이름을 부르며 나직하게 말씀하시던 그분의 일침이 없었다면, 나도 그냥 '사는 대로 생각하며' 살지 않았을까. 이 책을 읽는 당신에게도 그분의 한마디가 귀에 꽂히고 가슴에 새겨지면 좋겠다.

"Just Live, Be Yourself!"

"너답게 살아. 그게 가장 아름다운 삶이야!"라고 말이다.

차례 Table of Contents

이 책은 '탁월하고 나답게 세상에 선한 영향력을 흘려보내는 삶'의 핵심 요소를, 알파벳 'I'로 시작하는

영어 단어 다섯 개로 정리해서 설명한다. 책을 읽어가면서 여러분은 각 장(챕터)마다 한 가지 주제와 만나게 될 것이다.

장점과 재능, 가치와 의미 등을 분석해서 자신이 어떤 사람인지 깊이 헤아려보는 첫 번째 'I', 아이덴티티Identity.

세상과 사회의 다양한 문제를 통찰하고 그로 인해 고통받는 이들과 공감하며,

어떤 영역에서 자신의 재능과 가치와 역량을 발휘할지 탐색하는 두 번째 'I', 인사이트Insight.

이웃과 공동체, 세상의 문제를 해결하기 위해 다양한 공부법을 훈련하며 생각의 근육을 키우는 세 번째 'I', 인풋Input.

아이덴티티와 인사이트, 인풋을 기초 삼아 '미션, 비전, 핵심 가치, 개인 브랜딩'을 작성하고, 그 내용을 응집해서

인생 전체를 설계해보는 네 번째 'I', 이미지Image Your Dream.

인생 설계도 따라 살아갈 때 주변 사람과 조직, 공동체에게 실제적 영향력으로 나타날 매력적인 태도,

'감사, 탁월함, 집요함, 신뢰, 펀Fun'을 소개하는 다섯 번째 'I', 인플루언스Influence and Impact Other's Life.

이 책의 모든 내용은 자기다움 발견과 회복에 필요한 질문을 제시하고 워크시트로 답을 작성하는 방식으로 구성되었으며,

개인 독서와 적용을 소모임 나눔과 병행할 때 최상의 성과를 거둘 수 있음을 밝힌다.

첫 번째 'I', Identity　·　17

진정한 나를 찾아 떠나라. 아이덴티티

Identity

이번 장에서 우리는 이런 질문과 마주할 것이다.

"나는 어떤 사람인가?" "나는 무엇을 좋아하고 잘할 수 있을까?" "나는 어떤 것에 의미를 두고 살고 있는가?"

"다른 사람들은 나를 어떤 사람으로 생각할까?" "내가 모르는 나만의 장점은 무엇일까?"

철저하게 자신을 발견하고 알아가는 분석과 실습을 통해 지금까지의 삶을 돌아보고

과거에 선택하고 시도했던 것을 복기하며, 앞으로 어떤 것에 더 큰 가치를 두고 살아갈지 정리해보자.

자기 삶의 정체성을 깊이 있게 살펴보는 시간이 될 것이다.

첫 번째 'I'. 진정한 나를 찾아 떠나라. 아이덴티티

나다운 게 뭐냐고?

대학교 4학년 때로 기억한다. 수업을 마치고 학과 선배와 잔디밭에 누워 먼 산을 바라보고 있었는데, 뜬금없이 선배가 이렇게 물었다. "주열아, 넌 뭘 좋아하니? 너는 뭘 잘하는 것 같아?"

"글쎄요, 너무 갑작스러운 질문이라…. 깊이 생각해보지 않아서 잘 모르겠어요. 형은 뭘 좋아하고 잘하는 것 같은데요?"

"전공이 아니라는 건 확실한 것 같다."

"와! 빙고! 저도 그런 것 같아요."

마주 보며 한바탕 폭소를 터뜨린 뒤에 선배가 진지한 표정으로 말했다. "4학년이 되니 생각이 많아지네. 진짜로 좋아하지도 않고 잘하지도 못하는 전공으로 직장에서 일하며 먹고사는 게 맞는 건지 갑자기 고민이 돼."

먼 산 보며 함께 멍때리던 선배의 질문은 나를 '멍'하게 만들었고, 나는 그때부터 내가 좋아하거나 잘하는 것이 무엇인지 심각하게 고민하기 시작했다.

직장 15년 차 된 차장들을 인터뷰한 적이 있다(사실은 내가 필요해서 한 것이 아니라, 고민을 잔뜩 안고 찾아온 이들을 상담해 준 것이었다). "퇴직하는 선배들을 보니 10년 뒤 제 모습이 저렇겠다 싶더라고요. 얼마 전 인사 발령이 있었거든요. 평소 잘 따르던 선배가 옷을 벗게 되었어요. 임원 됐다고 기뻐하던 게 불과 4년 전인데 이번 고비를 못 넘기신 거죠. 지난주 자정쯤 몰래 사무실에 들어와 짐 싸서 쓸쓸히 가셨어요. 나중에 직원들과 인사하기는 했는데, 충격이 엄청났던 것 같아요. 입사해서 15년간 주어진 일에 집중해서 살다 보니 어느덧 40대 초반이 되었는데, 앞으로 어떻게 살아야 할지 고민이 많습니다. 교수님, 저 어떻게 살아야 할까요?"

"그런 일이 있었군요. 탄탄한 대기업에서 인정받고 조만간 팀장과 부장, 임원까지 올라갈 수도 있는데 뭐가 그렇게 불안하세요?"

"모르겠어요. 지금까지처럼 앞으로도 살아가는 것이 맞는 건지, 제가 그렸던 40대의 삶이 이런 것이었는지 정말 모르겠어요. 40대가 이런 모습이라면 50대는 어떨지 궁금하기도 하지만, 불안감이 더 큰 게 사실이에요. 생각 없이 그냥 달려온 건 아닌지 괜스레 걱정이 앞서는 요즘이에요. 사

춘기인가 봅니다."

쓸쓸한 웃음을 짓던 그 차장님이 기억에 많이 남는다. 나 역시 40대 초반에 그런 고민을 많이 했기 때문이다. 잠시 쉬면서 모든 것을 멈추고 싶다는 생각 말이다. 그래서일까? 당시 가장 많이 들었던 노래가 가수 권진원의 〈살다 보면〉이라는 곡이다. 이 노래는 삶이 버겁고 불안하던 40대 시절의 나를 깊이 위로해 주었다. 여러분도 한번 찾아 들어보면 좋겠다. 당시 내 심정이 간접적으로라도 전달되지 않을까 싶다.

살다 보면 하루하루 힘든 일이 너무도 많아
가끔 어디 혼자서 훌쩍 떠났으면 좋겠네
수많은 근심 걱정 멀리 던져 버리고
언제나 자유롭게 아름답게 그렇게
내일은 오늘보다 나으리란 꿈으로 살지만
오늘도 맘껏 행복했으면 그랬으면 좋겠네

경주마처럼 살았다면 한 번은 돌아보자

살다 보면 누구나 다음과 같은 순간을 만나게 된다.

- 좋아하는 게 뭐냐고 질문받을 때
- 하고 싶은 일이 무엇인지 정확히 모를 때
- 잘하는 것이 무엇인지 헷갈릴 때
- 진로를 결정해야 할 때
- 직업과 직장을 선택할 때
- 어쩔 수 없이 타인과 비교당할 때
- 다른 사람에게 부러움이나 상대적 박탈감을 느낄 때
- 지금까지 달려온 길을 접고 새로운 삶을 살고 싶거나 그럴
  수밖에 없을 때
- 지금처럼 사는 것이 맞는지 계속 고민될 때

이런 시기의 공통점은 무엇일까? 내 경험으로는—지금도 약간은 겪고 있지만—혼란스럽고 불안하고 걱정이 많다는 것 같다.

살다 보면 이렇게 현재와 미래가 불안한 순간을 끊임없이 만나게 된다. 만약 지금이 그렇다면, '나다운 것이 무엇인지, 자기답게 사는 게 어떤 것인지 진지하게 스스로 묻고 고민해야 하는 시기'라고 생각해보자.

나는 40대 초반에 운(?) 좋게, 그리고 용감하게—직장을 포함한—모든 것을 그만두고 무작정 떠난 적이 있다. 그 후 3개월 동안 나는 처절하게 자신을 돌아보고, 불안한 현재와 미래를 바로잡기 위해 밤새도록 치열하게 고민하며, 생각의 근육을 탄탄히 세웠다. 나답게 사는 것이 도대체 무엇이며, 어떻게 살아야 나다운 삶인지 뿌리부터 튼튼히 세워야 두 번 다시 흔들리지 않을 것 같았다.

보다 구체적이고 다양한 관점에서 나를 돌아보고 인생의 방향을 설계할 시기가 필요하다면, 주저하지 말고 지금 용기를 내기 바란다. 한 번은 꼭 마주해야 할 '나를 만나는 시간'을 더는 미루지 말자. 제발 도망가지 말자. 시간 없다고 핑계 대지 말자. 나를 돌아보고 나의 내면과 깊게 마주하는, 자기다움이 무엇인지 조용한 곳에 앉아 오래도록 성찰하는 시간을 가져보자. 뼛속 깊은 곳까지 인생을 돌아보고, 사색하고 묵상하며 자신을 들여다보면 비로소 미래가 보일 것이다.

인생을 살면서 누구나 한 번쯤 자신을 직면해야 한다. 앞만 향하던 달음박질을 잠시 멈추고 자신과 만나는 시간을 가져야 한다. 자신과 솔직하게 마주할 용기가 바로 지금 여러분에게 필요한 것은 아닌가?

미안하지만(!) 이 책은 술술 쉽게 읽히지 않을 것이다. 내가 스스로 했던 질문들을 여러분 입에서 욕이 터져 나올 만큼 집요하게 묻고, 머리 터지게 고민하라고 요구할 것이기 때문이다. 자기다움 공부는 내 뼈대를 세우고 생각의 근육을 키우며, 나를 성장하게 하는 고된 훈련이다. 그러나 이 긴 생각의 터널을 지나고 나면, 나에 관해 더 자신 있고 당당하게 이야기할 수 있지 않을까? 그런 기대 속에 이 책을 읽어주면 좋겠다.

"나다운 게 뭐냐고?" "이제부터 알아가야지! 나답게 사는 게 무엇인지 나도 정말 알고 싶어졌어."

자신에 관한 질문을 잃어버린 시대

인류학자들은 스마트기기보다 더 창의적인 발명품으로 석기 시대 '주먹도끼'를 꼽는다. 당시 사람들이 매우 정교하게 도끼의 형태와 기능을 개선했고, 이를 위해 치열하고 고집스럽게 고민한 흔적이 고고학 자료에 나타나 있다는 것이다. 그래서 학자들은 원시인들이 독창적인 '나만의' 도끼를 만들어 자신을 과시했을 가능성이 있다고 주장한다. 역사를 돌아봐도 인간은 자신을 드러내고 싶은 욕망과 욕구가 충만했던 것 같다. 전혀 다른 것이기는 하지만, 자기다움이 살짝 엇나가면 자기과시로 변질될 수 있기에 조심해야 한다. 다시 본론으로 돌아오면, 추측이기는 하지만 깨진 돌로 만든 투박하고 미개한 석기 시대 도구가 남과 다른 자기만의 삶이 무엇인지 성찰하게 했다는 이야기다.

우리는 수많은 고민 속에 살아간다. 문제는 그 대부분이 먹고사는 고민이라는 점이다. 인생에서 먹고사는 것만큼 중요한 것은 없다. 하지만 그것에만 집중하다 보면 자신이 어떻게 살고 있고 어떤 모습으로 살아가야 하는지, 왜 그런 삶을 선택했는지 놓쳐버리는 경우가 많다. 다시 말해 '나는 과연 잘살고 있는가? 내 삶의 목적은 무엇인가? 나는 지금 행복한가? 더 의미 있고 가치 있게 사는 방법은 없는가?' 등 자기를 살펴보고 돌아보는 시간은 많이 사라진 느낌이다. 잠깐이라도 집중해서 고민해야 하는 골치 아픈 일이 생길 때 생각 자체를 싫어하거나 피하지 않는지 돌아보자는 이야기다.

창의적이고 혁신적인 것처럼 보이는 스마트기기가, 오히려 석기 시대 사람들도 누렸던 자기성찰을 빼앗고 있는 것은 아닐까? 그 안에서 쏟아져 나오는 메시지와 콘텐츠는 우리 시선을 외부로 돌리고, 스스로 묻고 사유하고 경험하는 대신 남의 느낌과 경험을 지켜보는데 몰입하게 한다. 하지만 자기다움은 그런 데서 찾을 수 있는 것이 아니다. 자기다움은 내면 깊은 곳에서 자신과 마주하며, 무엇을 위해 왜 살아가는지, 어떻게 의미 있게 살 것인지, 자신이 속한 공동체와 커뮤니티에 선한 영향을 미치며 살려면 어떻게 해야 할지 스스로 찾아야 하기 때문이다.

다른 사람을 관찰하고 남에게 배우는 것 자체는 전혀 문제 되지 않는다. 오히려 성장과 발전에 꼭 필요한 일이다. 그러나 자기 생각과 중심 없이 남의 것을 받아들이고 베끼기만 하면, '나는 없고 껍데기만 번지르르한' 삶이 될 것이다. 진정 중요한 것을 깨닫지 못한 채 생각 없이 살게 될지도 모른다.

고대 로마 시대에는 승전한 황제가 화려하게 귀환할 때, 그 곁에 철학자를 세워 이런 말을 반복해서 들려주게 했다고 한다. "황제여, 당신은 인간입니다."

신처럼 숭배받는 거대 제국의 통치자도 늘 자신이 누구이며 어떤 존재인지 끊임없이 인식하고 기억하려고 노력했다는 이야기다. 자기 환상에 휩쓸리지 않고 본질이 아닌 것에 끌려다니지 않으려면, 끊임없이 자신을 돌아보며 성찰해야 한다.

청년의 때 가장 큰 도전, 자기다움

우리는 모두 남과 다르게 태어나 남과 다르게 살아간다. 외모가 똑같은 일란성 쌍둥이도 유전자와 성격, 성향, 취향, 사고방식이 다르다. 이렇게 출발부터 유일하고 독창적인 존재이기에 우리 중 누구도 남과 똑같이 살아야 할 필요가 없다. 남의 삶을 기웃거리는 대신 내 삶을 살아야 한다는 것이다. 제대로 살아가기 위해 깊고 차분하게 자기 내면을 들여다보고 향후 어떻게 살아갈지 탐색해야 할 이유가 여기 있다.

3천 년 전 중동의 한 전쟁터에서 양치기 소년이 창칼로 중무장한 거인 적장을 쓰러뜨렸다. 그것도 돌팔매질 한방으로 말이다. 덕분에 양치기 소년의 나라가 전쟁에서 승리했다. 성경에서 가장 유명한 이야기 중 하나인 '다윗과 골리앗의 싸움'이다.

평소 가족에게까지 무시당하며 살아가던 다윗은 우연한 기회에 적의 거인 장수 골리앗과 맞붙으며 세상과 사람들 앞에 나서게 된다. 당시 왕이었던 사울은 자신의 전투 장비인 투구와 갑옷, 칼을 다윗에게 내주었다. 지금으로 말하면 첨단 장비로 무장시켜 준 것이다. 하지만 다윗은 모든 것을 사양한다. 전투력과 경험, 체급 차이가 너무 커서 하나라도 더 무기를 챙겨야 할 상황에서 말이다. 사울 왕을 비롯한 이스라엘 장수들은—골리앗과 싸우겠다고 나설 때부터 그랬겠지만—다윗이 정신 줄을 놓았다고 생각했을 것이다.

다윗은 왜 왕의 도움을 거절했을까? 자기에게 맞지 않는 방식, 자기답지 않은 방법이어서 그런 건 아니었을까? 그가 왕의 전용 무기 대신 챙긴 것은, 작은 돌맹이와 물매 Sling, 즉 양치기의 도구였다. 다윗은 자신이 누구인지 분명하게 보여주는, '자기다움'으로 무장하고 전투에 나선 것이다. 덕분에 처음 만난 사이였던 골리앗도 다윗이 누구인지 대번에 알아보았다. 다윗이 들고 간 것이 그의 정체성, 아이덴티티를 정확하게 보여주는 '시그니처'였기 때문이다. 그는 그렇게 자기다운 방법과 모습으로, 자기답게 골리앗을 쓰러트렸다. 구약성경 사무엘상 17장

여기서 우리는 이런 질문을 자신에게 던져봐야 할 것 같다.

- "세상이 원하고 타인이 요구하는 기준에 무작정 맞춰 살고 있지 않은가?"
- "가장 나다운 모습을 찾기 위해 진지하게 고민하며 다양한 경험을 쌓고 있는가?"
- "부모님이 바라고 친구들이 추구하는 인생이 아니라, 나다운 모습으로 가슴 설레는 일을 찾아 바보 같은 도전을 하고 있는가?"
- '청년의 때를 나답게 보낼 용기, 바보 같은 도전을 통해 나를 찾아가는 여행을 떠날 용기가 있는가?

자기다움의 의미

그렇다면 자기다움이란 무엇일까? 자기답게 산다는 건 어떤 걸까?

~답다 ① (일부 명사 뒤에 붙어) '성질이 있음'의 뜻을 더하고 형용사를 만드는 접미사
② (일부 명사나 대명사 또는 명사구 뒤에 붙어) '특성이나 자격이 있음'의 뜻을 더하는 접미사

친구들끼리 "너답네, 너다워"라고 할 때가 종종 있다. 딱 그 사람다운 행동이나 말을 했을 때, 누군가가 자신의 본질과 속성과 가치, 신념에 맞게 살아가는 모습이 멋지고 괜찮아 보일 때 긍정의 의미로 하는 말이다.

정치가를 예로 들어보자. 사람들은 '정치가다운' 정치가를 원한다. 정치가다운 정치가는 어떤 정치가일까? '정치가가 마땅히 가져야 할 본질과 속성과 가치, 신념을 담아내어 실제로 그렇게 사는 사람' 아닐까. 대통령답다는 건 무슨 의미일까? '대통령으로서 마땅히' 가져야 할 본질과 속성과 가치, 신념을 담아내어 실제로 그렇게 살고 있다면 대통령답다고 할 수 있다. 변호사답다는 말도 마찬가지다. 변호사가 마땅히 가져야 할 본질과 속성과 가치, 신념을 담아내며 사는 모습이 '변호사다운' 것이고, 사람들은 그런 모습에 "우와, 멋지다!", "진짜 괜찮다!"라고 감탄하며 박수를 보내는 것이다.

자문자답: "나는 언제 자기다운가?"

직장인은 직장인다워야 하고 기업가는 기업가다워야 한다. 학생은 학생다워야 하고 교사는 교사다워야 한다. 자녀는 자녀다워야 하고 부모는 부모다워야 한다. 의사는 의사다워야 하고, 간호사는 간호사다워야 한다. 그리고 나는 나다워야 한다.

하지만 안타깝게도 현실은 그렇지 않은 듯하다. 직장인답지 않은 직장인, 기업가답지 않은 기업가, 학생답지 않은 학생, 교사답지 않은 교사, 정치가답지 않은 정치가가 너무 많다면 세상은 어떻게 될까? 다툼과 불화가 끊이지 않는 세

상에서 인간답지 않은 이들과의 만남으로 힘겨운 나날을 보내게 되지 않을까?

각자 삶의 현장에서 나답게, 자기답게 살아가는 사람들이 많을수록 사회는 더 건강해진다. 지금 우리 사회가 혼란스럽다면, 각자 영역에서 리더로 살아야 할 사람들이 '자기다움'과 공동체에 선한 영향력을 미치는 '우리다움'을 더 깊이 고민하고 반성해야 할 때가 된 건지도 모른다. 자아 성찰과 자기반성 없는 리더가 공동체를 분열시키고 조직을 망가뜨리기 때문이다.

잠시 시간을 내서, 다음 질문을 곰곰이 생각해보고 답을 적어보자.

"어떻게 사는 게 나다운 모습인가?" "나는 언제 가장 나다운가?" "그렇게 생각하는 이유는 무엇인가?"

자기다움을 찾으려면 자신을 객관적으로 바라보기 위해 끊임없이 노력해야 한다. 그리고 세상과 남이 '정해 놓은' 답인 '정답' 대신 자신만의 답을 찾아야 한다. 이렇게 자기만의 생각과 가치를 정리하는 데 효과적인 공부 방법이 바로 '자문자답'이다. 내면의 소리에 민감하게 귀 기울이며 방

금 나눈 세 가지 질문에 답해보기 바란다.

힘들어도 포기할 수 없는 자기다움 공부

나다움을 찾고 자기다움을 회복하는 첫걸음은, 삶 가운데 어떤 모습이 가장 나다운지, 다시 말해서 자신의 본질과 속성과 가치와 신념을 담아낸 모습이 어떤 것인지 고민하는 것이다.

사실 이것은 세상 모든 사람이 스스로 묻고 답해야 할 굉장히 어려운 숙제다.

"나라는 사람은 어디에서 가치를 찾고 무엇에 의미를 두며 살아갈 것인가?"

이 질문은 가치관의 문제이자 정체성에 관한 담론이다. 게다가 자기다운 모습에 관해 주위에서 "멋지다. 괜찮다"라는 말을 들으려면, 행동과 치열한 실천으로 삶 속에서 증명해야 한다. 그래서 어렵다는 것이다. **나는 누구이며 무엇에 가치를 두고, 어떻게 살 것인지 찾아가는 자기다움 공부는**

어려워도 꼭 해야 하는 것이니, 이 기회를 놓치지 말고 꼭 시작해보기 바란다.

여러분이 지금부터 사업을 시작한다고 가정해보자. 자영업자가 될 수도 있고 스타트업 대표가 될 수도 있다. 그렇다면 꼭 해야 하는 질문이 있다. "어떤 사업을 하면 좋을까?"

농담 반 진담 반으로 '동서고금을 통틀어 가장 많이 남는' 장사가 '커피숍, 베이커리, 식당, 치킨집'이라고 한다. 일단 이 중에서 고른다면, 당신은 무엇을 선택하겠는가? 커피숍? 요즘에는 커피숍을 열고 싶어 하는 사람이 많다. 나도 한적한 곳에 북카페와 공방을 열고 강의와 나눔을 꾸준히 해보고 싶다. 하지만 잘 생각해야 한다. 요즘 세상천지 흔한 것이 커피숍이라 경쟁이 치열하기 때문이다.

커피숍을 열어서 좋은 성과를 얻으려면, 남과 다른 무언가가 있어야 한다. 내 커피숍만의 확실한 '시그니처 메뉴'가 있어야 한다는 것이다. 주변의 많은 카페와 별다른 점이 없다면, 당신의 커피숍이 오래 생존할 가능성은 그리 크지 않을 것이다. 어디 카페만 그럴까? 베이커리나 식당, 치킨집도 마찬가지다.

"조물주 위에 건물주 있다"라는 우스갯소리가 있다. 한국 사회에서 건물을 갖고 있으면, 어떤 비즈니스를 어떤 식으로 해도 괜찮다고 한다. 하지만 모든 사람이 건물주일 수는 없으니, 내가 실제로 남다르게 할 수 있는 사업이 무엇이고 자신에게 의미 있는 사업이 어떤 것인지 치열하게 고민해야 한다. 그렇다면 남과 다른 나만의, 나다운 포인트는 어디서 어떻게 찾을 수 있을까?

나를 알고 타인을 이해하는 것이 성공 비결이다!

어떤 사업을 해야 성공할 수 있을까? '진짜 많이 남는' 장사는 어떤 걸까? 식상하게 들릴지 모르지만 내게 가장 수지맞는 장사는 '사람 장사'다. 나는 '사람을 키우고 육성하는 것'이 진짜 많이 남는 장사라고 생각한다.

조선 중기 국제 무역의 거상(巨商) 임상옥의 삶을 다룬 소설 《상도》에 이런 말이 나온다.

"장사는 이익을 남기는 것이 아니라 사람을 남기는 것이

다." 《상도》, 최인호, 여백미디어, 2000

　장사로 얻을 수 있는 가장 가치 있는 이윤이 사람이라는 이야기다. 이렇게 되려면 무엇보다 돈보다 한 사람의 가치를 더 높게 보겠다는 굳은 의지의 결단이 있어야 한다. 중심에서 우러나오는 말과 행동이 아니면, 사람 마음을 얻을 수도 인재를 키울 수도 없다. 그래서일까. 사업 고수들은 자신과 대척점에 서 있는 적이나 경쟁상대를 자기편으로 만드는 데 굉장히 능하다. 사업이 사람으로 시작해서 사람으로 끝난다는 사실을 너무 잘 알기 때문일 것이다.

　미국 16대 대통령 에이브러햄 링컨. 미국인들이 미국에서 가장 위대한 대통령으로 꼽는다는 그도, 늘 '딸리는' 외모와 학력 때문에 정적들의 공격에 시달리곤 했다. 그의 정적 중 대표적인 인물로 '윌리엄 수어드'라는 정치가가 있다. 같은 당내 대선 후보 경쟁에서 가장 강력한 라이벌이었던 수어드는, 인격 비하 수준으로 링컨을 몰아붙였다. 그런데 대통령이 된 링컨은 측근들의 격렬한 반대에도 그를 미국 행정부 최고 요직인 국무장관에 임명했다. 바로 그 수어드

가 천연자원의 보고인 알래스카를 러시아로부터 헐값에 사들이는 엄청난 외교 경제 성과를 내게 된다.

　또한 링컨은 '에드윈 스탠턴'을 국방부 장관 자리에 앉혔다. 그는 오랜 세월 끝없이 링컨을 괴롭히고 비하한, 그의 참모들에게는 원수 같은 인물이었다. 하지만 링컨은 자신의 뜻을 굽히지 않았고, 그렇게 국방부 장관이 된 스탠턴은 남북전쟁을 승리로 이끈 핵심 인물 중 하나가 된다. 그리고 1865년 저격 사건으로 세상을 떠난 링컨의 곁을 가장 오래 지키며 슬퍼한 사람이 바로 그였다고 한다.

　링컨처럼 적까지도 자기편 삼을 수 있다면, 세상 살아가는 게 전혀 어렵지 않을 것 같다. 도대체 그 비결은 무엇일까? 의외로 답은 단순하다. 너무 단순해서 어이없을 만큼.

자기다움은 결국 사람에 관한 공부, 인문학이다

　오늘날의 기업들은 저마다 고객의 마음을 잡기 위해 엄청난 비용을 들인다. 고객의 라이프스타일과 소비 형태, 시

간과 공간 활용 패턴 등을 데이터에 기반해서 조사하고 의사결정 하는 시스템을 구축하려 총력을 기울이고 있다. 사람의 심리, 사람들이 형성한 문화, 사람들이 살아온 역사를 많이 알고 이해하는 데 집중해야 고객의 마음을 잡을 수 있다고 믿기 때문이다. 이같이 사람에 관한 이해가 핵심이라는 점에서 현대 경영은 인문학과 상당 부분 닮았다. 인문학도 사람을 공부하는 학문이기 때문이다.

인문학이 어렵다고 생각하는 사람도 많지만, 사실 인문학은 '마음을 헤아리는 것'이고 '나를 들여다보는 공부'다. 그렇게 보면 자기다움 공부도 나를 알고 세상을 이해하는 인문학이라고 할 수 있다. 우리 시대와 사회에서 인문학을 중요하게 여기고 강조하는 건, 사람 이해가 모든 것의 근간이 되기 때문 아닐까?

《인문의 숲에서 경영을 만나다》라는 책이 있다. 해박하고 깊이 있는 인문학적 통찰력으로 잘 알려진 컬처 엔지니어 정진홍 교수가 CEO들을 대상으로 강의한 내용을 엮은 것이다 21세기북스, 2007. 읽어본 사람은 잘 알겠지만, 이 책은 온통 '사람 이야기'로 가득하다.

"진정한 경영, 참된 경영은 어디 있는가?"

정 교수는 이 질문에 "인문의 숲에 가면 만날 수 있다!"라고 답한다. 정말 인문의 숲에 가면 경영을 만나고 경영을 잘할 수 있을까? 그는 인문학의 본질이 사람 공부라고 주장한다. 그에게도 경영이 사람으로 시작해서 사람으로 끝나는 학문이자 움직이는 생물 같은 대상인 모양이다.

기업을 이끌고 조직을 관리하는 사람이라면, 자신을 들여다보고 함께 일하는 직원들과 파트너들을 돌아봐야 가능한 것이 경영이라는 것을 익히 느끼고 알고 있을 것이다. 따라서 경영자다운 경영자가 되려면 반드시 사람에 관한 공부, 즉 자기다움을 기본으로 한 인문학적 소양을 갖춰야 한다. 그래야 고객도 직원도 자신도 행복할 수 있는 철학과 가치를 만들어 낼 수 있지 않을까 싶다.

인간의 욕망과 기술이 만날 때 빅뱅이 일어난다

이 시대의 지도자가 공부해야 할 영역 중에서 가장 중요한 것은 무엇일까? 사람과 세상에 관한 통찰, 즉 '인문학'과

'시장' 그리고 '기술'이 아닐까? 인문학 중에서도 자기다움에 대한 이해가 중요하다고 본다.

작고한 애플의 스티브 잡스는 2011년 아이패드2 제품 발표회 때 이런 말을 했다.

"우리가 창의적인 제품, 무언가를 만든다면 기술Technology 과 인문학Liberal Arts의 교차점에 있어야 한다."

인류의 기술은 계속해서 엄청나게 발전할 것이다. 그렇다면 인간은? 인간은 어떨까? 인간은 크게 달라지지 않을 것 같다. 라이프스타일은 기술과 시장 환경을 따라 계속 변하겠지만, 욕망은 사그라들기는커녕 더 깊어지고 더 크게 요동칠 것이기 때문이다.

맛있는 것을 먹고 싶은 욕구 · 예뻐지고 싶은 욕구
칭찬받고 싶은 욕구 · 젊음을 유지하고 싶은 욕구
살 빼고 싶은 욕구 · 돈을 많이 벌고 싶은 욕구
건강하게 오래 살고 싶은 욕구
나를 드러내고 자랑하고 싶은 욕구

역사를 살펴봐도 인간 욕망은 늘 한결같은 수요를 창출했고 새로운 기술의 발전을 촉진했다. 그리고 욕망과 그 욕망을 충족할 기술이 만나면 새로운 시장과 급격한 변화가 나타나곤 했다. 탁월한 경영자들은 늘 이런 흐름에서 비즈니스 기회를 찾아냈다.

예뻐지고 싶은 욕구를 충족하기 위한 뷰티 비즈니스, 건강하게 오래 살고 싶은 욕망을 충족하는 바이오와 디지털, 헬스 케어 비즈니스, 성장하고 싶은 욕망을 충족하는 교육 비즈니스이며, 재밌고 즐겁게 살고 싶은 욕망을 충족하는 것은 엔터테인먼트 비즈니스⋯. 이렇게 인간 욕망을 충족하는 기술이 등장할 때 비즈니스는 새로운 계기를 맞곤 했다. 스티브 잡스도 인간 욕구와 욕망이 첨단 기술과 연결되는 지점에서, 이전에 없었던 놀랍고 멋진 비즈니스와 문화가 탄생한다는 사실을 발견한 것이다.

당신은 어떤가? 당신은 지금 어떤 욕망에 불타고 있는가? 당신을 설레게 하는 욕망은 무엇인가? 그 욕구를 충족시키기 위해 나는 어떤 결정을 해왔고 어떤 삶을 추구해 왔는지 살펴봐야 한다. 이것 또한 자기다움 공부다. 숨겨진 욕망을 들춰내야 하기에 부끄럽거나 스스로 놀라 뒤로 자빠질 수도 있다. 그래도 나를 알아야 세상을 똑바로 볼 식견이 생긴다. 세상이 어떻게 바뀌고 있고 그 속에서 자신이 어떻게 살아야 할지 깨닫기 위해 내면과 세상을 향한 관점을 키우는 훈련, 즉 자기다움 공부가 필요한 이유가 여기에 있다.

인문학은 처음입니다만

그런데 인문학을 공부하겠다는 사람들을 보면, 고전 읽기부터 시도하는 경우가 많다. 동양 고전으로는 《논어》나 《장자》, 《한비자》, 서양 고전으로는 《일리아드》나 《오디세이》 등을 많이 읽는다. 문제는 이런 고전 대부분이 무지 어렵다는 것. 그래서 사람들은 고전들을 읽고 정리해서 설명해주는 책이나 강의를 먼저 찾는다. 하지만 그래도 이해하기 어렵다.

나는 어려운 책도 읽어야 한다고 생각한다. 그래야 생각의 그릇을 키우고 사고의 뿌리를 깊이 내릴 수 있다. 그러나 인문학 공부가 어렵다는 사람에게 굳이 읽으라고 하지는 않

는다. 인생에서 '사람 공부'를 경험할 기회가 생각보다 많기 때문이다. 솔직히 가끔, 어려운 책 읽었다며 아는 척을 하는 이를 만나면 부담스럽다. 얕은 지식으로 다 아는 척하는 것은 자기답지 않고 공동체에도 그리 좋은 영향을 미치지 않는 것 같다.

내 생각에 누구나 할 수 있는 정말 쉬운 인문학 공부는, 드라마, 영화, 만화, 뮤지컬, 연극 등을 관람하는 것이다. 특히 '막장'이라고 욕먹는 드라마일수록 사람에 관한 이해를 더 빠르게 경험할 수 있다. 알다 가도 모를 사람 마음, 열 길 물속보다 알기 어렵다는 인간의 속마음을 이해하는 것은 정말 어려운 일이다. 그런데 드라마 속 다양한 사람들과 그들의 오만 가지 심리를 엿보면 기가 막힐 때가 한두 번이 아니다. 말도 안 되는 일이 수없이 벌어지는 것을 보다 보면 '아, 인간이 저렇구나!'라고 이해하거나 받아들이게 되는 순간이 있다(솔직히 욕을 '바가지'로 하게 되는 순간이 더 많긴 하지만).

어디 드라마만 그럴까? 만화, 웹툰, 소설, 시도 인간 내면과 마주하기 좋은 방법이다. 《식객》을 그린 허영만 화백이나 《미생》의 윤태호 작가는 새 작품을 시작할 때 사전 준비

에만 6개월에서 1년을 들인다고 한다. 그렇게 오랫동안 뭘 연구하고 조사하는 걸까? 바로 사람이다. 이런 사건을 만날 때, 이런 상황과 환경에서, 이런 사람들과의 관계 속에서 무슨 생각을 하고 어떤 감정을 느끼며, 무엇을 선택하고 어떻게 행동할지 계속해서 공부하며 성찰하는 것이다.

어디 만화만 그럴까? 영화 관람하면서, 무협지 읽으면서, 여행 다니면서도 다양하게 인문학을 공부할 수 있다. 미술 인문학, 건축 인문학, 걷기 인문학… 인문학과 관련된 대중적이고 실제적인 연구가 얼마나 많은지 모른다. 각자 여건과 필요에 맞는 방식으로 사람을 공부하고 자신에 관해 꾸준히 성찰하라는 이야기다.

인문학이 어렵다면 일상에서 보고 듣고 느끼고 경험하는 공부 방법을 추천한다. 단, 깔깔 웃으면서 드라마나 영화를 보더라도 생각하면서 봐야 한다. 예능 프로그램을 보더라도 질문하며 웃어야 한다. "왜 저럴까? 어떻게 저럴 수 있지? 나도 저런 순간에 저렇게 할 수 있을까?" 이렇게 자신에게 질문하면서 웃고 울어야 한다. 드라마나 영화, 만화를 그런 식으로 본다면, 누구나 사람을 깊이 이해하는 인문학도가 될 수 있다.

자기다움 vs 자뻑

자기다움을 추구할 때 주의할 것이 하나 있다. '자뻑'을 자기다움으로 착각하면 안 된다는 것이다. 자뻑은 자기 잘난 맛에 살고, 제멋대로 굴고, 하고 싶은 대로 하고, 자기만 드러내는 것을 뜻한다. 한 마디로 '자기 잘난 맛에 취해' 정신 못 차리는 것. 그래서 사전에서도 '自뻑'으로 표기하는 모양이다 네이버 국어사전.

주인공이 되고 싶어 안달 난 여인이 있었다. 외모로 온 세상을 사로잡기 원했던 그녀는 날마다 거울을 바라보며 이렇게 물었다. "거울아, 거울아, 세상에서 누가 제일 예쁘니?"

그림 형제의 동화 《백설공주》 속 계모 왕비 이야기다. 왕비는 자신이 매우 아름답다고 믿었고—그녀가 백설공주 다음으로 아름답다는 마법 거울의 말을 생각해보면—객관적으로도 상당한 미인이었던 것 같다.

자기 미모에 너무 취해서였을까. 그녀는 세상 모든 것이 자신을 중심으로 돌아가는 것처럼 행동한다. 세상에서 가장 아름다운 사람이 되겠다며—친자식은 아니어도 호적상 엄연히 자기 딸인—백설공주를 우발적이 아니라 여러 차례 계획적으로 죽이려 하고, 성공(?)하자 뛸 듯이 기뻐했다. 자기 욕망을 채우기 위해 아무렇지 않게 끔찍한 패륜을 저지른 것이다.

이것이 바로 자뻑이다. 자기 욕망과 잘난 맛에 심취해 극단적 이기주의에 빠져든 모습. 우리는 모든 것이 들통난 그녀가 얼마나 비참하고 불행한 최후를 맞았는지 잘 알고 있다. 그림 형제 원작의 결말은 소름 돋을 만큼 잔혹하다.

계모 왕비처럼 주인공을 꿈꾼 또 한 사내가 있었다. 그는 자기 손으로 분열된 조국을 통일하겠다는 꿈을 이루는 데 모든 것을 바쳤다. 내가 너무도 애정하는 책 《삼국지》 속 유비 이야기다.

냉정하게 따지면 유비는 《삼국지》의 주인공이 아니다. 삼국 통일은 다른 사람이 이뤘고, 그가 세운 나라는 아들 대에 망하고 말았다. 결국엔 그도 주인공 되려고 발버둥 치다 끝난 '루저'처럼 보인다. 그런데도 유비를 《삼국지》의 진정한 승자로 생각하는 독자가 많다는 사실은 매우 흥미롭다. 주인공 되려다 실패한 건 똑같은데, 왜 계모 왕비와 유비는 전혀 다른 이미지를 갖게 된 걸까?

계모 왕비는—애니메이션이나 현대적으로 각색된 동화의 설정을 따른다면—마법으로 자기 모습을 자유롭게 바꿀 수 있는 '능력자'였다. 그런데 왜 그녀는 마법으로 자기 외모를 백설공주보다 훨씬 더 젊고 아름답게 바꾸지 않았을까? 나라면 백설공주 따위에게 신경 쓰지 않고 당장 변신했을 것 같은데 말이다. 그게 누군가를 제거하려고 애쓰는 것보다 몇 배 더 쉽고 간단할 텐데, 왕비는 그렇게 하지 않았다.

나름 자기답게 싸워보고 싶었던 것일까? 이길 가능성이 없다고 느껴서 본색을 드러낸 것일까? 계모 왕비는 주인공에 걸맞은 사람이 되기 위해 자신을 가꾸는 대신, 경쟁상대(백설공주)를 꺾고 무너뜨리는 데 최선을 다한다. 그리고 매일 마법 거울에 자신의 아름다움을 확인받는다. 자기다움과 자기 주관 없이, 타인을 공격하거나 의존하는 것을 통해서만 자신의 가치를 확보하려 한 것이다.

그녀가 마법 거울 대신 보통 거울을 바라보며 자신에 관해 스스로 묻고 답했다면 어땠을까? 그랬다면 백설공주 만큼은 아니어도 자기만의 진정한 아름다움을 갖는데 더 시간과 노력을 쏟지 않았을까? 최소한 '깜냥 안 되는데 주인공 자리 노리다 폭망한' 캐릭터가 되지는 않았을 것이다.

자기다움은 타인과 공동체를 지향한다

딸리는 깜냥으로 주인공 되려다 실패한 것으로 따지면, 유비도 만만치 않다. 유비는 조조나 손권 같은 경쟁자들보다 가진 자원이 적었고 세력을 모은 것도 훨씬 늦었다. 패전을 밥 먹듯이 하고, 그럴 때마다 너무 쉽게 경쟁자에게 숙이고 들어가며, 중요한 순간마다 우유부단하게 행동하는 '고구마' 캐릭터다. 그러나 유비는 한 가지만은 죽을 때까지 놓치지 않았던 것 같다. 바로 백성의 마음, 함께 일을 도모하는 사람의 마음을 얻는 것이었다.

시작은 초라하고 보잘것없었지만, 유비처럼 뛰어난 인재들을 많이 거느린 보스는 없었다. 어렵게 세운 나라가 오래

가지는 못했지만, 유비처럼 백성들로부터 두려움과 눈치가 아니라 존경과 신망을 얻은 통치자는 없었다. 삼국 통일에 실패했지만, 유비처럼 현대에도 이상적인 리더로 인정받는 인물은 많지 않은 것 같다.

삼국지의 배경은 분열과 혼란의 시대였다. 여기저기서 영웅들이 나타나 천하의 주인공이 되겠노라 선언하던 시기였기에 그들의 시선과 관심은 경쟁자를 쓰러뜨리고 영토를 빼앗는 데 꽂혀 있었다. 하지만 유비는 다른 것, 즉 민심에 주목했다. 유비다움은 여기서 드러나는 것 같다. 백성의 마음을 얻어 천하의 주인공이 되려 한 것이다. 그는—고생하고 손해 보고 실패하더라도—'유비의' 소신과 가치에 따라 '유비답게' 경쟁했고, '유비다운' 유산을 세상에 남겼다. 그의 삶과 유산은 자연스럽게 사람과 관계, 공동체를 부요하게 하는 쪽으로 흘러갔을 것이다.

우리는 공장에서 똑같이 찍어낸 공산품이 아니라 각자 다른 존재로 태어났다. 그래서 자기답게 살고 싶은 것은 본능에 가깝다. 하지만 자기다움은 모든 사람이 서로 다르

고 저마다의 존재 가치를 지닌다는 전제에서 출발해야 한다. 그 '독특함'과 '다름'은 동전의 양면처럼 불가분 관계에 있다. 다르지 않으면 독특할 수 없고, 독특하지 않은데 다를 수 없다. '다른, 틀린'이라는 뜻으로 알고 있는 영어 단어 'Different'에 '색다른, 독특한'Unique, '다양한'Various이라는 의미가 있는 것도 같은 맥락 아닐까? 그래서 자기답게 살려는 사람은 자기 색깔을 드러내고 표현하는 동시에, 다른 이가 드러내는 고유의 색깔을 인정하고 함께 어우러지려고 노력한다. 자기뿐 아니라 온 세상을 유익하게 하고, 타인과 공동체를 수단이 아니라 섬길 대상으로 여기며, 꺾고 짓밟는 경쟁 대신 상생과 '윈윈'Win-Win의 길로 가는 것을 즐거워한다.

그러나 자뻑은 대부분 남과 경쟁하고 이겨서 무너뜨려야 하는 단절과 폭망만 가져올 가능성이 크다. 자신의 꿈과 욕망을 위해 남보다 튀려 하고 남을 짓밟는 것도 불사하는 이기적인 인생이니 당연한 일이다.

자기다움은 탁월함을 만나 세상에 선한 영향력을 끼친다

자기다움을 발견한 사람은 주변을 밝히고 공동체에 선한 영향을 기꺼이 흘려보내려 한다. 그러기 위해 부지런히 공부하고 탁월함을 통해 세상을 이롭게 한다는 것을 알기 때문에 자신을 끊임없이 단련한다. 자기다움은 탁월함과 만날 때 자신이 속해 있고 함께하는 커뮤니티를 건강하게 만든다. 자기답게 살아가는 그 모습으로 주변을 밝히고, 이웃을 환하게 웃게 하며, 주위 사람을 건강하고 행복하게 한다. 이전과 다른 꿈을 꾸며 더 나은 세상을 만들기 위해 끊임없이 노력한다는 것이다.

그래서 자기답게 사는 사람들이 모인 공동체는 분위기가 밝고 즐겁고 행복하다. 그 한 사람으로 가정이 살아나고, 마을이 달라지고, 기업과 조직의 문화가 바뀌고, 국가와 사회가 변화된다. 오늘도 그런 삶을 위해 아무도 가지 않은 작은 오솔길 하나를 만드는 것, 그것이 바로 자기다움을 가진 자가 살아가는 태도다.

나는 자기답게 사는 사람들을 탁월하게 길러내서 세상에

선한 영향을 흘려보내고 싶었다. 그래서 청년자기다움학교를 설립한 것이다. 자기답게 사는 청년들을 키운다는 것이 얼마나 남는 장사이고 가치 있는 일인가? 이 일이 내게 주어진 것 자체가 축복이고 감사한 일이며 행복이라는 사실은 절대 부인할 수 없다.

렛츠 자기다움 공부!

어떻게 생각하면 자기답게 산다는 건 참 어려운 일이다. 너무 피곤하게 살려는 건지도 모르겠다.

'나는 지금 나답게 잘살고 있는 걸까?'

내가 매일 고민하고 또 고민하며, 하루하루 실제로 살아내고 있는 물음이다. 인생에서 가장 본질적이고 가치 있는 것을 끊임없이 찾고 돌아보는 작업이기에 더 어려울 수 있다(다른 말로 '소명' 또는 '사명'을 찾는다고도 할 수 있다). 살아갈 이유를 만나는 것은 두렵고 무섭고 떨리는 일이다(때로는 슬프기도 아프기도 하다). 자신이 어떤 모습으로 살았고 어떻게 살 것인지 있는 그대로 마주해야 하기 때문이다. 힘들고 부

담스럽다고 모르는 척 그냥 넘겨 버리고 싶지만 그럴 수는 없는 일이다.

이제부터 여러분과 함께 두렵고 떨리고 설레는 마음으로 자기다움 공부를 시작하려 한다. 뜻 모아 함께할 친구 서너 명과 같이 읽고 실습하며 대화하면 좋겠다. 혼자 읽을 때보다 훨씬 유익하고 풍성한 시간이 될 것이다. 자기다움을 찾아 떠나는 이 여행에서 친구들과 함께 서로 어떤 인생을 살지 묻고 찾고 답하다보면, 넉넉하게 저마다의 자기다움과 마주하게 되리라 믿는다.

Think Big, Act Small!(크게 생각하고 작게 시작하라!)

미국의 유명 비즈니스 강사 제이슨 제닝스의 책 제목이다. 꿈은 크게 꾸어야 한다. 하지만 시작은 작은 것부터 하는 게 좋다. 모든 공부가 그렇지만, 자기다움 공부를 시작할 때도 꼭 기억해야 할 말이 있다(나는 기업 컨설팅 때도 이 말을 자주 한다).

"변화의 시작은 나부터, 지금부터, 그리고 작은 것부터."

자기다움 공부는 허세를 키우는 공부가 아니다.

"저 사람이 하면 나도." "오늘 말고 내일부터." "급한 일 마치고 나면." "여건이 되고 형편이 되면." "조금 더 크고 거창하게." "남들 보기에 멋지게."

이런 말은 쓰레기통에 다 던져넣어라. 그리고 여러분 자신과 직면할 마음의 준비를 하기 바란다(꼭 친구와 함께 읽고 실천해 보길 다시 한번 권한다).

해석의 힘을 키우는 조작적 정의에 관하여

정의(定義, Definition): 어떤 말이나 사물의 뜻을 명백히 밝혀 규정함. 또는 그 뜻

남과 다른 인생을 살기 위해서는 '남과 다른 자기만의' 정의를 내릴 수 있어야 한다. 자연과학이나 사회과학 분야에서는 이것을 '조작적 정의'라고 부른다. '정의'라고 하면 대부분 사전적 정의를 생각하지만, 여기서 말하는 조작적 정의는 철저하게 '자기 생각과 가치와 경험'을 의미한다.

- **사전적 정의** Dictionary Definition: 특정 낱말이 지닌 가장 기본적이고 객관적인 의미
- **조작적 정의** Operational Definition: 추상적 개념을 경험적으로 관찰할 수 있는 속성으로 바꿔 설명한 의미

사전적 정의는 (어떤 의미에서는) 모두 알고 있는 정답이다. 단 하나의 유일한 답이고, 내가 아닌 다른 누군가가 정해 놓은 답을 말한다. 우리는 모두 지금까지 이런 답을 찾는 공부만 해왔다. 초중고 내내 남보다 빠르고 정확하게 정답을 찾는 연습만 해왔다는 말이다.

미국의 전설적인 투자자 짐 로저스는 이를 '미친 짓'Crazy Things이라고 혹평했다. 객관적 정보를 전달하거나 학문을 연구할 때는 이런 정의가 필요하다. 하지만 자기다움 공부에서는 정답이 아니라, 남과 다른 자기만의 답을 찾아야 한다. 이것이 핵심이다. 인생은 남이 대신 살아주지 못한다. 누구도 내 인생을 대신할 수 없기에 내 경험과 생각, 가치와

신념, 해석을 담아 내 삶을 살아야 한다. 그런 점에서 조작적 정의는 생각을 훈련하기 아주 좋은 도구다.

남다르게, '애플'스럽게

여러분도 잘 아는, '애플'이라는 글로벌 IT 기업이 있다. 전 세계 수많은 사람이 즐겨 사용하는 매킨토시 컴퓨터와 아이폰, 아이패드를 만들고, 스티브 잡스라는 걸출한 인물이 설립하고 경영한 기업이라는 사실을 이제 초등학생들도 다 안다. 하지만 애플의 가치와 신념을 담은 브랜드 철학까지 이해한 사람은 그리 많지 않은 것 같다. 기업의 철학과 가치는 대부분 설립자에게서 나온다. 다시 말해서 애플의 브랜드 철학과 가치는 스티브 잡스의 생각과 신념에서 도출되었다는 것이다.

사실 잡스는 자신이 세운 애플에서 쫓겨난 적이 있다. 그 후 경영자로 돌아왔을 때 그는 아주 깊은 고민을 하게 된다. 자신이 세운 회사지만 앞으로 어떻게 경영해야 할지 막막하기 때문이기도 했고, 그가 없는 동안 회사를 이끌던 사람들

이 애플을 전혀 다른 조직으로 바꿔 놓았기 때문이기도 했다. 이때부터 잡스는 회사의 정체성과 경영 철학, 브랜드 지향점을 다시 정립하기 시작했고, 그렇게 지금 우리가 알고 있는 애플의 이미지가 완성되었다.

애플 브랜드 철학의 핵심은 다음 두 가지로 정리할 수 있다.

Insanely Simple(미친 듯이 단순하게)
Think Different(다르게 생각하기)

'Insanely Simple'은 디자인에 관한 철학이다. 잡스는 복잡할 필요 없이 철저하게 단순함을 추구하는 것이 '애플다운' 디자인이라고 생각했다. 디자인만 보고도 '딱 애플답네', '엣지있네'라고 느끼게 만든 것이다.

'Think Different'는 사고방식, 일하는 방식에 관한 정책이다. 잡스는 늘 '애플답게' 일할 것을 강조했는데, 그것은 무얼 하든 남들과 다르게 하라는 의미였다. 그의 관점에서는 아무리 멋진 아이디어라 해도 남들과 똑같이 보고 해석

해서 나온 거라면, 다른 것이 아니었다. 하지만 같은 것을 봐도 '남과 다르게' 해석하고 이야기하고 적용하고 시도한다면, 그것이 바로 애플다운 거라고 생각했다.

애플은 이 두 가지 포인트를 광고에도 반영했다. 그들은—이제는 애플의 시그니처가 된—깔끔하고 단순한 디자인에 이런 카피를 얹었다.

Here's to the Crazy Ones(미친 자들에게 바치는 시)

Here's to the crazy ones.
The misfits. The rebels. The troublemakers.
The round pegs in the square holes.
The ones who see things differently.
They're not fond of rules.
And they have no respect for the status quo.
You can quote them, disagree with them, glorify or vilify them.
About the only thing you can't do is ignore them.
Because they change things.
They push the human race forward.

And while some may see them as the crazy ones, we see genius.
Because the people who are crazy enough
to think they can change the world,
are the ones who do.

여기서 '미친 자들'이란 누굴 말하는 걸까? 사회 부적응자와 반항아, 말썽꾸러기로 취급받았지만, 끝내 세상을 바꿔버린 '미친 또라이' 아닐까? 사회는 '루저'라고 손가락질했지만, 애플은 그들이야말로 남다르게 세상을 바라보고 변화시키는 1퍼센트 천재라고 생각했다. 잘못된Wrong 것이 아니라 다를Different 뿐이라는 것이다. '다름'은 잘못된 것이 아니라, 오히려 창의적인 것이다.

세상은 다수의 뜻과 취향을 따르지 않는 걸 '틀렸다'라고 비난하지만, 애플은 그게 바로 남과 다른 거라고 해석했다. 다르게 봐야 다르게 해석하고 다르게 적용할 수 있기 때문이다. 'Think Different'라는 애플의 유명한 광고도 이런 발상에서 나온 것이다.

스티브 잡스는 이렇게 생각했다고 한다. '세상을 바꾼 수많은 사람, 그들을 무시해선 안 돼! 왜냐고? 그들이 다르게

스티브 잡스는 행동이 달라지려면 생각이 먼저 달라져야 하고, 생각이 달라지면 세상을 바꿀 수 있다고 믿었다. cultofmac.com

생각하고 행동했기 때문에 세상을 변화시킬 수 있었거든. 그래서 나도 세상을 바꿀 거야! 나도 남과 다르게 생각하는 사람이란 말이야!'

자기다움을 찾는 여정에서도 남과 다른 관점을 유지하는 것은 매우 중요하다. 같은 것을 보더라도 남과 다르게 해석할 수 있어야 하며, 같은 노래를 부르더라도 남과 다르게 해석하고 자기답게 소화해서 불러야 한다. 다르게 봐야 다르게 적용하고 시도하며, 작금의 현실과 상황과 세상을 변화시키는 일에 참여할 수 있기 때문이다.

"여러분도 스티브 잡스처럼 세상을 바꾸고 싶습니까?"

강의할 때 청년들에게 이렇게 물으면, 꽤 많은 친구가 "네, 그렇습니다"라고 대답한다. 그때 이렇게 다시 물으면 대부분 답을 하지 못한다. "그럼, 어떻게 세상을 바꿀 생각인가요? 세상을 변화시킬 여러분만의 전략은 뭐죠?"

다들 머뭇거리며 머리를 긁적거린다(젊은이들이라 그만한 전략을 갖고 있지 않은 것이 자연스럽긴 하지만).

당신에게도 같은 질문을 하고 싶다. 당신도 세상을 변화시키고 싶은가? 그렇다면 그렇게 하기 위한, 남과 다른 당신만의 전략은 무엇인가?

세상을 바꿀 정도가 되려면 뚜렷하고 명확해야 한다. 나는 세상을 변화시킬 전략으로 '자기다움과 탁월함을 통해 선한 영향력을 사회 곳곳에 펼쳐 나갈 인재 양성'이란 방법을 한땀 한땀 실행하고 있다. 나만의 전략을 세우려면 자기 생각과 색깔이 분명해야 한다. 스티브 잡스처럼 말이다.

바보 같고 멍청해 보여도 자기답게, 디젤

렌조 로소는 패션 그룹 OTB의 회장이자 이탈리아의 캐주얼 의류 브랜드 '디젤'DIESEL의 설립자다.

렌조 로소의 철학은 그룹명 'OTB'에 담겨있다. OTB는 'Only The Brave'의 약자로, 그의 브랜드 철학이자 핵심 가치, 모토라고 한다. "새로운 방식을 시도하고 새로운 아이디어를 탐구하려면 용감해야 한다. 성공하려면 위험을 감수해야 하는 것 아닌가?"You Have to Take Risks to Succeed, Right? 에디터 이재우, JapanOII, 2019. 12. 28

이 같은 로소의 경영 철학은 그의 책 제목이기도 한 "바보가 되라!"Be Stipid!라는 슬로건으로 더 유명해졌다흐름출판,

2013. 나도 늘 청년 자기다움 학교에서 'Stupid Challenge'(바보 같은 도전)를 강조하고 있다. 실수하지 않고, 실패해보지 않으면 결코 성장할 수 없다. 실수가 두려워 아무것도 하지 않는 것 자체가 정말 멍청한 짓이기 때문이다(나도 로소 회장에게 영감을 받아 2016년부터 스타트업과 중소벤처기업의 상생을 도모하는 모임 'Stupid Challengers Forum'을 운영하고 있다).

"바보 같지만 도전해야 할 일이 있다면, 인생에 한 번쯤은 계산하지 말고 미친 척하고 도전해라!"

내가 두 아들과 제자들에게 가장 많이 하는 요청이기도 하다. 그래서 디젤은 자사의 모든 광고에 동일한 슬로건을 실었다. "Be Stupid!!"

똑똑한 사람들은 떠오른 아이디어나 받은 제안을 머릿속으로 시뮬레이션한다. 먼저 계산해보는 것이다. 필요한 일이긴 하나, 여기에는 함정이 존재한다. '할까 말까? 리스크가 너무 큰 건 아닌가? 실패하면 어떻게 하지?' 고민만 하다가 시기를 놓치거나, 지나치게 어렵게 바라보고 '이건 안돼'라는 부정적 결론을 내리거나, 현실적 과제와 장애물이

훤히 보여서 갑자기 '귀차니즘'에 빠지기 쉬운 것이다. 그래서일까? 실제로 혁신적이고 기발한 무언가를 세상에 내놓는 사람 중에는 평소 바보 취급받던 이들이 많다. 다들 안 된다고 할 때 그들은 이렇게 말한다.

"Why not? 안 될 게 뭐 있어? 한 번 해보자!" "그만 생각하고 이젠 행동해! 언제까지 계산만 하고 있을 거야?"

렌조 로소 같은 'Stupid Challenger'는 다양한 '바보짓'을 통해 자기만의 작품과 브랜드, 자기다운 성과를 만들어낸다. 똑똑한 사람들은 머릿속에서 "하지 마! 하면 안 돼!"라는 이성적이고 합리적 판단의 소리를 계속 듣는다. 하지만 바보들은 쿵쾅쿵쾅 울리는 가슴속 소리에 귀 기울인다. 그 소리에 가슴 설레며, '그게 되겠어? 쓸데없는 짓 하지 마'라며 빈정대고 반대하는 세상의 소리를 무시하고 자신만의 길을 간다.

Smart Listens to the Head.
But Stupid Listens to the Heart.

'패션계의 콜럼버스' 또는 '데님(Denim)의 아버지'로 불리는 렌조 로소
polimoda.com

당신은 최근에 가슴 설레어 본 적이 있는가? 마구 요동치는 심장 소리를 듣고 그 소리가 하라는 대로 해본 적은 언제인가? 자기답게 살자는 건 그렇게 해보자는 이야기다. 다른 사람 눈에 바보 같아 보여도, 그게 내 경험이자 역사이고 남과 다르게 할 수 있는 가장 좋은 비결이라면, 눈치 보지 말고 바로 지금 해보자는 것이다. 우리나라 사람들은 '나를 바라보는 남의 시선'이라는 감옥에 갇혀 있는 것 같다. 남이 생각하는 나에 관해 지나치게 신경 쓴다. 이제는 타인의 시

선이라는 감옥에서 나와 온전한 자기 자신으로 당당히 살아가야 한다.

살다 보면 정말 바보처럼 살고 싶을 때가 있다. 눈치보지 않고 원하는 걸 뚝딱 해버리니 말이다. 그런 사람들은 끊임없이 시도하고 또 시도한다. 웬만해서는 포기하지 않는다. 말도 안 되게 끊임없이 도전하고, 대부분 실수하고 실패하는데도 "괜찮아"라고 말한다. 실수하고 실패해도 그 경험만큼은 오롯이 자기만의 것임을 아는 것 같다.

그렇게 자기만의 경험을 쌓다 보면, 언젠가 반드시 '엄청나게 무서운' 사람이 될 수 있을 거라는 사실도 아는 걸까? 아무튼 이런 어리석은 도전은 '새로운 나'를 발견해가는 가장 좋은 방법임이 틀림없다. 그러니 제발 아무 생각 말고 믿고 한번 도전해보라. 세상 물정 모르는 바보 같은 소리라고 해도 좋다. 아무것도 하지 않는 것보다는 뭐라도 시도하는 것이 훨씬 낫다. 도전하지 않으면 아무 일도 일어나지 않는다. 하지만 바보같이 실행하고 도전하다 보면 성공이든 실패든 무엇이든 결과를 얻게 된다.

디젤의 Be Stupid 광고. adsoftheworld.com

원래 디젤의 브랜드 철학은 '성공' Success이었다. 그런데 이 성공은 사전적 정의가 아니라, 로소의 철학을 담은 조작적 정의이다. "실패한다 해도 어리석은 도전을 멈추지 마라. 그래서 꼭 너만의 이야기를 만들어라."

성공에 관한 사전적 정의와는 완전히 다르다. 이같이 조작적 정의란 남과 다른 자기만의 경험, 가치, 신념, 속성, 해석을 담은, 세상에 하나뿐인 자기만의 정의라고 할 수 있다.

애플과 디젤은 왜 남과 다른 자기만의 생각과 가치와 신념과 해석을 담은 정의를 내릴 수 있었을까? 남이 만들어 놓은 틀에 갇히지 않았기 때문이다(나는 이것을 '프레임'이라고 부른다). 누군가 만들어 놓은 사회의 통념적이고 관념적인 틀, 형식에 갇히지 않고, 자신들의 가치와 생각과 신념에 기초해서 새로운 정의와 세상을 만들고 싶었기 때문에 가능한 일이다. 조작적 정의는 개인뿐 아니라 기업에도 매우 중요한 사고방식이며 방법론이며, '업'(業)의 본질을 이해하고 정의하는 데도 많이 사용되고 있다.

사전적 정의 대신 조작적 정의를 내리려면, 자신만의 생각과 가치와 신념과 속성과 해석을 꾸준히 파악하고 정리하는 연습을 해야 한다.

남과 다른 나만의 생각 훈련: 조작적 정의 연습

지금은 남이 정해 놓은 답만 찾아서는 살아가기 어려운 시대다. "오! 좋은데? 괜찮은데?"라는 감탄사가 나오는—'틀린' 답인 오답(誤答)이 아니라—'오'(Oh!)라는 감탄사를 자아낼 답'을 찾아야 한다. 《카피라이터 정철의 머리를 9하라》, 정철, 리더스북, 2013 남과 다른 자기만의 답! 사전적 정의나 남이 정해 놓은 답이 아닌, 내 생각과 경험과 가치와 신념과 해석을 담은 정의 말이다.

이제부터 조작적 정의를 연습해보자. 첫 번째 과제는 '청춘'이다. 사전적 정의가 아니라 당신만의 경험, 생각, 가치, 신념, 해석을 담는다면, 이 단어를 어떻게 정의해야 할까?

청춘은 _____ (이)다.

잠시 '시인'이 되어 마음을 담아 써보는 것도 좋겠다. 내 생각에는 시를 쓰는 것이야말로 가장 훌륭한 조작적 정의 훈련이 아닐까 싶다.

어떻게 정의하느냐에 따라 당신은 청춘일 수도 아닐 수도 있다. 어떤 이에게 청춘은 '지나간 옛 추억'이다. '과거'라는 뜻이다. 이 정의에 따르면—나이에 상관없이—'청춘이었던' 사람만 있을 뿐 현재 '청춘인' 사람은 없다. 청춘 자체가 옛 추억이기에 실시간(?)으로 청춘인 사람이 아무도 없는 것이다. 아쉽게도 말이다.

내 제자 중 한 친구는 청춘을 이렇게 정의했다.

청춘은 내가 죽어서 관에 들어갈 때까지 지녀야 하는 마음이다.

와, 그의 관점이 너무 멋있다. 이 정의대로라면—나이에 상관없이—세상 모든 사람은 청춘이다. 죽을 때까지 고이 간직해야 할 마음이 청춘이기에 몇 살이든 상관없이 모두가 청춘이란 뜻이다. 어떻게 정의하느냐에 따라 정말 많은 것이 달라진다. 사랑. 행복. 성공…. 여러분이 내린 정의가 실제로 여러분을 그 정의에 걸맞게 살도록 안내해주는 길라잡이가 될 것이다.

내 인생을 바꾼 조작적 정의

2014년 대한민국 인천에서 아시안 게임이 열렸다. 그때 중동 부자 400명이 승마 경기를 보러 우리나라를 방문했다. '중동 부자'라고 하면 많은 사람이 '만수르'를 떠올릴 것 같다. 만수르 가문의 재산이 한화로 약 395조 정도라고 하는데, 실제로는 1천조 정도 된다고 한다 2022년 12월 8일 한경 기사. 만수르 패밀리보다 더 돈 많은 집안은 아마도 유대계 금융재벌 로스차일드 가문이지 않을까 싶다(세상에는 우리가 상상하는 그 이상의 돈을 가진 부자들이 정말 많다).

만수르 정도는 아니어도 '갑부'라 불리는 사람이 400명이나 몰려온다고 하니, 국내 기업들도 그들을 대상으로 부자 마케팅을 벌일 수밖에 없었다. 당시 나도 어느 기업의 의뢰로 열심히 마케팅 전략을 설계하고 있었다. 그런데 연구하면 할수록, 진짜로 공략해야 할 대상이 400명의 부자가 아니라는 생각이 들었다. 찝찝한 마음이 떠나지 않아서 중동에 있는 친구에게 전화로 물어보기까지 했다.

나라마다 차이가 있겠지만, 중동 부자들은 일부다처제를 따르기 때문에 대가족을 둔다. 그리고 여행할 때 가족과 함께 다닌다. 부인 두세 명에 아이들까지 평균 20명 정도가 함께 움직이는 것이다. 아시안 게임을 보러 한국에 온다는 중동 부자들도 그럴 것 같았다. 그렇다면 실제로 마케팅해야 할 대상은 부자 400명이 아니라, 그들의 아내와 자녀, 보모, 경호원, 요리사, 말 관리자 등 자그마치 8천 명 정도였다. 마케팅 전략을 수정해야 할 상황이었다.

'그러면 이 8천 명 중 누구에게 초점을 맞춰야 할까?'

고민 끝에 찾은 답은, 여성들이었다. 실제로 한국에서 쇼핑할 사람들은 부자 남편 400명을 따라올—평균 두세 명이 함께 온다고 하면—그들의 아내 약 1천 명 말이다. 그래서 내가 주목한 것은 한류를 이끄는 분야 중 하나인 'K-뷰티'였다. 미용과 성형. 이 두 가지에 집중해서 마케팅 전략을 수립하고, 상품 라인업을 만들어 프로모션 계획을 세웠다. 그리고 고객사에 실행 전략과 구체적 방법을 제시했다. 감사하게도 이때 수립한 전략을 잘 실행한 기업은 큰 성과를 거두었다.

2022년 한국을 방문한 사우디의 무함마드 빈 살만 왕세자를 만나려고 줄 선 사람들처럼, 당시 나도 중동 부자들을 만나 대화 나누고 좋은 관계도 맺고 싶었다. 사실 마케팅 전략 수립에 참여한 동기도 중동 부자들과 친해지고 싶어서였다. 하지만 아무리 미팅을 요청해도 번번이 거절만 당했다. 전략과 실행 방안 기획에 참여하면 그들과 만날 기회가 있을 거라고 생각했는데 전혀 그렇지 않았던 것이다. 그들이 묵는 호텔로 직접 찾아가 보기도 했지만, 철통같은 경호와 보안 때문에 끝내 만날 수 없었다.

사실 그들은 호텔 스위트룸에서 잘 나오지 않았다고 한다. 쇼핑도 '10시부터 11시까지는 만수르 집안, 11시부터 12시까지는 만돌이 집안…' 식으로 시간표를 짜 진행하고, 언제 어디서나 경호원들이 밀착 보호해서 접촉할 길이 없었다. 경호원들은 조금만 가까이 가도 무섭게 노려보며 멀리 떨어지라고 경고했고, 그들에게 미팅을 요청해도 만날 수 없다며 칼같이 자르곤 했다.

유명한 사람도 아니고 인플루언서도 아닌 내가 겁도 없이 계속 들이댔으니 얼마나 우습게 보였을까. 만나고 싶어 여러 번 방문한 나를 '이상한 놈' 취급해서 불쾌했지만, '언젠가는 만날 거다'라고 생각하며 마음을 가라앉히고 호텔을 나올 수밖에 없었다. 이 경험 덕분에 '도둑'에 관한 조작적 정의를 작성하며 결심한 것이 있다. '이 시대의 진정한 도둑'이 되겠다는 발칙한 생각이었다(물론 아래의 사전적 의미 같은 도둑은 아니다!).

도둑 : 남의 것을 빼앗거나 훔치는 행동 혹은 그렇게 하는 사람

도둑에 관해 내가 내린 조작적 정의는 '돈의 흐름을 바꾸는 사람'이었다.

도둑 : 자본 흐름을 바꾸는 사람

불쾌한 경험이긴 했지만, 덕분에 내 생각과 가치와 신념을 담아 도둑을 새롭게 정의할 수 있었다.

도둑 : 자본과 돈의 흐름을 바꾸는 사람. 악한 곳에서 선한

곳으로, 부유한 곳에서 가난한 곳으로, 의미 없는 곳에서 의미 있는 곳으로 자본과 인력이 흘러가게 기획하고 실행하는 사람(단 강제로, 억지로, 불법으로 하는 건 안 됨!).

이런 의미에 더해, 사람과 사회를 살리는 데 돈을 사용하기 위한 명분과 가치를 만들며, 낭비되는 돈을 꼼꼼하게 기획하고 세세하게 챙겨서 하나도 허투루 사용되지 않게 하는 데 동참하려는 청년들을 키우고 싶었다. 나 또한 이런 도둑이 되고 싶었고, 지금도 그렇게 살려고 노력하고 있다. 조작적 정의로 내가 추구하는 삶의 방향이 구체화 되고 명확해진 셈이다.

다음은 내가 정리한 '자기다움'의 조작적 정의이다. 단어 하나 가지고 말장난한다고 할 사람도 있겠지만, 전혀 그렇지 않다. 정의가 우리 인생을 변화시키고 살아가는 방향과 모습까지 송두리째 바꿀 수 있는 것은, 그 뜻과 의미대로 우리가 살아가게 하기 때문이다. 말과 글에는 힘이 있다. 더구나 자신의 철학을 담은 언어에는 생명력이 있다.

내가 생각하는 자기다움은 아래와 같다.

자기다움이란,

나를 이 땅에 보낸 하늘의 뜻을 알고
삶으로 증명하는 것이다.
남과 다른 나만의 답을 찾아가는 것이다.
내 안에 숨겨진 보석을 발견하는 것이다.
자신의 관심 분야를 발견하는 끝없는 집요함이다.
이웃을 섬기기 위해 기꺼이 대가를 치르려는 치열함이다.
도전하지 않으면 죽을 것 같은 꿈에 온몸을 던지는 것이다.
사랑하는 마음과 눈으로
세상을 바라보는 인사이트Insight이다.
세상의 흐름을 읽고 새로운 물줄기를 만들어내는
생명력이다.
꿈꾸고 생각하고 말하는 대로 살아가는 우리 인생이다.
모든 사람이 보고 듣고 느끼고 생각하고 말하는 내 모습이다.
남이 아닌 내 삶을 사는 것이다.

사전적 정의는 언제 어디서 누가 이야기하든 똑같지만,

조작적 정의는 사람마다 달라야 한다. 그것은 같을 수 없고 같아서도 안 된다고 생각한다. 사람마다 경험과 생각, 가치와 추구하는 바가 다르기 때문이다. 조작적 정의는 나답게 살기 위해 내 생각과 가치를 정리하는 훈련이다. 여러분도 지금 자신에 관한, 자기다움에 관한 조작적 정의를 내려 보기 바란다. 그리고 친구들과 생각을 나누다보면 또 다른 인사이트를 얻게 될 것이다.

자기다움이란 ＿＿＿＿＿＿＿＿ (이)다.

우리는 자신이 정의한 대로 살아간다

어느 회사에서 직원 교육을 진행하다가 자신의 업무를 이렇게 정의하는 걸 본 적이 있다.

내가 하는 일은 앵벌이(이)다.

깜짝 놀라 이유를 물었더니 이런 대답이 돌아왔다. "늘 고객한테 찾아가 앵앵거려야 실적을 올릴 수 있으니까요."

마음이 너무 아프기도 했지만, 화도 났다. 자기 일에서 그런 의미밖에 찾을 수 없는데도 계속 그 회사에 출근해야 할까? 회사의 가치를 고객에게 전하는 것은, 매출뿐 아니라 함께하는 동료를 향한 최소한의 태도와도 직결되는 아주 중요한 이슈이다. 그런데 동료가 회사의 가치와 의미는커녕 자기 일을 '앵벌이'로 생각하며 고객을 응대한다면 어떻게 될까? 그런 인식을 가진 사람들이 모여 일하는데 기업이 가진 철학과 가치가 고객들에게 제대로 전달될 리 없다. 더 안타까운 것은, 고객들이 직원들을 만났을 때 '여기는 진짜 앵벌이처럼 일하네'라고 인식하는 순간일 것이다.

자기 업무를 '모기'로 정의한 보험사 직원도 있었다. 그가 내린 정의는 이랬다.

내가 하는 일은 모기이다. 고객에게 '빨대'를 꽂아 '피'를 빨아 마셔야 실적을 낼 수 있기 때문이다.

안타깝게도 그 회사의 꽤 많은 직원이 비슷한 정의를 내놓았다. 골치가 지끈 지끈 아팠다. 이 기업의 철학과 가치, 문화를 어떻게 바로 잡아야 할지 고민되었다.

보험은 앞으로 어떤 일이 벌어질지 모르기 때문에 미래를 대비하려는 사람에게 꼭 필요한 것이다. 그래서 보험 업계 종사자는 할 수 있는 선에서 미래를 준비하고 언제 닥쳐올지 모를 어려운 시간을 대비하도록 돕는 귀한 일을 하는 사람들이다. 하지만 그런 일을 '모기처럼 남의 피를 빨아먹는 것'이라고 여기는 슬픈 현실 앞에서 어떻게 컨설팅해야 할지 막막했다.

며칠을 고민한 뒤에 나는 워크숍을 통해 업무에 관한 시각을 바꿔보면 어떻겠냐고 제안했다. 다행히 워크숍이 열렸고, 머리를 맞대고 함께 고민하며 대화하는 가운데 사람들의 생각이 모이는 것이 느껴졌다. 한 사람 한 사람 자신이 하는 일의 가치와 의미가 얼마나 중요한지 깨닫게 되었고, 자기 일에 의미를 부여하고 영혼을 담기 시작했다. 새로운 기업 문화가 만들어지는 순간이었다.

"내가 하는 일은 고객의 행복한 미래를 실제 삶에서 실현해주는 것이다."

학습지 선생님들과도 이런 이야기를 나눈 적이 있다. 그들은 일주일에 한 번 가정을 방문해서 평균 10분 정도 아이들을 가르친다. 그런데 대부분 정해진 진도에 맞춰 계획된 분량만 짧게 전하고 나오는 것을 자기 일로 생각하고 있었다.

그때 선생님 한 분이 자기 일에 관해 조작적 정의를 내린 것이 마음에 와닿았다. "만약 여러분 앞에 앉아있는 아이가 커서 훌륭한 지도자가 된다면 어떨까요? 일주일에 한 번뿐이지만, 그 10분은 미래 지도자를 길러내는 멋진 시간이 되는 거예요. 그런 의미에서 여러분은 더 나은 미래를 만드는 엄청난 사람들입니다!"

그래서 바뀐 정의는 이랬다.

"내가 하는 일은 대한민국의 미래 지도자를 키우는 것이다. 우리는 일주일에 10분씩 아이들의 학업 성장을 돌보며 그들이 꿈을 키우도록 돕고 있다."

이때부터 회사에서도 선생님들을 '10 Minutes Miracle Creator'라고 불렀다. 10분의 기적을 창조하는 사람들!! 얼마나 멋진 말인가?

개인과 공동체, 사회에 영향을 미치는 전문가는 자기 일에 의미와 가치, 영혼을 쏟아붓는다. 자기 일에서 가치를 발견하고 영혼을 담는 사람들이야말로 세상을 변화시키는 '체인지 메이커' Change Maker가 아닐까. 여러분도 지금 하는 일을 스스로 정의하고 가치와 의미를 명확하게 부여해보기 바란다. 그 가치와 의미가 여러분을 성장시키고 그 일에 몰입하게 해줄 것이다. 여러분이 생각한 조작적 정의는 나답게 살아가는데 길을 제시하고 그에 걸맞은 삶을 살도록 도와준다. 조작적 정의를 통해 자신의 가치를 재발견하고 세상에서 회자하는 수많은 단어와 사건을 자기 것으로 재해석하여 여러분만의 자기다움을 펼쳐가기를 간절히 소망한다.

자기다움을 찾으려면 '룩 백'(Look Back)하여 자신의 인생 그래프를 그려보라

자기다움을 찾기 위해 가장 먼저 생각해야 할 키워드는 '아이덴티티'(Identity, 정체성)이다. 내가 누구이며 어떻게 살아왔는지, 어떤 궤적을 그리며 여기까지 왔는지 돌아보자는 것이다. 올바른 정체성을 찾으려면 무엇보다 살아온 인생을 돌아보는 것부터 해야 한다. "나는 지금까지 어떻게 살아왔을까?"

2013년 11월 27일, 아내가 사표를 던졌다. 이 책을 쓰는 2023년 기준으로 딱 10년 전 일이다. 당시 의류 디자이너였던 아내는 일에 관한 욕심도 많고, 적성과 재능이 업무와 잘 맞아 직장에서도 크게 인정받고 있었다. 그런데 언제부터인가 잦은 소화불량과 속 쓰림, 울렁거리는 증상에 시달리기 시작했다. 병원에 다녀도 전혀 차도가 없었고, 나중에는 몸무게가 38킬로그램까지 줄어드는 위험한 상황이 벌어졌다. 하지만 딱히 아내의 병명을 찾지 못하던 의사는 스트레스를 줄이고 쉬어야 한다는 이야기만 늘어놓을 뿐이었다.

나는 회사를 그만두고 쉬면 어떻겠냐는 이야기를 조심스럽게 아내에게 건넸다. 쉼을 모르고 달려온 17년 직장 생활을 잠시 멈추고 회복 시간을 갖자는 의미였다. 내 말을 듣고 한 달 동안 고민하던 아내는 그렇게 사표를 던졌다(그런데 인간 마음이 왜 이리 간사한지…. 진짜로 사표를 냈다는 아내 말에 덜컥 겁이 나긴 했다. 미처 맞벌이에서 외벌이로 바뀐다는 생각까지는 해보지 않은 터라 살짝 이기적인 마음이 들었던 모양이다).

"정말 사표 냈어? 나랑 상의 좀 하고 내지. 그래도 정말 잘했다. 이젠 좀 쉬면서 회복하자."

아내의 회복을 최우선 순위에 두고 모든 것을 결정하겠다는 생각에, 나는 아내와 함께 추운 겨울인 한국을 떠나 따뜻한 필리핀으로 날아갔다. 아픈 아내를 돌본다는 명목(?)으로 나도 사표 내고 쉬기로 한 것이다. 지금 생각해보면, '3개월 동안 다른 나라에서 살아보기' 또는 '워케이션' Workcation(원하는 장소에서 업무와 휴가를 함께하는 근무 방식)을 10여 년 전에 경험한 것 같다.

필리핀에 도착했지만, 아무것도 하지 않고 쉬려고 하니 좀 쑤셨다. 그러던 차에 전에 읽었던, 미국의 저명한 경영자 밥 버포드의 《하프타임》Half Time, 국제제자훈련원, 2018이라는 책이 생각났다. 40년 넘게 살아온 인생에서 잠시 쉬고 있는 이 3개월이 전반전을 끝내고 후반전을 준비하는 하프타임 같았다.

그때부터 지난 세월 기쁘고 보람찼던 일부터 힘들고 어려웠던 일까지 다양한 인생의 굴곡을 돌아보기 시작했다.

중요하거나 힘들었던 시기에 어떤 결정을 하고 어떤 사람을 만났는지, 그래서 어떤 결과를 얻었는지 하나하나 확인해보았다. 그리고 내가 어떤 사람으로 살아왔고 어떤 사람으로 살고 싶었는지도 깨닫게 되었다.

이렇게 정리하는 시간을 갖고 나니 자연스럽게 앞으로는 무엇에 의미와 가치를 두고 살아가야 할지 진지하게 고민하게 되었다. 매일 누구에게도 방해받지 않는 새벽 네 시에 일어나 세 시간 이상 생각하고 또 생각하며 미래에 관한 설계도를 작성했다. 정말 행복하고 설레는 시간이었다.

다음은 한 청년의 인생 그래프 예시이다. 여러분도 과거로 돌아가 어떤 경험과 선택을 하며 살아왔는지 살펴보기

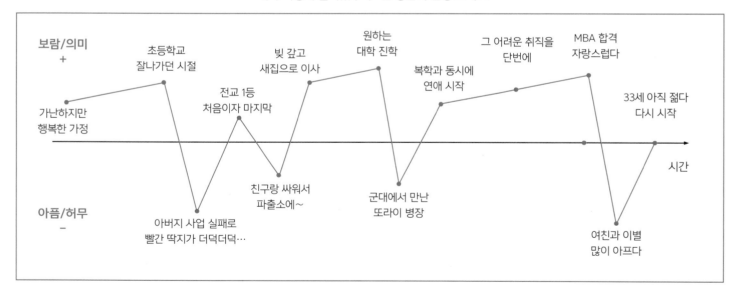

"내가 이렇게 살아왔구나" 한 청년의 인생 그래프

바란다.

떠오르는 기억 중에서 가장 의미 있고 강렬한 것을 열 개에서 열두 개 정도 골라 인생 그래프를 그려보라. 가장 보람 있는 최고의 순간과 가장 기억하고 싶지 않은 최악의 사건은 언제였고 어떤 일이었는가? 당시 어떤 결정과 선택을 했고 어떤 사람들과 함께 그 험난한 파도를 견디고 이겨냈는가?

이 실습으로 인생 전반을 돌아보며 그 가운데 경험한 '희비'(喜悲)를 시각화하면서 꼭 해야 할 일이 있다. 인생에서 만난 수많은 사건과 사고 가운데 자신과 함께해 준 고마운 이들에게 감사하는 것이다.

서운하고 억울하고 슬픈 일은 빨리 잊어버리고 은혜 입은 일은 기억하고 감사하는 마음으로 살아가는 것이 지혜인 것 같다. 인생에서 크고 작은 것으로, 중요하거나 사소한 일에서, 직접 혹은 간접적으로 남에게 도움받지 않고 사는 사람은 없다. 혹시 미처 감사의 마음을 전하지 못한 분이 생각난다면, 지금이라도 "그때 고마웠습니다"라고 연락해보면 어떨까? 감사는 귀하고 소중한 관계의 경험을 선물처럼 안겨준다.

대기업 컨설팅을 하다 보면 종종 직원 교육도 진행하게 되는데, 그럴 때 나는 참석자들에게 인생 그래프를 작성하게 한다. 한 번은 어느 회사 직원들에게 입사 때부터 지금까지의 시간을 '나의 직장 생활 그래프'로 그려보라고 했는데, 유난히 오르락내리락을 반복하는 그래프 하나가 눈에 띄었다. 그 직원의 그래프는 근무 연차가 쌓일수록 낙차가 커지다가 '현재' 시점에서 완전 밑바닥을 찍었는데, 거기에는 이렇게 적혀 있었다.

"개×× 팀장 때문에 미치겠다!"

안타깝게도 이 직원만 그런 것이 아니었다. 열 개의 탁자마다 여덟 명 정도 앉아있었는데, 탁자당 평균 세 명 정도가 팀장과 상사에 대한 불만과 부정적 감정이 쌓여 있음을 볼 수 있었다.

인생 그래프나 회사 생활 그래프 그리기는 자신이 현재 자기 모습과 상황에 만족하는지, 자신의 선택을 후회하지는 않는지, 자신이 지금 어디에 있는지 등을 정리하며 '나를 더 깊이 돌아보는' 계기가 된다. 앞에서 언급했듯이 과거를 돌아볼 때 가장 중요한 것은 감사하는 마음이다. 부정적인 마음과 생각만 떠오른다면 의

"내가 이렇게 살아왔구나" 인생 그래프 그리기

식적으로 감사할 내용을 더 많이 찾아보기 바란다. 힘들고 어려울 때, 행복했던 시절에 누구와 함께하고 어떤 선택을 했으며, 무엇에 기뻐하고 즐거워했는지 들여다보라는 것이다. 자신의 선택에 관해 후회가 없을 수는 없겠지만, 지금 모습으로 그 자리까지 온 것에 감사하는 것은 미래를 그려보는 데 정서적으로 큰 도움이 된다.

감사 내용을 좀 더 돌아보고 기록해 보자. "그 일이 정말 보람 있었구나!" "이 일을 할 때 정말 행복했구나!"

그리고 질문해 보라. "어떻게 해야 계속해서 그런 기회를 만들 수 있을까?"

"이때가 가장 행복하고 즐거웠는데 당시 나는 어떤 선택을 했던 걸까?"

이 답은 과거의 자신을 천천히 돌아볼 때만 얻을 수 있는 지혜이다. 이제 눈을 감고 과거를 돌아보며 다음 질문에 답해보라.

1. 각 사건은 어떤 분야와 영역에서 일어났는가?

_____

_____

2. 당시 나는 어떤 선택과 행동을 했는가?

_____

_____

3. 당시 어떤 사람들이 나와 함께해주었는가?

_____

_____

4. 혹시 그 선택과 행동에 공통점은 없는가?

_____

_____

_____

나이와 상관없이, 인생 혹은 직장 생활 그래프를 통해 지금까지 살아온 인생을 돌아보고 앞으로 어떤 인생을 살아갈지 조명하는 멋진 경험을 하게 되기 바란다.

나를 알아가기: 장점 스무 가지 적어보기

간혹 어머니 특강이 있어 강의 중에 "자녀의 장점 스무 가지를 구체적인 문장으로 작성해보세요"라고 하면, 두세 가지 쓰다가 멈추는 분이 대다수다. "교수님, 아이의 장점을 잘 모르겠어요. 사실은 장점이 있기는 한 건지조차 모르겠네요"라며 당혹스러워하는 어머니도 꽤 많았다. 매일 집에서 보고 마주하는 사랑스러운 자녀의 장점을 쓰는 건데 왜 막막하고 머릿속에서만 빙빙 도는 걸까?

아이를 잘 알고 있는 것 같은데 글로 표현할 수 없고 말로 설명할 수 없다면, 사실은 제대로 모르는 것이다. 나는 그런 분들에게 한 주간 아이를 주의 깊게 관찰하고 장점이라고 생각하는 것을 하나의 문장으로 정확하게 기록하라고 과제를 내준다. 그리고 작성한 것을 아이 앞에서 크게 소리 내어 읽어주고 꼭 안아주는 모습을 영상에 담아 제출하라고 하면, 백이면 백 "아이의 환한 미소에 너무 행복했습니다"라는 피드백을 받는다. 일주일 후 다시 만나면 어머니들의 표정이 몰라보게 밝아져 있다. "교수님, 아이 장점이 정말 보이던 데요. 그래서 아이가 더 사랑스럽고 대견했습니다."

자신을 잘 이해하고 아는 사람은 자신의 장점을 정확하고 분명하게 표현할 수 있다. 우리는 이런 관찰과 생각을 정리하고 표현하는 훈련이 너무 부족하다.

당신은 자신에게 어떤 장점이 있다고 생각하는가? 지금까지 살면서 자신에 관해 느끼고 경험한 것을 참고삼아 차근차근 적어보기 바란다. 단, 조건이 있다. '잘생겼다', '착하다', '성실하다'처럼 단순하고 막연하게 표현하면 안 된다. 구체적으로, 그리고 완성된 문장으로 써야 한다. 예를 들면, 이렇게 말이다.

- 나는 내 생각과 의견을 논리적이고 설득력 있게 말한다.
- 나는 스스로 목표를 세워 행동하는 것이 즐겁고, 그럴 때 잘

해낸다.

- 나는 책을 많이 읽고, 같은 책을 여러 번 반복해서 읽는 습관이 있다.
- 나는 동생들과 잘 놀아주며 그들을 잘 돌보는 좋은 형이다.
- 내게는 사람들을 한마음으로, 하나의 목표로 이끌어 가는 리더십이 있다.

이런 방식으로 당신이 알고 있는 자신의 장점 스무 가지를 적어보라. 그리고 작성한 내용을 당신을 잘 아는 지인(친구, 부모 등)에게 사진 찍어 보내보자. 어떤 피드백이 올지 궁금하지 않은가? 예상하지 못한 피드백일 수도 있으니 당황하지는 말자. "너에게 이런 장점이 있다고? 이게 너 맞나?" 당황스럽거나 감정 상하는 피드백이어도 절대 화내지 말고 당당하게 자신을 설명해 보기 바란다.

잘 작성했는가? 장점이 끝없이 떠올라 지면이 모자라지는 않았는가? 아니면 혹시… 잘 떠오르지 않아 애를 먹지는 않았는가? 장점이라고 하기에는 어딘가 아쉬워 차마 못 적고, 써 놓은 걸 다시 읽어보니 지워야 하나 싶은 게 자꾸 눈에 띄지 않았는가?

많든 적든 다 괜찮다. 여러분 스스로 인정하고 받아들이는 것이 더 중요하다. '지금은 여섯 개뿐이지만, 더 시간을 갖고 관찰하며 매일 조금씩 성장하면서 스무 개를 꼭 채워야겠다'라고 마음먹으면 된다. 긴 호흡을 갖고 자신을 들여다보자. 타인이 나에 관해 해주는 이야기에도 귀 기울여 보라. 그리고 마음을 담아 꾹꾹 당신의 장점을 적어보라. 그게 당신을 나타내는 또 하나의 모습이다.

당신의 '천재성'은 어느 영역을 만날 때 드러날까?

공장에서 찍어내듯 똑같이 태어나는 아이는 없다. 지능도 그렇다고 생각한다. 다르게 타고나고 제각기 계발되며 다양하게 발현되는 것이 우리 인생인 것 같다. 우리나라는—아직도!—I.Q.Intelligent Quotient에 집착하는 경향이 있지만, 학자들은 I.Q. 같은 특정 지능이 높다는 사실이 사회적 성공을 보장하지 않으며 살아가는 데 크게 도움 되지 않

나의 장점 스무 가지 적어보기

① _____

② _____

③ _____

④ _____

⑤ _____

⑥ _____

⑦ _____

⑧ _____

⑨ _____

⑩ _____

⑪ _____

⑫ _____

⑬ _____

⑭ _____

⑮ _____

⑯ _____

⑰ _____

⑱ _____

⑲ _____

⑳ _____

을 수 있다고 말한다.

하버드대 하워드 가드너 박사는 인간 지능을 총 여덟 가지로 분류하고, 그것을 '다중지능'Multiple Intelligence 이론으로 정립했다. 그에 따르면, 사람은 저마다 다른 재능을 갖고 있고 그것을 각기 다양하게 발휘해서 자신만의 인생을 살아간다. 어떤 사람은 언어 분야에서, 어떤 사람은 음악 분야에서, 어떤 사람은 수학 분야에서 뛰어난 재능을 발휘하며, 그것을 사전에 확인하고 계발하게 돕는 것이 다중지능 이론의 주요 골자이다.

나는 모든 사람이 한두 가지 이상의 재능을 타고난다고 생각한다. 여러분도 그럴 것이다. (우리가 어렸을 때) 우리 부모님도 우리의 그런 재능을 보고 "이 아이, 천재인가 봐"라는 이야기를 한두 번쯤 하셨을 것이다. 나도 종종 내 자녀들에게 천재성을 보이는 영역이 있음을 본다. 하지만 아이 스스로 그것을 발견하는 것이 중요하기 때문에, 계속해서 지켜보며 아이가 다양한 도전을 통해 스스로 깨달을 때까지 기다리고 있다.

다중지능 이론에 관한 이해를 돕기 위해 자신의 재능을 찾아 놀랍게 발휘한 이들을 찾아보았다.

언어 지능

윤동주 시인, 양주동 시인, 천상병 시인, 박경리 작가, (내가 좋아하는) 김용 작가. 이들은 언어 지능이 뛰어난 사람들이다. 글과 말을 탁월하게 구사하는 변호사나 정치가, 강사 등도 여기 해당한다.

논리-수학 지능

고대 그리스의 수학자 아르키메데스, 17세기 영국의 물리학자이자 천문학자인 뉴턴, 19세기 독일의 수학자 가우스, 20세기 독일의 수학자 힐베르트, 프로그래밍 언어 JAVA를 만든 소프트웨어 개발자 제임스 고슬링, MS 워드를 개발한 프로그래머 찰스 시모니. 이들은 논리-수학 지능이 뛰어난 사람들이다.

시각-공간 지능

미켈란젤로, 레오나르도 다빈치, 김홍도, 신윤복, 20세기 프랑스의 패션 디자이너 코코 샤넬, 독일 출신 자동차 디자이너 피터 슈라이어. 이들은 뛰어난 시각-공간 지능으로 미술과 디자인, 공간 관련 걸작을 만들어냈다(디자이너인 내 아내도 탁월한 시각-공간 지능을 발휘하며 멋지게 살고 있다).

신체 운동 지능

미국 육상선수 칼 루이스, 에디오피아 마라토너 '맨발의' 아베베, 미국 권투선수 알리, 미국 NBA 스포츠맨 마이클 조던, 미국 수영선수 마이클 펠프스. 이들은 신체 운동 지능이 뛰어난 사람들이다.

음악 지능

베토벤, 모차르트, 20세기 미국의 블루스 · 소울 뮤지션 레이 찰스, 그룹 부활의 김태원, 한국계 미국인인 고전음악 바이올리니스트 사라 장. 이들은 음악 지능이 뛰어난 사람들이다.

인간 친화 지능

20세기 인도의 정신적 · 정치적 지도자 마하트마 간디, 대한민국 최고의 MC 유재석. 이들처럼 인간 친화 지능이 뛰어난 사람은 타인들의 사랑과 지지를 받는다.

자기성찰 지능

한경직 목사, 김수환 추기경, 성철 스님. 널리 존경받는 종교인인 이들은 자기성찰 지능이 뛰어난 사람들이다.

자연 친화 지능

19세기 영국 생물학자 찰스 다윈, 19세기 프랑스 시인이자 생물학자 장 앙리 파브르. 동식물을 관찰하고 분석하는 능력이 뛰어난 이들은 자연 친화 지능이 뛰어난 사람들이다.

다중지능 관점에서 세상 모든 사람은 똑똑하고 천재성을 갖고 있다. 다만 그 '똑똑함'이 드러나는 분야와 관련 지능이 다를 뿐이다. 하지만 안타깝게도 현실에서는 강점 추구는커녕 그게 무엇인지 살펴볼 기회조차 얻지 못하는 사람이 많다. 다음과 같이 웃지 못할 상황을 자주 접하게 되는 건 그 때문이 아닐까?

영어를 가르치는 교사 A. 하지만 그가 정말 해보고 싶다며 늘 이야기하는 건 수의사이다. 다중지능 검사를 해보니, 아니나 다를까 자연 친화 지능이 아주 높게 나왔다. 다시 그에게 물었다. "요즘 사는 게 행복하세요?"

"사실은…, 아니요. 별로 행복하지 않아요."

대자연 속에서 다양한 동식물과 함께해야 행복할 가능성이 큰 사람이 강의실에 갇혀 살아가니 그럴 수밖에 없다고 본다.

지자체에서 정책 연구원으로 일하고 있는 B. 대인관계 지능이 매우 높은 그가 꿈꾸는 직업은 쇼 호스트이다. 하지만 오늘도 B는 책상 앞에 앉아 자료를 읽고 보고서를 작성하며 하루를 보내고 있다.

"나름대로 의미 있고 보람 있는 일이고 열심히 노력해서 얻은 자리인데, 늘 가슴 한쪽이 텅 빈 느낌이 드는 건 왜일까요?" 나와 만났을 때 그는 이직을 진지하게 고민하고 준비 중이었다.

청년자기다움학교 수료자 중에도 그런 친구가 있었다. 전공은 생명공학이었지만, 되고 싶은 건 뮤지컬 배우였다. 어릴 때부터 줄곧 품은 꿈이지만, 실제로 음악을 한다는 건 또 다른 이야기였기에 감히 엄두 내지 못하고 있었다. 다중지능 검사를 해보니 음악 지능이 가장 높게 나왔고, 시각-공간 지능과 논리-수학 지능이 그 뒤를 이었다. 논리-수학 지능도 강점 중 하나이니, 그것과 연결되는 공학을 공부하고 관련 분야에서 일해도 괜찮을 것 같았다. 하지만 가장 하고 싶은 것이 음악이고 최고의 강점이 음악과 관련된 것이었기에, 결국 그는 전공을 생명공학에서 뮤지컬로 바꿨고 지금도 자신만의 행복한 길을 찾아 잘 감당하고 있다.

물론 다중지능 검사 결과 하나만으로 이렇게 판단해서는 안 된다. 자신의 강점 중 어떤 것을 살려 무슨 일을 하며 살지 선택하는 것은 분명 각자의 몫이다. 다만 주저하고 눈치 보고 참다가 포기하고 나중에 후회할 것 같은 일이 있다면, 망설이지 말고 지금 도전해보라는 것이다. 당신 안에 어떤 귀하고 아름다운 보석이 숨어있는지 꼭 확인하라. 그 원석이 나중에 다이아몬드처럼 빛나기를 기대하며, 도전할 수 있을 때 작게라도 시도해봐야 자신을 더 깊이 알 수 있다.

다중지능 검사는 다음의 웹사이트에서 해볼 수 있다. multiiqtest.com 시간을 내서 여러분의 지능이 어느 영역에서 빛을 발할 수 있는지 확인해 보기 바란다.

초등학교 3학년 때, 큰아들이 어떤 책을 읽고 '2년 동안 1천 만 원 모으기' 프로젝트를 선언한 적이 있다. 이유를 물었더니 아들은 이렇게 대답했다. "경제가 어렵잖아요. 그러니 저도 돈을 모아야겠어요."

"그래? 우리 집에 필요한 돈은 아빠가 벌고 있는데…?"

"물론 아빠가 계시죠! 하지만 저도 한번 해보고 싶어요!"

"그렇구나. 그럼, 어떻게 2년 동안 1천 만원을 모을지 정리해서 보여주면 좋겠다."

아들은 결연한(?) 표정으로 프로젝트 완수를 위한 계획을 세우기 시작했다.

"2년 동안 1천 만 원을 모으려면 1년에 500만 원씩 모아야겠네. 그러면 한 달에 얼마나 모아야 할까?"

"42만 원 정도면 되겠네요."

"그 정도 모으려면 일주일에 얼마를 모아야 할까?"

"한 달은 4주, 일주일에 10만 원 조금 넘게 모아야 해요."

"일주일에 10만 원을 모으려면, 하루에 얼마씩 모으면 될까?"

"1만 5천 원 정도?"

"그래, 좋아. 하루에 1만 5천 원씩 모으려면 어떻게 해야 할까?"

"음…, 아빠, 잠깐만요."

한 시간쯤 지났을까. 방에 틀어박혀 고민하던 아이가 내게 종이 한 장을 내밀었다. 자신만만한 표정으로.

'2년 동안 1,000만 원 모으기' 첫 번째 프로젝트 계획

심부름 한 번 - 500원(세 번 하면 1,200원)
빨래 열 벌 개기 - 1,000원
실내화 세탁 한 번 - 800원
엄마 아빠 기분 좋을 때 보너스 - 1,000 ~ 10,000원
…

이렇게 열세 가지 항목을 적은 종이를 내밀며 아이가 말했다. "아빠, 사인해주세요!"

이렇게 하고 싶으니 결재해달라는 말이다.

"1천 만 원 모으는 것의 모든 재정적 출처는 바로 아빠였구나. 하하하."

함께 깔깔대고 웃으면서 우리 부부는 같은 생각을 떠올렸다. '이 아이는 앞으로 어떤 사람이 될까?'

궁금해서 아들의 다중지능 검사를 해보니 신체 운동 지능이 가장 높았고 논리-수학 지능이 두 번째였다. 집안일과 심부름으로 1천 만 원을 모아보겠다는 호기로운(!) 목표와 계획은 논리-수학 지능 덕분인 것 같았다. 하지만 검사 결과에서 내 관심을 끈 것은 세 번째로 높게 나온 자기성찰 지능이었다.

다중지능을 연구하는 학자들은 자신의 분야에서 의미 있는 성과를 거두기 위한 필수요건으로 자기성찰 지능을 꼽는다. 특히 이 지능이 여덟 가지 지능 중 세 손가락 안으로 나오는 것이 가장 이상적인 경우라고 한다. 그래야 첫 번째나 두 번째 지능을 인식하고 역량을 발휘하는 데 실제 도움이 되기 때문이다.

'의사 송명근, 패션 디자이너 이상봉, 발레리나 박세은, 가수 윤아.'

다중지능 관점에서 이들의 공통점은 무엇일까? 네 사람 모두 가장 높은 세 가지 지능 중 하나가 자기성찰 지능이라고 한다. 자신을 알고 이해하면, 가진 재능을 파악하고 그것을 연결하고 융합해서 새로운 것을 만들 수 있다. 그런 사람은 자기 분야에서 천재적 성과를 이뤄낼 가능성이 매우 크다.

나는 내 아들들이 어떤 분야든 관심 있고 도전해보고 싶은 일을 찾아 여러 가지를 경험하면서 남을 돕는 사람이 되었으면 좋겠다. 하지만 아무리 귀하고 아름다운 일이라도 아이 스스로 그 가치와 의미를 깨닫고 선택해야 하기에, 그저 기도하며 아이의 선택을 기다릴 뿐이다. 스스로 생각하고 선택하며 책임지는 연습을 해야 성장한다. 어릴 때부터 책임지는 연습을 해야 성인이 되어도 결정 장애가 없고 용기 있게 자신의 길을 개척할 수 있다. 아이에게도 이런 결단력과 용기, 책임감을 배우며 성장하기를 기대하고 기다리는 것이 부모로서 해야 할 일이 아닐까 싶다.

다중지능 진단을 마쳤다면, 각각의 지능과 관련해서 생

다중지능, 나는 어떤 지능이 발달했을까?

자신에게 어떤 재능이 있는지 multiiqtest.com에서 검사해보고, 아래 내용을 채워보자.

구분	다중지능 순위	특징 중 맞는다고 생각되는 것	잘하는 일과 직업군 중에서 맞는다고 생각되는 항목
1			
2			
3			
4			
5			
6			
7			
8			

각을 정리해보기 바란다. 당신은 어떤 지능을 타고났으며 그것을 얼마나 잘 발휘하고 있는가? 그 지능이 지금 당신의 직업과 연계되어 성과로 이어지고 있는가? 그 지능이 당신이 선택한 학과 공부와 연결되어 재미있고 의미 있는 학창 시절을 만들고 있는가? 다양한 관점에서 자신을 객관화해보고 조목조목 꼼꼼하게 살펴보라. 나에 관해 알아가면서 공통된 부분이 있다면 그것도 기록해 두라.

내가 알지 못하는 내 장점은 무엇일까?

다중지능 검사에서 본 것처럼, (당신을 포함한) 모든 사람은 저마다의 강점과 재능을 갖고 있다. 문제는 그걸 놓치거나 잊고 살아갈 때가 많다는 것이다. 왜 그럴까? 다양한 이유와 사정이 있겠지만, 타인의 평가에 대한 두려움이 한몫하지 않나 싶다.

한 귀족이 장기 여행을 떠나면서 재산 중 일부를 열 명의 하인에게 똑같이 나눠 주었다. 그냥 준 것은 아니고 자신이 없는 동안 자산 관리를 맡긴 것이다. 귀족은 노동자의 100일 임금에 해당하는—하루 임금을 10만 원으로 보면, 약 1천만 원 정도 되는—큰 금액을 나눠주면서 그 돈을 밑천 삼아 장사해서 이윤을 남겨보라고 지시했다.

시간이 흘러 집으로 돌아온 귀족은 하인들을 불러 모아 '성과 보고'(?)를 요청했다. 맡은 돈을 열 배로 불린 하인도 있었고, 다섯 배로 불린 하인도 있었다. 귀족은 매우 기뻐하며 하인들에게 각자 벌어들인 만큼의 성과급(?)을 하사했다. 그렇게 아홉 하인의 결산과 시상이 끝나고 마지막 하인이 주인 앞에 섰다. 그는 두려운 표정으로 이렇게 말했다.

"주인님, 주신 돈 그대로 여기 돌려드립니다. 잘 포장해서 지금까지 꼭꼭 숨겨 두었거든요. 아무리 노력해도 제 재주로는 주인님을 기쁘게 해드릴 자신이 없었어요. 혹여 사업이 잘못되어 맡기신 돈을 잃어버릴까 염려되어 아무도 모르는 곳에 숨겨 두었답니다. 주인님이 수단과 방법을 가리지 않고 돈 버는 분임을 알기에 더 무서워 아무것도 하지 않았습니다."

그의 말에 황당해진 주인은 화가 나서 이렇게 말했다. "야, 이놈아! 네 말대로 내가 수단과 방법을 가리지 않고 돈

벌기 원하는 사람이라면, 왜 내 돈을 은행에 맡기지 않은 거냐? 그랬으면 여행 다녀온 기간만큼 이자라도 받았을 거 아니냐?"

귀족은 마지막 하인이 가진 모든 것을 빼앗고 집에서 쫓아내 버렸다.

마지막 하인의 문제는 무엇이었을까? 가장 심각한 문제는 주인을 오해한 것이다. 그의 생각과 달리 귀족은 돈만 밝히고 자기 배만 불리려는 욕심쟁이가 아니라, 수고한 만큼 보상하는 공정하고 합리적인 사람이었다. 그가 하인들에게 기대한 것은 맡은 바에 최선을 다하는 모습이었다.

그는 주인이 자신의 성과—그것이 어떤 것이든—에 만족하지 않을 거라고 확신했고, 주인이 맡긴 돈이 부담스러웠다. 그는 자신이 무엇을 갖고 있고 그것이 얼마나 가치 있는 것인지 정면으로 마주하지 못했고, 그것을 활용하기는커녕 골치 아픈 짐으로 여겨 꼭꼭 숨겨버린 것이다. 자신이 가진 것이나 실행한 결과물이 사람들의 기대와 다를까 봐, 자신이 가진 것으로 무언가 시도했다가 잘 안 되어 '루저'로 찍힐까 봐 겁이 났던 것이다. 결국 그는 자신의 가능성과 미래를 포기하고 사용하지 않았으며 땅에 묻어버렸다. 결과는

참혹했다. 그나마 가진 것마저 빼앗기고 일터와 공동체에서 쫓겨났으니 말이다. 앞에서 우리는 자신의 장점을 구체적으로 적어보는 시간을 가졌다(건너뛰었다면 지금 꼭 해보기 바란다). 지면이 모자랄 정도로 많이 쓴 사람도 있겠지만, 다섯 줄도 못 채우고 멈춘 사람도 있었을 것이다. 정말 장점이 없어서 그런 걸까? 남에게 보여주거나 사람들 앞에서 발표할 것도 아닌데, 사소한 부분까지 챙겨서 최대한—조금은 뻔뻔(!)하게—많이 적어도 되지 않았을까?

더는 묻어두거나 숨기지 말고, 있는 그대로 드러내어 펼쳐 보기 바란다. 적극적으로 장점을 찾고 기쁘게 인정하는 게 어려운 건, 살면서 보고 듣고 경험한 세상의 기준 때문일 것이다. 일방적이고 획일적으로 비교하고 판단해서 등수 매기는 그 이상한 기준 때문이다. 뭐라 할 사람도 없을 때조차 자신을 꼭꼭 숨기고 강점과 재능을 찾아볼 생각조차 않으니, 얼마나 딱하고 답답한 노릇인가?

자신의 강점과 재능을 발견하고 발휘하려면, 평가에 대한 두려움과 맞서야 한다. 쉬운 일은 아니지만 그렇다고 불가능한 것도 아니라고 생각한다. 그렇다면 어디서부터 어떻게 시

작하는 것이 좋을까? 나를 잘 알고 기꺼이 도우려는 이들의 따뜻한 피드백으로 워밍업 하는 것부터 권하고 싶다.

스무 가지 장점 찾기를 다시 해보자. 그런데 이번에는 다른 이들의 관점을 빌려 당신의 장점이 무엇인지 찾아보자. 당신의 장점이 무엇인지 다른 사람에게 물어보자는 이야기다. 이럴 때 가장 먼저 생각나는 사람은 부모님, 그리고 나를 잘 아는 친한 친구 아닐까?(어쩌면 "엄마/아빠, 내 장점이 뭐라고 생각해?"라고 여쭤볼 때, 장난으로 "야, 너한테 무슨 장점이 있냐?"라고 하실지도 모르겠다. 그런 농담조의 반응에 상처받지 말고 웃으면서 끝까지 받아내면 좋겠다)

부모님에게 당신의 장점 스무 개를 구체적으로, 완성된 문장으로 써 달라고 부탁드려 보자(고민하고 쓰는 척하다가 대부분 못 쓸 가능성이 크지만). 오랫동안 알고 지낸 친구나 선후배에게 부탁해도 좋다. 역시 시간이 걸릴 수 있다. 당신의 장점이라고 생각하는 것을 그 사람의 표현과 언어로 구체적으로, 완성된 문장으로 적어 달라고 요청하라.

부모님이나 아무리 친한 지인이라도 내 장점을 적어 달라고, 나를 평가해달라고 선뜻 부탁하기 어려울 수 있다. 하지만 그래도 부탁해보자. 부모님과 지인들이 기록한 여러분의 장점을 통해 미처 깨닫지 못했거나 의식하지 못했던 자기 자신과 만나는 즐거움과 설렘이 있을 것이다. 또한 이 경험은 피드백과 평가의 두려움에 맞서는 첫걸음이자, 미처 몰랐던 내면의 모습과 능력을 발견하는 계기가 될 것이다.

찐친과 함께하는 나의 성격 진단

'조해리의 창'Johari Window이라는 자기 분석 도구가 있다. 미국의 심리학자 조셉 루프트와 해리 잉햄이 자신들의 이름을 조합해서 개발한, 매트릭스 모형을 통해 자신과 타인이 자신에 관해 얼마나 알고 있는지 살펴보는 기법이다.

	나는 아는	나는 모르는
다른 사람은 아는	드러난 영역 Open	자각하지 못하는 영역 Blind
다른 사람은 모르는	숨겨진 영역 Hidden	미지의 영역 Unknown

진정 나다운 것이 무엇인지 알고 싶다면, 자기 내면을 들여다보는 동시에 다른 사람이 생각하는 자기 모습도 살펴보아야 한다. 자신은 '나는 ~한 사람이야'라고 생각하는데, 의외로 다른 사람은 "야, 너 안 그래! 넌 ~할 때가 더 많아!"라고 하는 경우가 많기 때문이다. 자신은 정직하고 성실하고 상냥하고 배려심 많다고 생각하는데, 친구들은 "야, 넌 왜 그렇게 까칠하냐?", "너 보기보다 게으르다?", "너 은근 독선적인 거 알아?"라고 '팩폭'할 수 있다.

자신은 모르는데 남은 알고 있는 내 모습이 있다는 것이다. 사람들이 나에 관해 내 생각과 전혀 다르게 바라보는 영역은 무엇일까? 그래서 엄마 아빠나 형제자매, 친구가 "넌 후배들을 가르칠 때 보면 평소에 보지 못했던 똑똑함과 스윗한 면이 있는 것 같아"라고 해주는 이야기는 귀담아듣는 게 좋다. 지구상에서 나를 가장 잘—전부는 아니지만—아는 이들이 하는 말이니까.

대신 오해는 하지 마라. 여기에서의 이중성은 겉과 속이 다른 위선이 아니다. 이것은 누구에게나 있는 일관적이지 않은—종종 상반되게 나타나는—면에 관한 얘기다. 학교에서의 모습과 집에서의 모습은—아주!—많이 다를 수 있다.

교회에서의 태도와 직장에서의 태도도 '결단코!' 다를 수밖에 없다. 성급한 일반화의 오류일지 모르지만, 다들 그렇지 않은가?

요즘은 "집에서는 본캐이고 직장에서는 부캐입니다"라고 말하기도 한다. 하지만 그렇다고 위선자라고 손가락질하지는 않는다. 상황과 공간에 따라 모습은 변할 수 있으니까. 대신 그의 본질이 변한다고 보지는 않는다.

진정한 자기다움을 찾기 위해 이제부터 '내가 보는 내 모습'과 '남이 보는 내 모습'을 알아보려고 한다. 먼저 내가 아는 내 모습부터 살펴보자. 여러 단어가 흩어져 있다. 모두 형용사이고 비슷한 의미와 다른 의미가 다양하게 섞여 있다. 이 중에서 자신을 가장 잘 표현한다고 생각되는 단어 열두 개를 골라보라. 고민하며 꼼꼼하게 단어를 선택하는 과정에서 '내가 보는 나'를 정리할 수 있을 것이다. 이 중에 최적의 표현이 없다면, 가장 비슷한 단어를 골라도 좋다.

열두 단어를 골랐다면, 이번에는 '남이 보는 나'를 살펴볼 차례다. 68페이지를 사진 찍어—여러분이 고른 내용은 보여

나를 가장 잘 표현한 단어 열두 개 고르기

자신만만한 　 다정다감한 　 화가 난 　 훈련된 　 추상적 사고 　 경쟁심 강한 　 낭패한 　 자랑스러운 　 따분한 　 분석적 　 스스로 동기부여 하는

미래 지향적 　 따뜻한 　 이해심 많은 　 말이 많은 　 불만을 품은 　 과업 지향적 　 독선적 　 위험을 감수하는 　 융통성 있는 　 겸손한 　 공평한

세밀한 　 냉담한 　 관대한 　 호기심 강한 　 일관된 　 유머가 넘치는 　 우유부단한 　 짜증 내는 　 재능 있는 　 무기력한 　 감정적 　 헌신적 　 보수적

모험을 즐기는 　 쉽게 실망하는 　 의욕적 　 규칙적 　 진취적 　 혼란스러운 　 분별력 있는 　 성공적 　 낙담한 　 고지식한 　 고마워하는

신뢰할 수 있는 　 집중하는 　 방황하는 　 단호한 　 결연한 　 입이 무거운 　 활발한 　 상냥한 　 매우 민감한 　 자아 성찰적 　 멍청한 　 긍정적

객관적 　 박학한 　 잔인한 　 직관적 　 활기찬 　 근면한 　 설득력 있는 　 진심의 　 사려 깊은 　 고객 중심의 　 걱정하는 　 책임지는 　 역동적

평온한 　 신중한 　 끈기 있는 　 이기적 　 요령 있는 　 재치 있는 　 불확실한 　 굴욕적 　 질서 정연한 　 특이한 　 냉담한 　 권위적 　 온화한

받아들여지지 않는 　 만족하는 　 단도직입적 　 샐쭉한 　 영향력 있는 　 숨김없는 　 자극적인 　 이론적 　 개혁적 　 자기 이익에 밝은 　 신사적인

빠른 　 덫에 걸린 　 지지적 　 세심한 　 놀란 　 외교적 　 학구적 　 냉소적 　 야심 찬 　 즐거운 　 유능한 　 예측 가능한 　 약한 　 팀을 만드는

성숙한 　 경계하는 　 크게 성공한 　 흥미진진한 　 흔치 않은 　 조용한 　 주도적인 　 회복이 빠른 　 직설적 　 성급한 　 평화로운 　 회의적

팀으로 일하는 　 의심스러운 　 복수심에 불타는 　 다재다능한 　 충성스러운 　 놀기 좋아하는 　 이상주의자 　 전략적 사고자 　 느린 　 사랑받는

영악한 　 카리스마적 　 무시하는 　 행동 지향적 　 명료한 　 사려 깊은 　 자기 비판적 　 반항적 　 비판에 민감한 　 쉽게 동요하지 않는 　 혁신적

상상력이 풍부한 　 돌보기 좋아하는 　 통찰력 있는 　 억울해하는 　 겁많은 　 행복한 　 경솔한 　 안도감을 느끼는 　 슬픈 　 불안해하는 　 숙달된

개인적 　 외향적 　 자신 있는 　 실제적 　 충동적 　 의기소침한 　 정확한 　 전문적 　 흔들림 없는 　 깔끔한 　 방어적 　 조심스러운 　 적응력 강한

어리석은 　 피해를 주는 　 세상 물정에 밝은 　 집요한 　 유효한 　 걱정 많은 　 정리 잘하는 　 근거가 충분한 　 잘 속는 　 믿을 만한 　 성취 지향적

이성적 　 공격적 　 무질서한 　 도움을 주는 　 열렬한 　 태평한 　 야망이 부족한 　 진지한 　 히스테리적 　 반응을 잘하는 　 고집 센 　 지식이 풍부한

완강한 　 패배주의에 빠진 　 애정 있는 　 부끄러움 잘 타는 　 확고한 　 친절한 　 상냥한 　 실용적 　 동정적 　 즐거운 　 자제력 있는 　 독립적 　 내성적

안쓰러워하는 　 공손한 　 예방적 　 자기반성 　 관용적 　 협조적 　 의존적 　 솔직한 　 두드러진 　 현실적 　 관습적 　 날카로운 　 예민한 　 우유부단한

지도력 　 실무적 　 노력하는 　 집중하는 　 에너지 넘치는 　 창의적 　 사람을 믿는 　 느긋한 　 후회하는

저를 가장 잘 표현한다고 생각되는 단어 열두 개를 골라주세요

자신만만한　　다정다감한　화가 난　　훈련된　　추상적 사고　　경쟁심 강한　　낭패한　　자랑스러운　　따분한　　분석적　　스스로 동기부여 하는
미래 지향적　따뜻한　　이해심 많은　　말이 많은　　불만을 품은　　과업 지향적　　독선적　위험을 감수하는　　융통성 있는　　겸손한　　공평한
세밀한　　냉담한　　관대한　　호기심 강한　　일관된　　유머가 넘치는　　우유부단한　　짜증 내는　　재능 있는　　무기력한　　감정적　　헌신적　　보수적
모험을 즐기는　　쉽게 실망하는　　의욕적　규칙적　진취적　혼란스러운　분별력 있는　　성공적　　낙담한　　고지식한　　고마워하는
신뢰할 수 있는　　집중하는　방황하는　　단호한　　결연한　입이 무거운　활발한　상냥한　매우 민감한　자아 성찰적　멍청한　긍정적
객관적　박학한　잔인한　직관적　활기찬　근면한　설득력 있는　진심의　사려 깊은　고객 중심의　걱정하는　책임지는　역동적
평온한　신중한　끈기 있는　이기적　요령 있는　재치 있는　불확실한　굴복적　질서 정연한　특이한　냉담한　권위적　온화한
받아들여지지 않는　만족하는　단도직입적　샐쭉한　영향력 있는　숨김없는　자극적인　이론적　개혁적　자기 이익에 밝은　신사적인
빠른　덫에 걸린　지지적　세심한　놀란　외교적　학구적　냉소적　야심 찬　즐거운　유능한　예측 가능한　약한　팀을 만드는
성숙한　경계하는　크게 성공한　흥미진진한　흔치 않은　조용한　주도적인　회복이 빠른　직설적　성급한　평화로운　회의적
팀으로 일하는　의심스러운　복수심에 불타는　다재다능한　충성스러운　놀기 좋아하는　이상주의자　전략적 사고자　느린　사랑받는
영악한　카리스마적　무시하는　행동 지향적　명료한　사려 깊은　자기 비판적　반항적　비판에 민감한　쉽게 동요하지 않는　혁신적
상상력이 풍부한　돌보기 좋아하는　통찰력 있는　억울해하는　겁많은　행복한　경솔한　안도감을 느끼는　슬픈　불안해하는　숙달된
개인적　외향적　자신 있는　실제적　충동적　의기소침한　정확한　전문적　흔들림 없는　깔끔한　방어적　조심스러운　적응력 강한
어리석은　피해를 주는　세상 물정에 밝은　집요한　유효한　걱정 많은　정리 잘하는　근거가 충분한　잘 속는　믿을 만한　성취 지향적
이성적　공격적　무질서한　도움을 주는　열렬한　태평한　야망이 부족한　진지한　히스테리적　반응을 잘하는　고집 센　지식이 풍부한
완강한　패배주의에 빠진　애정 있는　부끄러움 잘 타는　확고한　친절한　상냥한　실용적　동정적　즐거운　자제력 있는　독립적　내성적
안쓰러워하는　공손한　예방적　자기반성　관용적　협조적　의존적　솔직한　두드러진　현실적　관습적　날카로운　예민한　우유부단한
지도력　실무적　노력하는　집중하는　에너지 넘치는　창의적　사람을 믿는　느긋한　후회하는

주지 말고—부모님이나 가족, 친구한테 보내고, 당신에게 가장 잘 어울리는 단어 열두 개를 골라 달라고 부탁하라.

자신이 고른 단어 목록과 지인이 고른 단어 목록을 비교해 보자. 먼저 동일하거나 뜻이 비슷하거나 반대되는 단어를 찾아보라. 동의어나 반대어는 아닌데 타인의 목록에만 들어있는 단어에도 주목하라. 그 단어들로 자신이 남에게 어떤 모습으로 비치는지 유추해 보라.

먼저 자신이 어떤 단어를 골랐는지 확인하고, 그 단어가 자신을 잘 표현한다고 생각한 이유를 적어보자. 그 단어가 자신의 어떤 면과 어울린다고 생각하는가? 그렇게 생각하는 이유는 무엇인가? 다음 도표에 그 단어들을 선택한 각각의 이유를 적어보자.

그 다음에는 당신을 위해 열두 단어를 골라준 이들의 도움이 필요하다. 그들은 왜 그 단어가 당신을 잘 표현한다고 생각했을까? 그 단어가 당신의 어떤 면과 어울린다고 본 걸까? 목록을 작성해준 가족과 친구에게 각 단어를 선택한 이유를 묻고 다음 도표에 적어보자. 그리고 당신이 작성한 내용과 꼼꼼히 비교해 보라.

내가 그 단어를 선택한 이유

① _____

② _____

③ _____

④ _____

⑤ _____

⑥ _____

⑦ _____

⑧ _____

⑨ _____

⑩ _____

⑪ _____

⑫ _____

가족과 지인들이 그 단어를 선택한 이유

① _____

② _____

③ _____

④ _____

⑤ _____

⑥ _____

⑦ _____

⑧ _____

⑨ _____

⑩ _____

⑪ _____

⑫ _____

나도 아내에게 나에 관해 생각나는 대로 체크하고 작성해 달라고 부탁했더니, 이렇게 적어주었다.

아내는 나를 이런 사람으로 본 모양이다. 얼굴이 화끈거리기도 하고 웃음이 터지기도 했는데, 그중에는 내가 나에 관해 적은 것과 비슷한 내용도 있었다.

① 모험을 즐기는 : 새로운 것에 대한 호기심이 많고 다이나믹 한 것을 즐거워 한다. 여행을 좋아하고 낯선 것을 두려워하지 않는다.

② 에너지 넘치는 : 일할 때 성취 목표가 굉장히 강하다. 늘 일을 만들어낸다. 일을 기획한다. 사람을 만나고 키우는 데 미쳤다.

③ 창의적 : 고민의 흔적이 담겨 있는 새로운 아이디어가 많이 쏟아진다. 터무니없는 이야기도 많이 한다. 시끄럽다.

④ 신뢰할 수 있는 : 약속 지키는 것을 중요하게 생각하고 실행한다. 약속 안 지키는 사람을 무지하게 싫어한다.

⑤ 놀기 좋아하는 : 세상에서 가장 좋은 시간이 '노는 시간'이다. 어린아이의 마음, 옛날에 태어났으면 한량이 됐을 거다.

⑥ 영향력 있는 : 선한 영향력을 발휘하는 일에 매진한다. 가끔 자신 드러내기를 즐겨 한다.

⑦ 지식이 풍부한 : 늘 공부한다. 책을 많이 읽는다. 직업병이다. 책 좀 그만 사 오면 좋겠다. 집에 책이 너무 많다.

⑧ 집요한 : 한번 맘먹은 것은 웬만하면 놓지 않는다. 끝까지 간다. 단, 살 빼는 것은 예외다.

⑨ 책임지는 : 함께하는 사람들을 책임지려 한다. 본인이 손해 보더라도 돕고 싶은 마음이 강하다(바보 같다).

⑩ 쉽게 동요하지 않는 : 돌부처 같다. 우직하다. 탱크다. 세상이 뭐라 해도 나만의 길을 간다.

⑪ 전략적 사고자 : 앞날을 기획할 때 어떻게 하면 이뤄질지 아는 것 같다. 답을 만들어 낸다. 치밀하고 분석적이다.

⑫ 미래 지향적 : 꿈만 있으면 배부른 사람이다. 미래에 이뤄질 일을 기대하며 몸이 으스러지도록 앞만 보고 달려간다. 미쳤다.

책임지려고 노력한다

잘 흔들리지 않는다(멘탈 갑?)

전략적이다

미래지향적이다

영향력 있는 인재 길러내는 것을 우선순위에 둔다

나는 아내가 작성한 것 중에서 청년들 교육과 훈련에 최선을 다하는 내 모습을 '미쳤다'—물론 농담이지만—라고 표현한 대목이 가장 좋았다. '내가 미쳤다는 소리를 들을 정도로 인재 키우는 데 집중하고 있구나.'

그만큼 내가 청년들의 성장을 위한 교육과 훈련을 중요하게 여기고, 추구하는 우선순위와 실제 살아가는 우선순위가 일치한다는 확인이자 인정이어서 솔직히 기뻤다. 더군다나 나를 가장 잘 아는 아내의 피드백이라 큰 힘이 되었다.

다음 내용은 한 청년이 스스로에 관해 적은 것이다.

① 행동지향적 : 목표가 정해지면 실행에 옮긴다. 성격이 급한 탓에 이미 움직이고 있다.

② 호기심 강한 : 관심 영역이 넓다. 정보 습득 행위를 좋아한다.

③ 놀기 좋아하는 : 혼자 노는 것도, 함께 노는 것도 좋다.

④ 독립적 : 함께하는 것도 의미 있지만, 어쨌든 스스로 감당해야 할 몫이 있다고 생각한다.

⑤ 야망이 부족한 : 성공, 부자, 권력, 인기 등에 별 욕심이 없다. 아직 안 겪어봐서 그런지 모르지만.

⑥ 관대한 : 자기 자신에게 너무 관대하다.

⑦ 회의적 : 요즘 도전에 관해, 취업에 관해 회의적인 생각이 든다.

⑧ 부끄러움 잘 타는 : 얼굴에 홍조가 잘 생기는데, 그걸 의식하다 보니 부끄러움이 많아졌다.

⑨ 진심의 : 자신을 속이지 않기 위해, 그리고 가식적으로 살고 싶지 않아서

⑩ 팀으로 일하는 : 혼자 할 때보다 함께할 때 더 적극적으로 참여하고 열심히 한다.

⑪ 고집 센 : 이상한 포인트에서 고집을 부린다. 부모님이나 친한 친구들도 그런 김새가 보이면 포기한다.

⑫ 걱정 많은 : 취준생 시기를 보내면서 부쩍 걱정이 많아졌다.

그리고 이 청년의 친구는 오른쪽과 같이 적었다.

친구가 써준 내용 중에서 그의 눈을 붙잡은 건 '후회할 때가 많다'라는 말이었다.

"그때 이렇게 할걸." "그건 이렇게 결정할걸." "그 사람과는 이렇게 해야 했어."

성취 지향적이고 행동파인 자신이 후회한다면 했던 일에 관한 걸 거라 생각했다. '했던 일에 관한 후회라면 해보기라도 했으니 그나마(?) 괜찮지.'

그런데 하지 않은(혹은 하지 못한) 것에 관해 자주 후회한다니 정말 뜻밖이었다. 도전하지 못했던 지난 일에 관해 그렇게 미련과 아쉬움이 많았나 궁금하기도 했다.

이렇게 '남이 보는 나'를 만나는 경험은 자신을 돌아보고 '내가 모르는 나'를 발견하는 계기가 된다. 남들이 본 자기 모습에 '뭐? 내가 그렇다고?'라고 충격받거나, '말도 안 돼. 그건 오해야!'라고 거부하고 싶은 사람도 있을 것이다. 하지만 청년자기다움학교에서 경험한 바로는, 다른 사람이 본 자기 모습은 대부분 정확했다(물론 그게 전부는 아니지만).

여러분도 자신과 다른 사람이 적은 내용을 비교하며 분석해보기 바란다. 그중에 유난히 실망스럽고 불편한 지점이

① 다정다감한 : 정이 많고 친절하다.

② 성취지향적 : 무언가를 완성하고 아주 뿌듯해한다.

③ 신중한 : 성취 지향적이지만 신중할 때도 많다.

④ 공손한 : 어른들에게 예의바르게 행동하려고 노력한다.

⑤ 호기심 강한 : 하고 싶은 것도 많고 궁금한 것도 많다.

⑥ 이해심 많은 : 다른 사람의 상황을 잘 이해해주는 편이다.

⑦ 사람을 믿는 : 사람을 잘 믿고 정에 약하다.

⑧ 개인적인 : 사람을 좋아하긴 하지만, 혼자만의 시간이 꼭 필요하다.

⑨ 느긋한 : 빨리빨리 서두르기보다 느리더라도 꼼꼼하게 하는 것을 좋아한다.

⑩ 방황하는 : 요즘 뭘 하고 있는 건지 잘 모르겠다.

⑪ 회복이 빠른 : 고민하다가도 금세 괜찮아지고, '어떻게든 되겠지'라고 생각하는 편이다.

⑫ 후회하는 : '그때 이렇게 할 걸…'이라고 후회할 때가 많다.

있다면, 자신이 왜 그렇게 반응하는지 살펴볼 필요가 있다. 이런 시간을 통해 미처 알지 못했던 자기 모습을 이해하고 받아들일 뿐 아니라, 사람들 앞에서 어떤 모습으로 살고 싶은지 그려보고 그것을 위해 삶을 개선하는 자리까지 나아가기 바란다.

너는 뭘 좋아하고 잘하니?
Like & Excellence Matrix

청년자기다움학교 설립 후 청소년과 청년을 대상으로 진로 교육과 커리어코칭을 하다 보니 자주 부모님들을 상담하게 된다. 그럴 때 공통으로 받는 질문이 있다. "우리 아이가 뭘 좋아하는지(잘하는지) 잘 모르겠어요. 어떻게 하면 알 수 있을까요?"

재미있는 것은 그런 부모님 대부분이 자녀가 어릴 때 '혹시 우리 아이 천재가 아닐까?'라는 해맑은(!) 착각을 해봤다는 것이다. 그렇게 천재적인 아이들이 왜 나중에 자기가 뭘 좋아하고 잘하는지 모르는 사람이 되었을까?

자신이 좋아하고 잘하는 일을 아는 것은 천재가 아니라 자신을 들여다보는 공부를 계속해 온 사람이 발견할 수 있는 특권이다. 나는 가정과 학교에서 가르치고 배워야 할 가장 중요한 공부가 바로 이것이라고 생각한다. 그런 교육과 가르침을 받지 못했던 아이들은 좋아하고 잘하는 것을 발견해도 주저하고 망설이며 시간만 흘려보내기 십상이다.

2016년 독일 출장 때 서체 디자이너인 제자 병호와 괴테대학교, 뮌헨대학교, 모짜르트대학교를 방문한 적이 있다. 당시 병호는 독일 대학생들을 만나 인터뷰를 진행했다.

그 과정에서 우리는 우리나라 청년들과 너무나 다른 모습을 발견하게 되었다. (독일 대학생이 다 그런 것은 아니겠지만) 그들은 자기가 좋아하고 잘하는 것을 너무 잘 알고 있었고, 무엇을 하고 싶은지도 명확하게 알고 있었다. 자신이 좋아하고 잘하는 것을 네 가지 영역으로 구분해서 살펴보는 '라이크앤엑설런스 매트릭스'Like & Excellence Matrix를 작성하도록 부탁했는데, 다들 어렵지 않게 작성한 것이다. 인터뷰한 학생 중에 클라라라는 이름의 친구에게 그렇게 할 수 있는 이유를 물었다.

"어릴 때부터 선생님 한 분이 4년 동안 우리를 관찰해서 저와 부모님, 친구에게 알려주세요. 제가 무엇을 좋아하고 잘하는지, 어떤 분야에 호기심이 있고 재능 있는지 말이지요. 그리고 진로를 이렇게 탐색하면 좋겠다고 꾸준히 알려주신답니다."

우리는 자신의 분야에서 '마이스터'(Meister, 장인/전문가)로 활동하고 있는 청년 차샤샤도 만났다. 그는 친절하게 독일 교육 제도를 종이에 적어가며 자세히 알려주었다. "교사가 4년 동안 관찰하고 통찰한 내용은 아이의 진로 결정에 가장 큰 영향을 미칩니다. 열 살 때는 자신의 진로를 선택하기에 너무 어리고 이르지요. 저도 선생님의 권면과 부모님의 지원으로 김나지움(독일의 중등교육기관)을 선택했고 대학에서 공부했습니다.

제대로 된, 사명감 있는 선생님을 못 만나면 어릴 때부터 인생이 꼬일 수 있습니다. 그나마 독일은 자신이 선택한 진로가 적성에 안 맞을 때 언제든 변경할 기회가 주어집니다."

나는 차샤샤에게 그가 생각하는 독일 교육의 안타까운 점이 무엇인지 물었다. 그의 대답은 이랬다.

2016년 괴테대학교에서 만난 대학생 클라라. 병호와 인터뷰 중이다

"독일 교육의 안타까운 점은… 부모가 맞벌이 때문에 너무 바쁘다는 거예요. 그래서 자녀에게 관심은 있지만, 학교에 전권을 넘겨줄 수밖에 없어요. 그래서 선생님의 권면과 조언이 절대적이지요. 선생님과 함께 자기다움을 발견하도록 돕는 교육이 기본이자 핵심인데, 그게 조금씩 흐릿해지고 있는 것 같아 안타까워요."

어느 나라 교육이든 자신을 알아가도록 돕는 것이 기본과 바탕이어야 한다고 생각한다. 나를 모르고 지식만 쌓는

독일 교육을 주제로 마이스터 차샤샤를 인터뷰하다

것은 향방 없이 달려가는 말과 똑같지 않을까?

다음의 도표가 바로 '라이크앤엑셀런스 매트릭스'Like & Excellence Matrix이다. 처음에는 구분하기 어렵고 헷갈리는 것이 많겠지만, 이렇게 좋아하고 잘하는 것을 구분해서 적어보는 작업은 자신을 이해하는 데 큰 도움이 된다.

첫 번째 영역은 '(자신이) 좋아하면서 잘하는 것'이다. 개인차가 있겠지만, 비교적 채우기 쉬울 것 같다. 하지만 곰곰이 생각해보면 정말 채우기 어려운 영역이다. 좋아하면서 잘하는 일이라…. 좋아하는데 잘하기까지 해야 하니 고민하지 않을 수 없다. 살면서 이런 것을 구체적으로 생각하고 작성해본 적 없는 독자가 대부분일 것 같다. 그래서 어렵다는 것이다.

그래도 내면 깊은 곳을 통찰하고 자기 모습을 끌어올려 생각하는 훈련을 꾸준히 해야 한다. 어릴 때 좋아하는 것을 열심히 했더니 사람들에게 칭찬을 받고 대회에서 수상까지 했다거나, 관심 있는 영역을 '덕질'해보니 나름 성과가 괜찮았다고 생각하는 부분이 여기 해당될 것이다.

두 번째 영역은 '좋아하나 잘 못 하는 것'이다. 정말 좋아하는 데 아무리

내가 잘하는 것

| 좋아하지 않으나 잘하는 것 | 좋아하면서 잘하는 것 |
| 좋아하지도 잘하지도 못하는 것 | 좋아하지만 잘 못 하는 것 |

내가 좋아하는 것

노력해도 안 되는 영역이라서, 대부분 스트레스를 많이 받으며 하게 되는 일이다. 아무리 노력해도 진짜 잘하는 사람과 상대가 안 되니까 더 힘들 수 있다. 이런 경우, 어떻게 해야 할까? 원칙적으로는 각자가 '결정할' 몫이라고 생각한다. 하지만 해보지도 않고 포기하는 것만큼 억울한 일은 없지 않을까? 그래서 나는 정말 좋아하는 일이라면 일단 시도해봐야 한다고 제자들에게 이야기한다. 도전하지 않고 후회하느니 인생에 한 번은 좋아하는 일에 뛰어들어 어디까지 해낼 수 있는지 자신을 테스트해 보는 것이 백배 천배 낫다고 본다.

물론 좋아한다고 생각하고 도전했지만, 생각과 다르게 잘 못 할 수도 있다. 그래서 무작정 도전하는 대신 조금은 전략적인 선택을 해보라고 권하고 싶다. 기간을 정해 놓고 도전하라는 것이다. 내 경우에는 짧게는 3년에서 길게는 7년 정도 해본 뒤에 계속할지 그만둘지 결정하라고 조언한다. 나 자신도 그런 방식으로 선택하고 결정해왔던 것 같다. 그 정도 노력했는데도 크게 나아지는 것이 없으면 자연스럽게 포기하게 된다('포기하지 않고 계속했으면 결과가 달라지지 않았을까?'라고 아쉬워하는 사람이나 그런 어려움을 극복하고 끝까지 해

내는 친구들도 간혹 있기는 하다).

정말 좋아하는 일을, 잘하게 될 때까지 포기하지 않고 도전하는 건 참으로 어려운 일이다. 온 힘 다해, 죽을 만큼 노력해서 도전하는 것은 그 자체로 후회하지 않는 인생을 살 수 있는 지혜로운 방법이다. "잘되지 않았지만, 끝까지 부딪혀 봤다", "그래도 성과를 내기 위해 최선을 다해 도전해봤다"라고 사람들 앞에서 당당하게 자기만의 고백을 할 수 있으니 말이다.

세 번째 영역은 '좋아하지 않으나 잘하는 것'이다. 굳이 좋아하지 않는데 잘하는 것이라니, 참 희한하다. 하지만 살다 보면 종종 이런 경험을 할 때가 있다. 별로 하고 싶지 않은 일인데 생각보다 내가 너무 잘하는 거다. 그것도 남들보다 훨씬 더 빠르고 정확하게. 좋아하지는 않을지 모르지만 남다르게 잘하는 영역이라는 것은 분명하다. 타고났다고 해야 하나? 어찌 보면 달란트(재능)인지도 모르겠다.

이런 경우에는 그 일을 더 열심히 해서 좋아하게 되는 것도 고려해봐야 한다. 지금은 딱히 좋아하지 않는 일이어도 계속해서 칭찬과 인정을 받게 되면 그 일을 좋아하게 될 가

능성이 매우 크다. 그래서 이 영역은 본인의 의지가 중요하게 작용한다. 관심과 호기심은 없는데 남들보다 잘하는 일이 직업으로 이어질 가능성도 크다고 본다. 그러니 다시 한번 자신을 돌아보고, 좋아하지 않는데 잘하고 칭찬받는 일이 무엇인지 눈 크게 뜨고 찾아보기 바란다.

일. 이런 일이 있다면 적어보기 바란다. 물론 그 영역을 '버렸을' 때 감당해야 할 리스크도 살펴봐야겠지만, '하지 않는 게 낫다' 싶으면 과감하게 버릴 수 있어야 한다.

다음은 내가 작성한 라이크앤엑셀런스 매트릭스 도표다.

때론 버릴 수 있는 용기가 필요하다!!

마지막 네 번째 영역은 '좋아하지도 잘하지도 못하는 것'이다. 내가 보기엔 두 번째 영역 못지않게 이 영역에서도 고민이 필요하다. '버릴 수 있는 용기'가 필요하기 때문이다. 좋아하지도 잘하지도 못하는데 굳이 계속하고 있는 일. 그러면서 왜 계속하고 있는지 속으로 되뇌고 있는

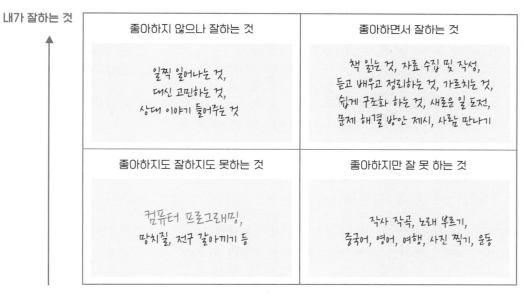

내가 잘하는 것

좋아하지 않으나 잘하는 것	좋아하면서 잘하는 것
일찍 일어나는 것, 대신 고민하는 것, 상대 이야기 들어주는 것	책 읽는 것, 자료 수집 및 작성, 듣고 배우고 정리하는 것, 가르치는 것, 쉽게 구조화 하는 것, 새로운 일 도전, 문제 해결 방안 제시, 사람 만나기
좋아하지도 잘하지도 못하는 것	좋아하지만 잘 못 하는 것
컴퓨터 프로그래밍, 망치질, 전구 갈아끼기 등	작사 작곡, 노래 부르기, 중국어, 영어, 여행, 사진 찍기, 운동

내가 좋아하는 것

첫 번째 영역(좋아하면서 잘하는 것)

책 읽고 정리하고 그 내용을 쉽게 가르칠 수 있다는 것, 새로운 일을 기획하고 도전하고 실행해서 결과를 만드는 능력이 있다는 것, 다양한 문제를 창의적으로 해결할 경험과 역량이 있다는 것을 나이 들어 자연스레 알게 되었다. 물론 20대 때는 이렇게 적기 힘들었을 것 같다. 하지만 지금까지 꾸준히 좋아하고 잘했던 건 책 읽고 가르치는 것, 새로운 일을 기획하고 도전하는 것이었다. 별로 겁이 없었고 혼자서도 어려운 일들을 씩씩하게 잘 해결했던 것 같다.

두 번째 영역(좋아하나 잘 못하는 것)

여기 해당하는 것은 너무 많다. 잘하고 싶은데 잘 안 돼서 속상했던 적이 많다. 특히 음악이 그렇다. 난 뮤지션이 되고 싶었다. 'CCM'Contemporary Christian Music이라 불리는 기독교 음악을 하고 싶었지만, 함량 미달이었다.

학창시절 작사 작곡한 곡으로 대회에 나가 노래해서 상을 받은 적도 있었지만, 진짜 음악 하는 '고수'들과 비교하면 내 실력은 한참 모자라고 부족했다. 아무리 열심히 해도 따라잡을 수 없을 것 같았고, 주변에는 실력자들이 너무 많

았다. 결국 뮤지션 되기를 포기하고 취미로 돌렸다. 사진 찍기나 운동도 그랬던 것 같다. 제대로 배워본 적 없어서 그럴 수도 있지만, 끝까지 끈질기게 매달려서 돌파하기에는 무언가 부족했던 것 같다. 하지만 당시 노력하고 땀 흘렸던 것을 후회하거나 아까워하지는 않는다. 시도도 해보지 않고 후회하는 것보다 뭐라도 해보고 내 길이 아님을 확인하는 것이 더 나으니까. '여기까지는 할 수 있는데, 더 가기는 건 진짜 어렵구나' 싶어지면 그때 결단해도 된다고 생각한다.

아직 하나 남았는데, 여행하면서 사진 찍고 글을 쓰는 여행 사진작가의 길이다. 사진과 글 두 가지만 제대로 배우면 해볼 수 있을 것 같아서 아직 포기하지 않고 남겨두었다.

세 번째 영역(좋아하지 않으나 잘 하는 것)

누구에게나 이런 일이 있을 것이다. 내게는 새벽에 일찍 일어나는 것이었다. 새벽 두 시 반이나 세 시쯤 저절로 눈을 뜨게 된다. 물론 나이 들어서 더 그런 부분도 있을 것이다(아내 말대로 갱년기일 수도 있고). 새벽에 일어나면 좋아하는 책을 읽는다(난 아침 일찍 기상하는 것을 질색한다).

그렇게 새벽에 일어나 씻고 하고 싶은 일을 해온 지 벌써

20년이 넘었다. 아이를 돌보고 아내를 살펴야 하는 가장이 온전히 자기만의 시간을 가지려면, 새벽이 최적이었기 때문이다. 불가피한 선택이었지만 나는 이때가 가장 행복하고 즐겁다. 누구도 방해하지 않고 무엇에도 방해받지 않는 시간이니까.

'대신 고민'하는 것도 여기 해당한다. 일단 남의 고민을 들으면, 한참 같이 고민하게 된다. 누가 속내를 털어놓으면, 최소 서너 시간은 들어주고 함께 고민한다. 고민을 즐기는(?) 성향은 결코 아닌데, 듣고 나면 어김없이 같이 고민하는 나를 보게 된다.

그런데 생각해보면 지금 나는 타인의 상황과 사정을 들어주고 함께 고민하는 것이 직업인 경영 컨설팅과 교수직을 병행하고 있다. 매번 남의 고민을 듣고 문제 해결을 위해 감정 이입해야 해서―좋아하는 일이 아닌데도―힘들 때도 많지만, 보람된 일이 더 많기에 꾸준히 하는 것 같다. 하여튼 함께 고민하는 것은 일종의 직업병이다.

마지막 네 번째 영역(좋아하지도 잘하지도 못하는 것)

전공이 여기 해당한다면 어떻게 해야 할까? 대학교 때 내 전공이 바로 그랬다. 좋아하지도 잘하지도 못하는 일.

내 학부 전공은 컴퓨터 공학이다. 게임이 너무 좋아 오락실에서 살다시피 한 '게임돌이'였지만, 컴퓨터를 다루거나 프로그램 짜는 것을 좋아하지 않았고 관련된 일은 더더욱 탁월하게 하지 못했다. 실컷 게임 할 수 있을 거라는 철없는 생각에 컴퓨터공학과에 들어갔는데, 게임 만드는 공부만 해야 했다. 게이머가 아니라 프로그래머가 되는 학과라는 걸 전혀 생각 못 했던 거다. 얼마나 무식하고 순진했는지 모른다.

1학년 1학기 때 프로그래밍이 나랑 안 맞는다는 걸 깨달았지만, 차마 그만둘 용기가 없어서 4년을 다 채우고 졸업까지 하고 말았다. 그리고는 안 맞는 공부를 억지로 하면서 고생한 게 아까워서 취업도 컴퓨터 관련 분야에서 하게 되었다. 이 얼마나 바보 같은 짓인가?

'일단 직장에 들어가보자. 돈을 벌면 이 일에 관한 생각도 바뀌지 않을까?'

사실 궁금하긴 했다. 돈을 벌면 달라질 줄 알았다. 그래서 입사한 곳이 은행 전산실이었다. IMF 시절 수십 대 1의 경쟁을 뚫고 어렵게 입사해서 꼬박 3년 동안 은행 프로그래밍만 했다. 그래서 어떻게 되었을까? 나는 행복하게 되었을까? 실제로 해보니 그 길이 정말 내 길이 아니라는 것이 너무나 명확했다. 이 사실을 분명히 깨닫는데 3년이면 충분했다. 경험해보면 확실해지고 명확해진다.

은행은 급여도 괜찮고 근무환경도 아주 좋았다. 하지만 내 길이 아니고 행복하지도 않은데 어찌하랴? 그 시절 가장 신나고 행복했던 건 직장 선배들과 함께한 스타크래프트 게임 동호회였다. 매일 퇴근하고 PC방에서 선배들과 게임 하는 건 즐거웠지만, 프로그래밍에서는 아무 의미도 찾을 수 없었다. 아무리 생각해봐도 내가 좋아하고 잘하는 건 이 일이 아니었다. 평생 먹고 살 일은 더욱더 아니라는 확신이 들었다. '그래, 내게 의미 있고 가치 있는 일은 따로 있는 거야. 정말 해보고 싶은 것을 찾아 후회 없이 해보자. 설마 굶어 죽기야 하겠어?'

마침내 용기를 내어 무모한 결단을 내렸다. 고생해서 수십 대 1의 경쟁을 뚫고 들어간 은행, 다른 사람은 못 들어가 안달이던 너무나 안정적인 회사를 3년 반 만에 그만두고, 과감하게 대학원 공부에 도전했다. 대학생 때부터 하고 싶고 관심 많았던 중국 관련 비즈니스 공부였다. 그러면서 진짜로 의미 있는 공부, 딱 맞는 일을 고민하다 찾게 된 것이 바로 '국제경영'International Management, 중국 시장 진출 전략과 글로벌 마케팅이었다.

공대생이 인문대생 되겠다고 그 좋은 회사도 그만두고 아무 보장 없는 험한 길을 선택한 것이다. 주변 선배들과 상사들은 다 내가 미쳤다고 했다('네가 배가 부르구나. 정신 차려!'라는 도움 안 되는 말을 '굳이' 퍼부어준 선배도 있었다). 그래도 한 번 사는 인생인데 해보고 싶은 것을 꼭 해봐야 행복할 것 같았다. 그렇게 나는 서른한 살에 대학원에 다시 들어가 새로운 공부, 전혀 다른 전공을 선택해서 바보 같은 길을 걷기 시작했다. 와우, 그런데 이게 웬일일까? 공부가 미치도록 재밌는 것이다. 아이러니하게도 나는 중국어를 하나도 못하는데 말이다. 중국 관련 경영, 국제 무역, 통상, 마케팅, 전략과 기본 역사와 문화 등을 기초부터 하나씩 배웠다. 처음에는 너무 힘들고 어려웠지만 갈수록 재미가 붙기 시작했고, 태어나서 처음으로 공부가 재미있는 거라는 사실을 알게 되었다.

당시 나와 함께 은행에 취업해서 지금까지 일하고 있는 친구 대부분은 지점장이 되기 직전 직책인 부지점장이나 팀장을 맡고 있다. 자기 일에 최선을 다해 달려온 그들이 자랑스럽다. 하지만 나도 은행을 그만둔 뒤로 후회한 적은 한 번도 없다. 좋아하고 잘하는, 그리고 내게 큰 의미를 주는 일로 수익을 창출하며 열심히 살고 있으니까 말이다.

그렇다고 컴퓨터 프로그래밍 일을 아무 갈등 없이 금방 포기해버린 건 아니다. 자그마치 10년 동안 고민했다. 관련된 다른 일을 해보고, 관련 자격증을 따고, 장학금 받을 정도로 공부해봤다. 하지만 대략 10년째 되던 날, "아무리 고민하고 애써봐도 이건 내 일이 아니다"라는 걸 절실히 깨닫고 용기 낸 것이다.

새로운 것에 도전하려면 깊이 고민하고 신중해야 한다. 퇴사만이 능사는 아니다. 회사 다니면서 자신을 깊이 들여다보고 소중한 미래를 고민해보고 차근차근 설계하는 것이 오히려 더 나을 것이다. 절대 그만둘 생각부터 하지 마라!!

자, 이제는 여러분 생각의 근육을 키울 시간이다. 여러 번 썼다 지웠다 반복할 수 있다. 나도 처음에 수없이 썼다 지우기를 반복했다. 각 영역의 내용을 수시로 바꿔도 괜찮다. 중요한 건 시도해보는 거니까. 잘하는 건지 좋아하는 건지 잘 모르겠으면 일단 적어 놓고 기간을 정해 테스트해보기를 바란다. 당신의 낯설고 엉뚱한 도전을 기대해 본다.

내 인생의 스윗스팟 찾기

나를 알아가는 도구 중에 '스윗스팟'Sweet Spot이라는 것이 있다. '달콤한'Sweet 향기가 나는 작은 '점'Spot이라는 뜻이다. 스윗스팟은 공을 쳤을 때 가장 빠르고 멀리 날려보내는 골프채나 야구 배트, 테니스 라켓의 특정 부위를 지칭하는 스포츠 용어이기도 하다. 요즘에는 영화관이나 콘서트홀에서 가장 생생하고 정확하게 소리를 들을 수 있는 자리, 구매를 유도하는 상품 가격대, 기업의 매출이나 이미지 호감도가 최고조인 시점 등을 가리키는 말로도 사용되고 있다. 네이버 지식백과《시사상식사전》, 박문각 쉽게 말해서 가장 효과적으로 성과와 열매를 얻게 해주는 자기만의 '무언가'(?)라는 뜻이다. 여러 형태의 스윗스팟이 있지만, 나는 이것을 미션과 달란트, 그리고 지속성을 위한 수익 창출로 디자인했다.

인생에도 스윗스팟이 존재한다. 모든 사람에게는 자기다운 모습과 자기만의 방식으로 열매 맺을 수 있는 무언가가 있다. 미국의 유명한 베스트셀러 저자이자 목회자인 맥스 루케이도는 최상의 삶을 살 수 있는 자리와 영역, 삶의 공간을 스윗스팟으로 여겼다. 그는 이것을 '자신의 강점'과 '삶의 현장', '하나님의 영광'이라는 세 가지 요소가 겹치는 자리에서 찾았다. 《일상의 치유》Cure for the Common Life, 청림, 2006

세 질문의 답이 만나는 지점, 즉 스윗스팟을 찾는 것은 모든 사람이 평생 해야 하는 고된 작업이다. 사회 초년생이나 직장인은 물론, 퇴직을 앞두고 있거나 이미 은퇴한 시니어, 경력 단절을 경험하고 있는 사람이라면 특히 더 고민하고 고민해서 나만의 답을 찾아야 할 부분이다.

스윗스팟은 세 가지로 구성되어 있다.

- 내게 의미 있고 가치 있는 일은 무엇인가?
- 나는 무엇을 좋아하고 잘할 수 있는가?
- 위 두 가지를 지속하기 위해 경제적 수익을 창출할 방법은 무엇인가?

지금까지의 내용을 꼼꼼히 살피고 고민했다면, 1번과 2번 질문에 어느 정도 답할 수 있을 것이다. 시간이 걸리긴 하겠지만. 문제는 3번 질문이라고 생각한다. 의미 있고 가치 있으며 좋아하고 잘하는데, 문제는 돈이 안 된다는 것이다. 1번과 2번을 안정적으로 실행하고 싶어도 경제적 안정이 안 돼서 그만두는 것을 너무 많이 보아왔기 때문이다.

우리는 모두 직장 다니는 것 외에도 경제적으로 수익 창출하는 방법을 배워야 한다. 직장 다니는 것과 더불어 안정적인 수입원을 마련하는 것이 얼마나 어려운데 단번에 답할 수 있겠나 싶지만, 3번 질문은 평생 고민해서 반드시 풀어야 할 숙제이다.

오른쪽은 내 이야기를 스윗스팟으로 작성한 것이다. 이 것을 사례로 설명해보겠다.

내게 가장 의미 있고 가치 있는 것은 무엇인가?

내게 가장 중요하고 의미 있는 일은 다음 세대 인재를 키

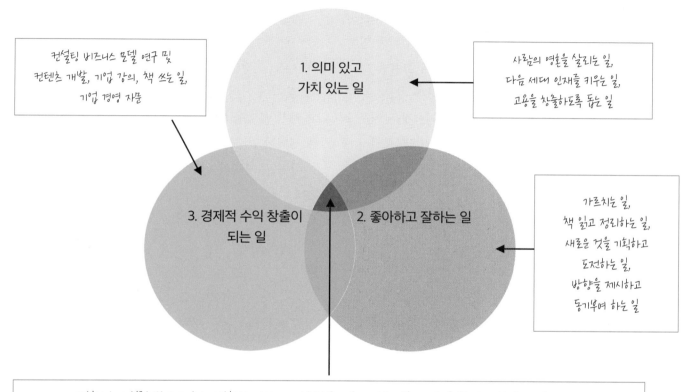

컨설팅 비즈니스 모델 연구 및
컨텐츠 개발, 기업 강의, 책 쓰는 일,
기업 경영 자문

1. 의미 있고
가치 있는 일

사람의 영혼을 살리는 일,
다음 세대 인재를 키우는 일,
고용을 창출하도록 돕는 일

3. 경제적 수익 창출이
되는 일

2. 좋아하고 잘하는 일

가르치는 일,
책 읽고 정리하는 일,
새로운 것을 기획하고
도전하는 일,
방향을 제시하고
동기부여 하는 일

컨설팅 회사 설립 및 운영, 후배 컨설턴트 양성, 대기업 및 중견/중소 기업 컨설팅, 사람을 살리는 의식 있는 기업가 양성,
교육 회사 또는 학교 설립(청년자기다움학교), 대학교에 자기다움 과목 개설 및 전파(with MOU),
책 집필을 통한 수익 창출과 강연 그리고 확산, 사회에 선한 영향력을 세우는 기업 설립 및 투자

우는 것이다. 대한민국의 미래를 이끌 인재 기르는 것보다 중요한 건 없다고 생각한다. 그리고 기업을 육성하고 자문하여 고용을 창출할 기업가 양성도 내게 매우 의미 있는 일이다. 기업이 수익을 사회에 돌려주고 계속해서 고용을 창출하려면, 성장해야 한다. 그래서 경영 컨설팅과 자문으로 기업들이 지속적으로 건강하게 성장하도록 돕는 것을 매우 의미 있고 가치 있게 여기고 있다. 또한 그리스도인으로서 영혼 살리는 일도 내게는 무엇보다 소중하다.

내가 진정으로 좋아하고 잘하는 것은 무엇인가?

라이크앤엑설런스 매트릭스 내용을 토대로 정리하면 된다. 나는 새로운 것을 기획하고 도전하고 방향을 제시하거나, 청년들을 동기부여 해서 그들이 할 수 있는 일을 찾도록 돕는 것을 좋아하고 잘한다고 생각한다(솔직히 '잘하고 싶다'가 더 맞을 것 같다). 그다음으로는 가르치는 것과 책 읽고 읽은 내용을 정리하는 것을 좋아하고 잘한다. 나는 첼로 연주를 들으면서 책 읽는 것을 너무도 좋아한다. 그래서 매일 새벽에 일어나 책을 읽으며(대신 일찍 잠자리에 든다), 다른 어떤 것보다 책 선물을 가장 기뻐하고 행복해한다.

내가 지속적으로 경제적 수익을 창출할 수 있는 일은 무엇인가?

사람들 대부분은 경제적 수익 창출을 위해 직장에 다닌다. 나도 직장인이었지만 직장인들은 월급 외에 부업을 가져 본 적이 거의 없을 것이다. 최근 많은 사람이 'N잡러'라고 해서 부업을 하는 이유도, 주된 직업 외에 다른 것을 통해 경제적 안정성을 확보하기 위해서다.

내 수익 창출의 대부분은 경영 자문과 교육, 투자로 구성된다. 첫 번째는 경영 컨설팅이다. 대기업이 주요 고객이지만, 스타트업과 중견 기업을 대상으로도 경영 자문을 하고 있다. 두 번째는 교육과 책 집필이다. 비즈니스 모델을 연구해서 경영, 마케팅 관련 콘텐츠를 만들고, 그것을 바탕으로 기업에서 강의하며 책을 쓰고 있다. 세 번째는 스타트업과 기업들에 투자하고 성장할 수 있는 모멘텀을 제공하는 일을 하고 있다.

눈치챈 독자도 있겠지만, 세 영역 모두 '사람(들)'과 관련되어 있다. 그만큼 사람을 키우고 도우면서 수익 창출할 수 있는 일을 업으로 삼고 있다. 이제 여러분의 답을 적어보기 바란다. 완벽하게 채우려고 애쓰지 않아도 된다. 내 답도 절대 완벽하지 않다. 계속 수정하고 보완해서 꾸준히 성장하면 된다. 여러분의 생각을 정리하기 위한 작업일 뿐이니 부담 갖지 말고 일단 할 수 있는 수준까지 작성해보기 바란다.

그렇다면 내 스윗스팟은?

세 가지 질문에 답했다면, 이번에는 세 가지 답의 '교집합'을 찾아보자. 의미 있고 가치 있고, 좋아하고 잘하는 것을 통해 지속적으로 수익을 창출할 수 있는 일이 무엇인지 고민해보자. 3번 질문에 답하는 것보다 몇 배 더 어려운 작업이겠지만, 사회에서 요구하는 정답보다 여러분이 치열하게 고민한 흔적을 남겨보면 좋겠다.

내 스윗스팟은 크게 교육과 비즈니스 두 영역으로 나눌 수 있을 것 같다. 첫 번째, 교육 영역에서는 MCA 경영 컨설팅과 청년자기다움학교가 있다. 청년자기다움학교는 대한민국의 미래를 변화시킬 청년 리더를 양성하기 위한 학교로, 자기다움을 찾고 그것으로 자신이 속한 공동체와 지역사회에 선한 영향력을 세워가는 것을 목표로 한다. 또한 이

내용을 대학생들에게 더 효과적으로 나누기 위해 한국뉴욕주립대학교에서도 가르쳤고, MKYU에서도 강의했다(교양 필수 과목으로 선정되어 강의 동영상이 올려져 있으니 찾아서 들어보기 바란다).

두 번째는 내가 설립한 회사 'MCA 경영 컨설팅'이 있다. 이곳에서는 대기업과 중견 기업, 스타트업을 실제로 돕고, '사람을 살리고 기업을 성장시킨다'라는 목표 아래 의식 있는 후배 컨설턴트와 기업가를 양성한다. 또한 사회에 선한 영향력을 미칠 기업에 투자와 경영 자문 등 다양한 활동을 직접 수행하고 있다.

스윗스팟에는 현재 하고 있는 것뿐 아니라 과거에 했던 일까지 포함되니, 지나온 길과 지금의 자리를 모두 살피는 것이 필요하다. 또한 삶의 모습과 상황이 끊임없이 변화하는 만큼, 계속해서 수정하고 보완해야 한다는 점도 기억하기 바란다.

스윗스팟은 작성하기 꽤 어려울 것이다. 힘들어도 포기

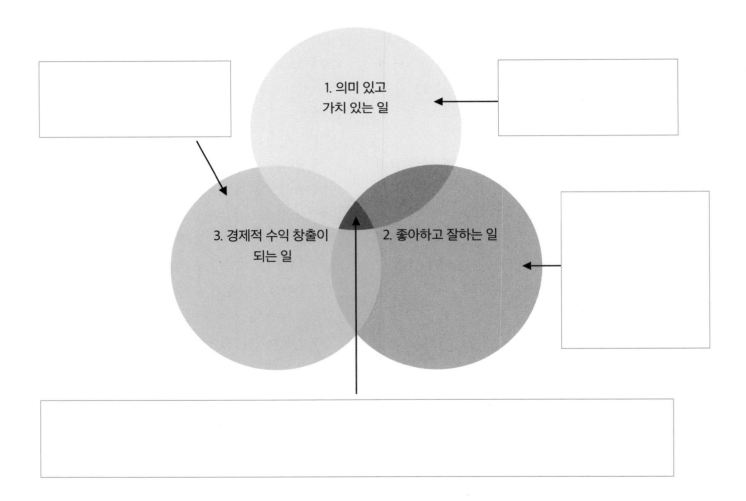

1. 의미 있고
가치 있는 일

3. 경제적 수익 창출이
되는 일

2. 좋아하고 잘하는 일

하지 말고 작성해보라. 차분히 앉아서 생각의 깊이를 더 하는 훈련을 꾸준히 한다면 여러분만의 스윗스팟을 설계할 수 있을 것이다.

청년자기다움학교에서는 나를 알아가기 위해 다양한 진단을 한다. 여기에 소개하지 않았지만 에고 그램이나 MBTI, 회복 탄력성 진단 등 내가 누구인지 살펴보는 다양한 진단 도구를 활용해서 자기 모습을 최대한 객관화한다. 물론 진단 결과만 가지고 '온전한 나'를 찾기는 부족하다고 본다. 그리고 절대 그 결과에 갇혀서도 안 된다. 나는 계속 변하고 성장하고 있으며, 나답게 살아가기 위해 다양한 시도를 하고 있기 때문이다. 규정짓지 않되 '내가 이런 사람일 수 있구나'라고 받아들이면 좋겠다.

Insight

이번 장에서 우리는 정치, 경제, 사회, 문화, 기술 등의 흐름을 살펴보고 자신의 천재성을 어느 영역에서 발휘할 수 있을지 탐색할 것이다.

이것은 세상의 다양한 문제 중 관심 있는 것을 해결하고 싶은 마음을 품는 '공부'이다.

또한 문제 해결을 위해 재능과 가치, 역량을 집중하는 과정에서 자신의 어떤 천재성이 어떻게 발휘되는지 확인할 수 있을 것이다.

많은 사람이 아파하고 고통받으며 눈물 흘리는 현실을 외면하지 않고, 그들의 아픔에 공감하며 따스한 사랑의 눈으로 바라보고,

'저 문제, 내가 해결할 수 없을까?'라고 고민하는 훈련이 바로 '인사이트', 즉 통찰이다.

신이 당신에게 허락한 장점과 재능을 '누구를 위해 어떻게 사용할지' 생각하며 살자는 것이다.

두 번째 'I', 공감과 사랑에 기초해 통찰하라, 인사이트

강점, 재능, 달란트, 지식, 네트워크, 다양한 경험…. 이 모든 것으로 세상에 선한 영향을 미치기 위해 두 번째 공부해야 할 'I'는 '인사이트'(Insight, 통찰)이다. 앞에서 자신을 들여다보고 자기 정체성을 확인하는 첫 번째 'I', 아이덴티티를 살펴본 것처럼, 이번에는 세상의 흐름을 마음으로 탐색하며 인사이트를 길러보자는 것이다. 내가 좋아하고 잘하며 의미 있고 가치 있다고 생각되는 것을 통해 세상에 선한 영향력을 세워가려면 탁월함이 필요하다. 이 탁월함은 실력이나 역량만이 아니라, 생각과 마음의 영역에서도 중요하다.

역사학자 아놀드 토인비는 그의 책 《역사의 연구》에 "역사는 도전과 응전의 과정이다"라고 썼다. 《A Study of History》, 동서문화사, 2016 다양한 도전Challenge이 나타나면 그에 상응하는 행동Response이 역사를 만들어 왔다는 의미이다. 인사이트 공부는 인류가 안고 있는 다양한 문제와 도전을 외면하지 않고, "내가 해결하겠다!"라며 응답하기 위해 꼭 필요한 훈련이다.

도전에 응답하는 사람은 문제 해결을 위해 연구하고 공부하다가 자연스럽게 리더가 된다. 응답Response하기 위해 책임 있게 노력하다가 그것을 해결할 역량Ability을 갖게 되기 때문이다. 흥미로운 것은 '응답'이라는 뜻의 영어 단어 'Response'와 '역량'

이라는 뜻의 영어 단어 'Ability'가 만나서 '책임감'이라는 뜻의 영어 단어 'Responsibility'가 된다는 것이다. 그런 의미에서도, 리더가 되기 위해 해야 할 것이 바로 인사이트, 즉 통찰 공부이다.

그런데 인사이트를 공부하기 전에, 먼저 살펴봐야 하는 것이 있다. 바로 공부다.

부모 강의를 하다 보면, 어머니들에게서 이런 질문을 자주 받는다. "어떻게 해야 제 아이가 공부를 잘할 수 있을까요?"

여러분은 이 물음에 뭐라고 대답하겠는가? 나는 공부 잘하는 방법보다 공부가 무엇인지를 먼저 알아야 한다고 생각한다. 공부를 잘하거나 제대로 하고 싶다면 일단 생각해봐야 할 두 가지 질문이 있다.

"도대체, 공부는 무엇일까?" "공부는 왜 하는 걸까?"

이 질문에 제대로 답할 수 있다면 공부를 잘할 방법도 자연스럽게 깨닫게 되지 않을까? 물론 이것은 인사이트를 제대로 공부하기 위해서도 반드시 짚고 가야 하는 개념이다.

공부, 누구냐 넌

여러분은 이런 제목의 책들을 본 적이 있는가? 10대부터 40대까지 공부에 미쳐야 한단다(왜 그래야 하는지 이유는 알고 미쳐야 할 것 같은데, 제목만 봐서는 잘 모르겠다). 나이 상관없이 세상 떠날 때까지 공부를 멈추지 말라는 이야기인데, 제목만 봐도 공부가 중요하기는 한 것 같다. 그러면 50대 이후는 어떻게 해야 할까? 공부하다 죽으라고 한다. 제목은 자극적이지만, 다행스럽게도(?) 이 책은 마음공부에 관한 내용을 담고 있다. 깊은 명상에서 나온 귀한 문장들로 가득한데, 나는 아래 글귀가 기억에 남는다.

"모든 즐거움에는 하나의 조건이 전제되어 있다. 그것은 어떤 것도 영원하지 않다는 것이다. 멈추어 서서 살펴보라. 멈출 때, 바로 볼 수 있다."

이제부터 우리가 죽을 때까지 평생 해야 할 공부가 무엇인지 정리해보자.

알라딘 인터넷서점

"공부가 뭐라고 생각하니?"

초등학생들에게 이렇게 물으면 뭐라고 할까? 놀랍게도 이 질문을 받은 아이 중 많은 친구가 다음과 같이 대답했다.

"공부란, 어쩔 수 없이 해야 하는 것"

거부할 수 없어서, 못 하겠다고 할 수 없어서, 안 할 수 없어서 하는 게 공부란다.

공부를 '악마들이 준 선물'로 정의한 아이도 있었다. 기가 막히게 잘 내린 '조작적 정의' 아닌가! 이렇게 창의적인 아이가 공부를 싫어하게 된 것이 참 안타깝다. 여기에서 놀라운 건 악마를 '악마들', 복수로 표현했다는 점이다. '악마의 선물'인 공부를 시키는 선생님과 아빠 엄마, 그리고 학원 선

생님까지 전부 포함하기 때문이리라.

'공부는 원수'라고 대답한 아이도 있었다. 얼마나 꼴 보기 싫으면 그리 표현했을까? 재미있기도 하지만, 한편으로는 슬프다. 정말 '웃픈' 이야기다. 공부를 원수로 정의한 아이가 과연 공부를 잘할 수 있을까? 어떤 마음으로 공부할지 뻔히 보인다. 십중팔구 공부를 싫어할 것이다. 우리 두 아들도 공부를 즐거워하거나 행복해하지 않는다. 공부해야 할 이유나 공부하고 싶은 마음이 딱히 없는 청소년 시기라 공부를 강요하지 않는다. 맘 같아서는 청소년 시기엔 실컷 놀게 하면 좋겠다. 즐겁고 재밌게 뛰어놀고, 꾸준히 운동하고, 해보고 싶

고 관심 가는 것이 있다면 도전해서 다양한 경험을 쌓을 수 있는 그런 공부만 시키면 좋겠다.

공부, 도대체 왜?

공부는 왜 해야 할까? 어쩌면 지금까지 여러분도 공부해야 하는 이유를 모르고 살아왔을지 모르겠다. 인생을 살아가는 데 공부가 왜 필요한지 살펴보자. 먼저 공부해야 하는 이유에 관해서도 정답보다는 각자의 답을 찾아야 한다는 것을 기억하기 바란다. 조작적 정의가 필요하다는 이야기다.

"공부 열심히 해라!!" 우리는 이런 잔소리(!)를 참 많이 들었다. 공부해야 하는 진짜 이유는 거의 들어본 적 없는데 말이다. 그래서 우리는 공부의 당위성이라고 할 때 이런 것들만 떠올리게 되었다.

점수 따기 위해서, 고득점 얻으려고, 엄마 아빠 기쁘게 해드리려고, 잘 먹고 잘살기 위해서…,

더 좋은 대학에 가기 위해, 더 좋은 회사에 취업하기 위해….

하지만 이런 것들이 공부해야 하는 진짜 이유일까? 그렇지 않을 것이다. 성적과 진로를 넘어 더 큰 그림과 더 본질적 차원에서 의미와 당위성을 고민해야 한다. 각자 공부하는 이유를 깊이 생각해보고 조작적 정의를 통해 나름의 명분을 작성해보자는 것이다.

다시 초등학생들에게 돌아가 보자. "공부는 왜 하는 걸까?" 이렇게 물었더니 한 아이가 이렇게 대답했다.
"스마트폰 갖기 위해서요."
성적을 가지고 엄마랑 협상한 모양이다. 많은 대한민국 엄마들이 공부 관련해서 상품을 건다. "시험 잘 보면, 성적 좋으면 스마트폰 사 줄게."
스마트폰이라는 목표가 생겼다. 그래서 열심히 공부한다는 거다.
미래를 위해 공부한다는 친구도 있었는데, 공부 못 하면 미래가 암울하니까 열심히 해야 한다는 것이다. 협상이 아니라 협박당한 아이 같았다. 신상 스마트폰과 암울하지 않은 미래를 위해 공부해야 한다? 물론 그런 생각도 맞고 중요하다. 하지만 그보다 좋은 이유가 분명 있을 것이다. 아이에게 잘 설명해주는 어른이 되기 위해서라도 공부해야 하는 진짜 이유를 더 살펴보기로 하자.

살아보니 인생 자체가 공부다

그렇다면 도대체 공부란 무엇일까? 우리나라의 대표적인 지식인이자 작가인 신영복 선생님의 말씀으로 공부를 정의해보겠다(내가 가장 아끼는 책 중 하나인 신 선생님의 책 《담론》에 나오는 이야기를 나름 재해석해 보았다). 돌베개, 2015

공부는 '머리를 쓰는' 것이다
몰랐던 사실을 새롭게 알아가며 '지식'을 채우는 것이라는 의미이다. 우리가 지금까지 학교에서 배운 대부분의 공부가 이 형태에 해당한다.

공부는 '가슴을 따뜻하게 하는' 것이다
아픈 사람을 보면 치료해주고 싶어지고, 힘들어하는 사람을 보면 실제적 도움을 주고 싶어지는 것이라는 의미다. 가슴 따뜻한 사람과 함께하면 평안해지고 차분해지며, 온몸에 온기가 도는 것 같다. 이런 따스한 마음을 갖게 하는 것도 공부다. 이렇게 머리에 지식을 채우고 가슴을 따뜻하게 한 다음에는 무엇을 해야 할까? 그것이 공부의 세 번째 의미다.

공부는 '작은 것이라도 실천하고 행동으로 옮기는' 것이다
손발을 움직여 배우고 익힌 것을 직접 실천하는 것이라는 의미다.

정리하면, 공부는 '머리에 지식을 채우고, 가슴을 따뜻하게 하고, 실제로 손발을 움직여 다른 사람에게 도움을 주어' 당면한 문제를 해결하는 것이다. 멋들어진 조작적 정의 아닌가.

공부는 지식을 가다듬어 기술을 익히고, 심성을 바르게 연마하고, 신체를 단련하는 것이다.

진짜 공부는 나와 세상을 아는 것, 그리고 가슴을 따뜻하게 하고 설레게 하는 것을 행동에 옮기는 것이다. 다르게 표현하면, 살아가며 배우고 깨우쳐야 할 것과 한 사람 한 사람 따뜻하고 친절하게 대하는 것, 손발을 움직여 문제를 해결하고 배운 것을 행하는 것이다. 우리는 이 정의대로 제대로 공부하고 있는 걸까?

세상을 바꾸고 싶다면 어떻게 공부해야 할까?

공부의 정의가 그렇다면, 공부해야 하는 이유는 무엇일까? 나답게, 자기답게 살기 원하는 사람이 공부해야 하는 진짜 이유는 무엇일까? 다음은 내가 '공부의 이유'를 조작적 정의한 것이다.

공부는 내가 누구인지 알아가기 위해 해야 한다.
더불어 살아가는 사회에서 서로 원활하게 소통하기 위해 해야 한다.
이웃의 아픔과 눈물을 닦아주고 그들의 문제를 해결하기 위해 해야 한다.
삶을 마감할 때 "내가 태어날 때보다 더 좋은 세상이 되었구나!"라고 고백하기 위해 해야 한다.

여러분도 한번 해보라. 공부에 관한 자기만의 가치관과 철학을 정리하는 것과 함께, 앞으로 어떻게 공부해야 할지 깊고 진지하게 고민하게 될 것이다.

나는 청년자기다움학교에서 세상을 바꾸고 싶다는 파릇파릇한 청년들을 자주 만난다. 그들은 하나 같이 이렇게 질문한다.

"그런데… 세상을 바꾸려면 뭘 어떻게 공부해야 하나요?"

그럴 때 나는 이렇게 말해준다. "첫째, 내가 어떤 사람인지 알아가는 공부. 둘째, 세상이 어떻게 흘러가는지 통찰하는 공부. 먼저 이 두 가지부터 시작해야 해. 그리고 무엇을 바꾸고 싶든 마음 다해 목숨 걸고 공부해야 할 거야."

이 말에 그들 모두 눈빛이 초롱초롱해진다. 그래서 나는 제자들에게 공부에 관해 조금은 힘주어 이야기한다.

"대충 섬기고 싶으면 대충 공부해도 돼. 제대로 세상을 섬기고 싶다면 진지하게, 제대로 공부해야겠지. 하지만 세상을 바꾸고 싶다면, 목숨 걸고 공부해야 해!"

청년자기다움학교를 시작한 궁극적 이유도 여기에 있다. 세상을 변화시키기 위해 함께하고 싶은 청년들을 키워 공동체를 만들고, 사회에 선한 영향Good Impact을 주고 싶어서다. 당신도 더 나은 세상을 만들고 싶은 마음이 간절하다면, 세상을 바꿀 자기만의 전략은 무엇인지 고민해야 한다. 우리가 사는 세상을 조금이라도 아름답게 변화시키기 위해 내가 선택한 나만의 전략은, 자기답게 사는 탁월한 청년들을 키워내는 것이다.

자, 다시 생각의 근육을 만드는 시간이다. 나에게 공부는 무엇이고 내가 공부하는 이유는 무엇인지 여러분의 언어로 작성해보라. 남의 생각이 아닌 여러분만의 생각으로 정의해야 생각의 근육이 붙고 단단해지는 법이다.

나에게 공부는 _____ (이)다.

내가 공부하는 이유는 _____ (이)다.

더 나은 세상을 만들기 위한 바보 같은 도전! 청년들이 공부하는 이유

세상을 바라볼 때 필요한 것 :
공감과 사랑에 기초한 통찰

내가 다니엘 할아버지를 만난 건 1996년 미국에서 잠시 공부할 때였다. 당시 내가 공부하던 학교 기숙사 청소부였던 다니엘 할아버지는, 190센티미터 정도의 큰 키에 흰 수염과 멜빵 청바지가 정말 잘 어울리는 70대 노신사였다. 나는 매주 할아버지와 할아버지의 '여사친' 조디 할머니와 같은 교회에서 예배드렸다(지금 생각해보면 내가 눈치 없이 두 분의 데이트에 끼어들었던 것 같다). 예배가 끝나면 할아버지는 늘 함께 식사하며 영어 설교를 제대로 알아듣지 못한 내게 설교 내용을 하나하나 풀어 설명해주시곤 했다(그럴 때마다 조디 할머니가 마당에서 직접 딴 오렌지를 바로 착즙해주신 캘리포니아 오렌지 주스는 지금도 잊히지 않는 최고의 맛이었다).

당시 스물다섯의 피 끓는 나이였던 나는, 특히 정치에 관심 많던 열혈 청년이었다. 현지 언론에서 실망스러운 한국 정치 이야기가 나오면 '쯧쯧' 혀를 차기 일쑤였고, 가끔 흥분하면 욕도 하며 다혈질답게 반응했다. 그런데 하루는 흥분한 내 모습을 보시던 할아버지가 이런—지금까지도 기억하며 앞으로도 잊지 못할—말씀을 해주셨다.

"Paul, Just Live, be Yourself."

씩씩대며 흥분해서 욕까지 하던 내게 "폴, (지금 그런 모습은) 전혀 너답지 않아. 너답게 살아라"라고 일침을 주신 것이었다('폴'은 내 영어 이름이다). 그러면서 할아버지는 내게 "사랑하는 마음의 눈으로 세상을 바라보아야 한다"라고 말씀하셨다.

'대체 나답게 사는 건 뭐고 사랑하는 마음의 눈으로 세상을 바라보는 건 뭐지?'

그 이야기를 적어놓고 두고두고 생각했지만, 아직 어렸던 내게 할아버지의 말씀은 풀리지 않는 수수께끼 같았다. 그리고 오랜 시간이 흘러 40대 초반이 되어서야 비로소 그 말씀의 의미를 어렴풋이 깨닫게 되었다.

다니엘 할아버지는 내가 청년자기다움학교를 설립할 수 있게 모티브를 제공해 주신 분이다. '자기다움'이라는 단어의 힘을 깨닫게 해주신 너무 소중한 분이다(벌써 27년 전 일이라…, 할아버지가 아직 살아계실지 모르겠다). "너답게 살아라", "사랑하는 마음으로 세상을 바라보고 섬겨라"라는 그날 말씀은 내 인생이 바뀌는 계기가 되었다.

세상을 어떤 관점으로 바라보아야 할지 탐색하는 인사이트 공부로 돌아가자. 우리는 세상을 어떻게 바라봐야 할까? 다니엘 할아버지가 말씀하신 '세상을 바라보는 관점'은, '공감과 사랑에 기초한 통찰'이었다. 이제부터 '공감과 사랑에 기초한 통찰'이 무엇인지 살펴보기로 하자.

통찰의 밑바탕엔 공감이 있다

세상을 변화시키는 사람들, 진짜로 세상을 바꾸려고 도전하고 노력하고 애쓰고 수고하는 사람들에게는 여러 공통적인 특징이 있다. 그중 하나가 바로 공감 능력이다. 영어로 '엠파시'Empathy라고 하는 이 공감 능력은, 타인의 아픔과 눈물과 상처에 함께하며 함께 짐을 지는 것이다. 이런 능력이 있는 사람은 남의 아픔을 자연스럽게 자신의 아픔으로 감정 이입한다.

남성과 여성을 비교해 보면, 남성이 상대적으로 공감 능력이 떨어지는 건 사실이다. 그중에서도 조직 생활을 오래

한 중년 남성은 공감 능력이 더 부족한 것 같다. 중년의 친구들 이야기를 들어보면, 대화가 조금만 길어진다 싶을 때 자기도 모르게 상대를 다그치게 된다고 한다. "야, 결론만 얘기해! 죄다 늘어놓지 말고 결론부터 말해! 그래서 내가 어떻게 하면 돼?"

목표 중심 대화와 결과 지향적 소통은 필요하다. 하지만 그것만 강조하다가 타인의 아픔과 눈물을 간과하고, 그 사람이 얼마나 힘들게 견디며 살고 있는지 공감하고 헤아리는 것을 놓칠 수 있다.

공감에는 '인지적 공감'과 '정서적 공감'이 있다. 오래전한 인기 드라마에서 남자 주인공이 여자 주인공에게 한 대사가 유행어가 된 적이 있었다. "아프냐? 나도 아프다."〈다모〉, MBC, 2003

이 대사는 정서적 공감을 담고 있다. 타인이 고통받고 아파하고 있다는 사실을 '정보'로 인식하는 인지적 공감과 달리, 정서적 공감은 누군가의 아픔과 고통과 슬픔을 '마음'으로 받아들여 자기 것 삼는 데 초점을 둔다. 인사이트를 갖고 싶다면 반드시 인지적 공감에서 정서적 공감으로 나아가야

한다. "나도 네가 얼마나 아픈지 알아(느껴, I Feel You). 나도 공감해. 네 아픔이 내 아픔이 되고 있어. 그래서 나는 너를 돕고 싶어."

이런 공감을 할 수 있어야 제대로 통찰한 것이다. 지금, 그리고 앞으로도 더 피폐해지고 디지털화될 시대에 이런 정서적 공감 능력은 점점 더 중요해질 것이다.

In + Sight = Insight

우리가 잘 아는 영어 단어 '인사이트'는 우리 말 '통찰'로 번역된다.

통(洞, 밝을 '통') **찰**(察, 살필 '찰') : 예리한 관찰력으로 사람과 사물, 상황을 꿰뚫어 봄 네이버 국어사전

그렇다면 통찰은 똑똑하고 학위 많고 경험 많고 나이 든 사람에게만 있는 걸까? 그렇지 않다고 생각한다. 인사이트는 '안'이라는 뜻의 영어 단어 'In'과 '보다'라는 뜻의 영어 단어 'Sight'가 만나서 이루어진 단어이다. '안을 보는' 것이 인사이트, 즉 통찰이라는 뜻이다. 지식과 학위, 연륜과 경험이 있다고 할 수 있는 것이 아니라, 안을 들여다봐야, 본질을 꿰뚫어 봐야 통찰이라는 것이다. 그런데 '안을 들여다본다'라는 건 도대체 무슨 뜻일까? 무엇을 보라는 것일까?

누군가의 아픔과 눈물과 상처를 '사랑하는 마음의 눈'으로 바라보는 것이다. 깊은 사랑과 공감의 마음으로 안을 들여다보면 문제가 보이고, 그 문제의 본질을 통과하여 해결방안을 찾을 수 있다는 것이다. 이들의 아픔과 눈물, 문제를 해결해주고 싶다는 근본적인 사랑의 마음이 없다면, 통찰도 수박 겉핥기에서 끝날 가능성이 크다.

'사랑하는 마음의 눈으로 세상을 바라보는' 사람이 많아지면 좋겠다. 그 사랑을 실천하기 위해 문제를 끌어안고 온몸으로 부딪혀 직접 해결하려 뛰어드는 '바보'도 많으면 좋겠다. 이런 '바보 도전자'Stupid Challenger들이 많아져야 세상이 조금 더 밝아지지 않을까?

왜 통찰은 공감에서 나오는가?

물론 현대 사회에서—동기가 무엇이든 간에—'안', 곧 사람 마음을 들여다보려고 하는 사람은 많다고 생각한다. 하지만 소수만이 그런 통찰을 얻고 실행에 옮긴다. 대충 해서는 결코 볼 수 없는 것이 상처 난 마음이고 문제의 본질이기 때문이다. 사람의 눈물과 상처, 아픈 마음은 사랑의 눈으로 가깝고도 깊게 다가가야 보이는 법이다. 왜 힘들어하는지, 왜 고통받고 아파하는지 애정을 품고 헤아려야 진짜 문제가 보이고 솔루션도 찾을 수 있다는 말이다. 하지만 우리는 너무 대충 보는 것 같다. 통찰을 얻지 못하는 건 공감과 사랑의 마음이 부족해서가 아닐까?

진정으로 꿰뚫어 보고 그 안에서 깊은 것을 찾아내려면, 사랑하는 마음의 눈으로 바라보고 그 아픔에 공감하는 태도를 훈련해야 한다. 나 하나도 건사하기 힘든데 어떻게 그렇게 할 수 있냐고 반문할 사람도 있을지 모르겠다. 하지만 감히 확신하건대 그 공감과 사랑에 기초한 통찰이 오히려 여러분을 보호할 것이다. 그 따뜻한 마음과 순수한 사랑이 말이다.

관점을 바꾸면 문제가
기회로 바뀌는 반전을 경험한다

비즈니스 하는 사람들은 세상을 보는 관점이 일반인과 다르다. 일반인은 문제를 보고 이마를 찡그릴 뿐이지만, 기업가들에게 문제는 새로운 사업의 기회이다. 고객이 안고 있는 문제, 결핍, 욕구, 아픔, 상처, 눈물이야말로 엄청난 비즈니스 기회임을 알기 때문이다. 그래서 공감과 사랑에 기초해 통찰하는 사람이 사업을 일으켜서 우리 사회가 더 건강해질 가능성이 커졌으면 좋겠다. 우리 사회에는 엄청나게 많은 문제가 존재한다. 한번은 기업에서 비즈니스 모델 수업을 듣던 분이 내 강의를 듣고 그런 문제들을 조사해서 보내준 적이 있다.

"지난번 강의를 듣고 우리나라의 사회 문제를 찾아봤는데, 어마어마하게 많더라고요. 심각한 저출산에 어린이 학업 스트레스는 세계 최고 수준이고, 자살률은 진짜로 세계 1위였습니다…."

대한민국은 OECD 국가 중 뒤쪽에서 순위를 다투는 사회 문제가 생각보다 많다. 그래서 이런 현실을 '헬조선'이라고 비판하는 사람도 있다. 우리가 살아가는 세상에 문제가 많기는 하지만, 그렇다고 현실을 비판하고 비난하고 불평불만만 늘어놓아서는 안 될 것이다. 누군가는 문제를 끌어안고 "내가 해결해 보겠다"라며 뛰어들어야 하지 않을까?

실제로 제대로 사업하는 사람들은 그 현실의 '헬'을 비난하는 대신, "이 문제는 엄청난 비즈니스 기회가 될 거야"라고 이야기하며 자기만의 솔루션을 만들어낸다는 것을 알아야 한다. 관점의 차이가 엄청난 것이다. 해결책만 찾을 수 있다면, 획기적이고 유망한 비즈니스를 일으킬 가능성이 크다는 것을 경험 많은 사업가들은 직감적으로 안다. 그리고 경영에서는 문제의 크기를 시장의 크기로 해석한다. 이런 골치 아픈 문제를 해결하는 데 돈을 쓰려는 사람들이 대한민국에 몇 명이나 될지 생각해보면, 시장의 크기가 추정되기 때문이다.

높은 자살률을 예로 들어보자. 안타깝게도 자살률이 매년 치솟고 있다. 그런데 관점을 바꿔보면, 해결할 대안만 찾는다면 이 문제는 어떤 기업이든 큰돈을 벌 수 있는 사업 기회가 된다. 우울증, 정신 건강, 수면, 명상과 마음 챙김, 디지털 치료제 등의 영역이 이런 문제를 해결하는 비즈니스라고 할 수 있다.

여러분은 저출산 문제를 해결하기 위해 정부가 지난 16년 동안 280조 이상의 어마어마한 예산을 쏟아부었다는 사실을 알고 있는가? 1년에 10조 이상 지출한 셈인데, 안타깝게도 이렇다 할 성과는 없어 보인다. 앞으로도 아이 낳기를 피하고 포기하는 청년들의 의식을 바꾸고 출산을 장려할 해법을 가진 사람은 큰돈을 벌 수 있을 거다. 그래서 사회 문제는 가장 큰 비즈니스 기회인 동시에, 그것을 해결해서 사회에 기여할 가장 멋진 자아실현의 길이다.

2015년 유엔도 인류가 해결해야 할 과제를 열일곱 개로 정리해서 SDG(Sustainable Development Goals, 지속가능발전목표)라는 목표를 제시했다. 빈곤 종식, 기아 해결, 건강과 복지, 양질의 교육, 지속 가능한 성장 에너지, 불평등 해소 등등. 그리고 그 열일곱 개 목표를 다시 세부 목표로 분류해서 전 세계가 함께 추진할 사업 과제로 선정했다. 이 과제들을 해결하려면 엄청난 액수의 자금이 필요한데, 어림잡아 2030

년까지 최소 6천조 이상 소요될 거라고
한다. 게다가 돈뿐 아니라 수많은 사람이
동참해서 함께 공감하고 과제를 해결해
가는 구조가 더 절실하다.

주변 사람이나 미디어를 통해 이런 사
회 문제들을 접할 때, '그 안에서' 무엇을
봐야 할까? 먼저는 우리가 살아가는 사
회에 실제 어떤 문제가 있는지, 자신에게
그 문제와 관련된 달란트가 있는지, 자신
의 장점과 지식과 경험으로 그 문제를 다
룰 수 있는지 살펴봐야 한다. 그리고 문

유엔이 정한 2030 SDGs 목표 icleikorea.org

제 해결을 위해 현장 한복판에 뛰어들 용기가 있는지도 돌아봐야 한다.
우리 시대와 사회에는 결핍과 고통을 겪는 당사자조차 인식하지 못하는 문제를 해결할
사람이 필요하다. 공동체와 사회도 모르는 잠재의식 속 문제나 훤히 드러난 문제를 현실적
으로 정확하게 파악하고 담대하게 풀어낼 사람을, 세상은 간절히 찾고 기다리고 있다.

문제를 기회로 바꾸는 열쇠: 정서적 공감

그래서 필요한 것이 공감 능력이다. 슬픈 이들과 함께 슬퍼하며 아픈 이들과 함께 아파할 수 있어야 한다. 주변을 둘러보라. 고통과 결핍으로 힘들어하는 사람이 있지 않은가? 미디어와 매체들을 살펴보라. 이런 생각이 드는 이슈나 기사는 없는가? '정말 심각한데…. 내가 이걸 해결할 수 있지 않을까?' '내버려 두면 안 될 것 같은데, 누군가는 해결해야 할 것 같은데 내가 한번 해볼까?'

이런 관점으로 삶의 자리와 공동체, 우리 사는 세상을 바라보는 것이 인사이트, 통찰이다.

다음 이슈 중에서 해결하고 싶거나 특별히 관심 가는 것은 무엇인가 체크해 보라.

Stupid Challengers Story
바보들이 세상을 바꾸는 이야기

인사이트가 'In'과 'Sight'가 결합한 단어이고, 그것을 얻으려면 '안'(내면)을 '사랑의 눈으로 들여다볼' 마음이 있어

□ 자살률　　　　　□ 이혼 증가　　　　□ 독주 소비 증가　　　□ 최저임금 세계 최저

□ 어린이 행복지수 낮음　□ 사교육비 지출　　□ 청소년 흡연율　　　□ 대장암 사망률 증가

□ 과학 흥미도 낮음　□ 남녀 임금 격차　　□ 당뇨 사망률　　　　□ 세 부담 증가 속도 빠른 국가

□ 산업재해 사망률　□ 결핵 환자 발생률　□ 출산율 세계 최하위　□ 저임금 노동자 비율

□ 청소년 행복지수 낮음　□ 15세 이상 술 소비 증가　□ 성인 흡연율　　　□ 심근경색 사망률

□ 중년 여성 사망률　□ 노인 빈곤　　　　□ 남성 간질환 사망률　□ 국가 부채 증가 속도

□ 가계 부채　　　　□ 결핵 환자 사망률　□ 근무 시간 많은 국가　□ 자동차 접촉 사고율

야 한다고 했다. "대충 보면 안 된다"라는 이야기다. 사랑하는 마음으로 사람들이 겪는 아픔과 눈물, 상처에 감정 이입하게 되면, 그것이 어떤 문제이든 해결하고 싶어지게 되어 있다. 감정 이입을 하면 남이 아니라 내 문제가 되기 때문이다. 그런 따뜻한 마음으로 어떻게 문제를 해결할지 고민하기 시작하면, 자연스럽게 해결책도 찾게 된다.

지금부터 그렇게 인사이트를 얻어 공동체와 사회의 문제를 해결한 사례를 살펴보려고 한다. 이것은 아무도 의식하지 않고 누구도 신경 쓰지 않는 문제를 '사서' 고민한 이들의 이야기이자, 고통과 불편의 현장에 뛰어들어 '사서' 고

생한 이들의 기록이다. 그들은 모두 미심쩍은 시선과 오해, '바보'라는 조롱과 손가락질에도 흔들리지 않고 실제로 문제를 해결했으며, 그것으로 주변과 사회를 밝히고 세상에 선한 영향을 미친 사람들이다.

호텔의 버려지는 비누로 생명을 살리다: 글로벌 솝 프로젝트(Global Soap Project)

1달러로 하루를 살아야 한다면, 여러분은 마음이 어떨 것 같은가? 테슬라 CEO 일론 머스크가 비슷한 프로젝트에 도전한 적이 있다. 하루 1달러로 30일 동안 생활하며 버텨 본

☐ 온실가스 배출 증가율	☐ 공교육비 민간 부담	☐ 학업 시간 세계 최고
☐ 식품 물가 증가율	☐ 노인 교통사고 비율	☐ 대학 교육 가계 부담
☐ 인도 교통사고율	☐ 공공 사회복지 지출 비용	☐ 고등교육 국가 지원 비율 낮음
☐ 고령화 지수	☐ 사회 안전망 세계 최하위	☐ 환경평가 낮음
☐ 양주 소비율	☐ 교통사고 사망율 세계 최고	☐ 낙태율
☐ 보행자 교통사고율	☐ 실업률 증가폭	
☐ 어린이 교통사고 사망률	☐ 정치적 비전 좋지 않음	

것이다. 매일 소시지와 과일 두 가지만 먹으며 한 달을 살았는데, 그는 이 경험이 생각보다 괜찮아서—사업하다 망해도 견딜 수 있겠다 싶어—창업을 했다고 한다. 정말 괴짜가 맞는 것 같다.

머스크의 경우에는 한 달만 하루 1달러로 살면 되지만, 만약 평생을 그렇게 살아야 한다면 어떨까? 우리 대부분은 그런 경험을 해본 적이 없을 것이다. 상상만 해볼 뿐, 현실이 어떨지는 모를 수밖에 없다. 하지만 가난한 저개발 국가에서는 1달러로 하루를 살아야 하는 사람들이 실제로 많이 있다.

1달러로 살 수 있는 것이 음식이나 옷, 비누 정도라면, 당신은 어떤 것을 고르겠는가? 아프리카 사람들은 어떤 선택을 했을까? 가난의 현장에 있는 그들은 대부분 음식을 선택했다. 당장 배가 고프니까. 어떻게든 굶주린 배를 채워야 하루 생명을 연장할 수 있으니까. 하지만 이들에게 음식을 사는 것은 옷과 비누를 포기하는 것과 같은 의미가 된다. 그렇게 청결과 위생을 포기하면서 그들은 바이러스라는 위험에 노출된다. 안타깝지만 다른 선택지가 없는 상황은 항상 문제를 일으키는 것 같다.

먹고 사는 것이 먼저여서 청결과 위생을 돌볼 여유가 없는 사람들은 병에 걸릴 위험에 노출된 채 살 수밖에 없다. 신체를 물로 씻고 의복을 세탁하는 최소한의 위생조차 여의치 않은 것이다. 왜 그럴까? 깨끗한 물을 구하기 어렵기 때문이다. 그래서 실제로 심각한 문제가 일어난다.

위생용품을 살 수 없어서 많은 사람—특히 아이들—이 질병에 쉽게 노출되며 그중 수백만 명이 매년 사망한다. 유니세프도 전 세계 인구의 40퍼센트인 약 30억 명이 집에 손 씻을 수단을 제대로 갖추지 못한 채 살아간다는 조사 결과를 발표한 바 있다. 최첨단 21세기를 살아가는 우리로서는 상상할 수 없는 일이 지구촌 곳곳에서 벌어지고 있다. yna.co.kr

숫자로만 이야기해서 감이 안 올지 모르니 이렇게 설명해 보겠다. 대전광역시 같은 큰 도시 세 곳하고도 절반 정도의 지역 인구가 해마다 사라진다는 말이다. 너무나 안타까운 현실에 가슴이 먹먹해지지 않는가? 수많은 아이가 속수무책으로 질병에 노출되고 너무나 빨리 사망에 이르고 있다. 누가 이 문제를 해결할 수 있을까?

앞에서 나눈 대로 SDGs(지속가능발전목표)를 추진하는 유엔까지 뛰어들었지만 끝내 해결하지 못했다. 그런데 평범한 한 남자가 우연한 기회에 해결의 실마리를 찾아냈다. 그가 바로 아프리카 우간다 출신의 미국 이민자 데릭 케욘고이다.

데릭은 이런 안타까운 상황을 누구보다 잘 알고 있었다. 어릴 적 우간다에서 동생들과 친구들, 후배들이 그렇게 죽어가는 걸 봤기 때문이다. 그런데 가족과 함께 미국으로 이민 온 데릭은 처음 묵은 호텔에서 놀라운 장면을 목격하게 된다. 아직 다 쓰지 않은 비누들을 그냥 버리는 것이 아닌가! 투숙객이 계속 바뀌는 호텔의 특성상 한 번밖에 쓰지 않은 비누도 새것으로 교체해야 하고, 그 때문에 매일 엄청난 양의 비누를 폐기하고 있었다. 나중에 보니 전 세계의 많은 호텔이 같은 상황이었다.

고향 우간다를 비롯한 아프리카 여러 나라에서는 비누가 없어서 씻지 못하다가 바이러스에 감염되어 목숨을 잃고 있는데, 소위 잘 산다는 나라들의 호텔에서 멀쩡한 비누를 매일 버린다고 하니 기가 막혔다. 이 사실을 알고 그는 무슨 생각을 하고 어떤 기분을 느꼈을까? '

'와! 저 비누들을 막 버리고 있네. 우리나라에서는 돈 주고도 못 사고 돈 있어도 못 사는 귀한 건데…. 저 비누만 있으면 우리나라 아이들이 깨끗이 씻고 청결을 유지해서 건강하게 살 텐데….'

데릭은 분노하거나 비판하는 대신 비누 문제를 놓고 고민하기 시작했고, 그러다가 멋진 아이디어를 떠올렸다. 그는 먼저 애틀랜타의 모든 호텔에서 매일 폐기하는 비누 양을 조사한 다음, 각 호텔에 이렇게 요청했다.

"폐기하는 비누를 기부해 주시면 제가 수거해서 아프리카에 보내겠습니다."

어차피 버려야 하는 비누를 가져가서 좋은 일을 하겠다는데 누가 거절하겠는가? 많은 호텔이 그의 제안을 받아들였고, 데릭은 수거한 비누로 인체에 무해한 재활용 비누를 만드는 데 성공한다. 그는 지경을 넓혀 전 세계의 유명 호텔들에 제휴를 요청했다.

"비누를 폐기할 때 돈과 인력과 시간이 들어가지 않습니까? 그 비누들을 제게 주시면, 비누 살 돈이 없어서 깨끗하게 씻지 못하는 전 세계 아이들에게 여러분의 이름으로 기증하겠습니다. 가난해서 위생 대신 음식을 선택할 수밖에 없는 아이들을 살리는 귀한 일에 함께해주십시오."

진정성 있는 데릭의 메시지는 많은 호텔 관계자들의 마음을 움직였고, 덕분에 30곳 이상의 국가에 재가공 비누를 공급하게 되었다. 이 이야기는 전 세계에 알려졌고, 그가 기증하는 비누는 '생명을 살리는 비누'로 불리게 되었다(우리나라 공영 방송에서 소개할 만큼 널리 알려져서 정말 다행이고 감사하다).

무엇보다 중요한 건, 그의 '글로벌 숍'Global Soap프로젝트를 통해 위생 문제로 병에 걸려 목숨까지 잃는 아이들이 점점 줄어들고 있다는 사실이다. 비누 낭비를 줄여서 환경 보호까지 할 수 있었던 건 덤이다. 그렇게 데릭은 개발도상국 아이들을 질병에서 지켜내는 멋진 일을 해냈다.

위생 문제로 전 세계의 많은 아이가 목숨을 잃는다는 사실을 아는 사람은 많을 것이다. 호텔에서 매일 비누를 버린다는 사실을 아는 사람도 많을 거라고 본다. 하지만 대부분 신경 쓰지 않고 그냥 지나쳤다(나 역시 그랬다). 하지만 데릭은 우간다와 아프리카의 상황을 누구보다 잘 알고 마음 아파하고 있었다. 그는 기꺼이 자신이 경험한 안타까운 현실 한가운데로 뛰어들었고, 고통받는 이들을 실제로 돕기 위해 비즈니스를 일으켰다. 머리로 현실을 파악하고 가슴으로 함께 아파하며, 손과 발을 빠르게 움직여 문제 해결을 위한 다양한 솔루션을 찾아낸 것이다. 정말 제대로 한 인사이트 공부, 사랑의 눈으로 문제를 바라보고 해결책을 찾기 위해 직접 뛰어드는 실행을 전제로 한 공부의 결과다.

하라고 시키거나 하지 않는다고 비난하는 사람도 없었지만, 마음 가는 대로 진정성을 담아 도전한 데릭 케욘고. 이 시대에 꼭 필요한 기업가 정신의 롤 모델이 아닌가 싶다.

가난을 극복하는 소망을 심다:
크라우드펀딩 키바(kiva.org)

더 나은 세상을 위해 뛰어든 두 번째 바보의 이야기도 아프리카가 배경이다. 아프리카에는 가난이 또 다른 가난을 낳아 빈곤의 악순환이 지속되어 자립하지 못하는 이들이 참으로 많다. 많은 나라가 돕고 있지만, 아직도 가난의 고통에서 벗어나지 못하고 있는 땅이 아프리카이다. 그곳의 빈곤 문제를 해결하기 위해 제시카라는 한 평범한 여성이 어떻게 했는지 살펴보기로 하자.

제시카가 아프리카의 빈곤 문제에 관심 두게 된 것은 자원봉사로 참여한 교회 선교 여행에서였다고 한다. 1년, 2년, 3년…. 계속해서 지켜봤지만, 현지인들의 삶이 조금도 나아지지 않는 것을 보고 그녀는 의구심을 갖기 시작했다.

'왜 이들은 늘 가난 때문에 고통받고 살아야 할까?'
미국 스탠퍼드 대학원의 연구원이었던 제시카는 방글라데시 빈곤퇴치의 선구자 무함마드 유누스를 만나게 된다. 무함마드 유누스는 빈민들에게 무담보 소액 대출 운동을 하며 그라민 은행을 설립해서 빈곤퇴치에 앞장선 공로로 2006년 노벨 평화상을 받은 경제학자이자 사회운동가이다. 그라민 은행이 어떻게 방글라데시의 빈곤을 퇴치했는지 깊이 연구한 제시카는, 아프리카에서도 같은 일을 시도하려고 아프리카 사람들을 인터뷰하기 시작했다. 그 과정에서 그들을 지원할 새로운 방법을 찾게 되었는데, 그것이 바로 '대출'이었다.

어느 날, 인터뷰를 마친 현지인 사무엘이 제시카에게 이런 부탁을 했다.

"저는 염소 키우는 사업을 정말 잘할 수 있어요. 하지만 사업을 하려면 '종잣돈'Seed Money이 필요한데, 저는 신용 등급이 낮고 은행 계좌도 없어요. 실제로 제가 무언가를 해낼 수 있다는 걸 증명할 기회 자체가 없습니다. 제시카, 혹시 저를 도와주실 수 없나요? 조금이라도 창업 자금을 빌려주시면 제가 이 일을 잘할 수 있다는 걸 꼭 증명해 보일게요."

사무엘을 비롯해 창업 욕구가 가득한 아프리카 사람들을 만나면서 제시카는 그들에게 돈을 빌려주어 사업에 도전할 기회를 주기로 마음먹는다. 하지만 그들이 사업으로 이윤을 남겨 빌린 돈을 갚고 경제적으로 자립할 거라고 기대한 건 아닌 것 같다. 그저 후원하는 마음으로 자금을 빌려준 것이었다.

그런데 얼마 후 놀라운 일이 벌어졌다. 사무엘의 염소 사업이 번창하기 시작한 것이다. 덕분에 사무엘 가족은 굶지 않게 되었고, 더 많은 직원까지 고용할 수 있었다. 물론 제시카에게 빌린 돈도 갚았다! 이 경험으로 제시카는 생활비 대신 창업 자금을 지원해서 자립을 돕는 것이 훨씬 낫다는 사실을 깨달았다. 그녀는 경제적으로 자립하고 싶다는 열정과 의지가 있는 이들에게 약간의—아프리카에서 사업하는 데는 큰돈이 필요하지 않다고 한다—창업 자금을 지원할 방법을 찾기 시작했다.

제시카는 창업을 꿈꾸는 사람들을 만나 그들의 사업 목표와 아이템, 계획 등을 자신이 만든 웹사이트에 올려 전 세계에 소개했다. 스토리펀딩을 한 것이다. 관심 있는 사람들이 하나둘 모이면서 사이트는 경제 자립을 원하는 이들이 자신의 꿈과 열정을 세상에 널리 알리는 플랫폼으로 성장한다. 이것이 바로 스토리펀딩의 시초라 할 수 있는 '키바'이다.

나도 여러 단체를 후원하고 있지만, 가끔 내 후원금이 잘 쓰이고 있는지 궁금할 때가 있다. 그런데 제시카의 플랫폼은 기부나 후원이 아니라 사업 초기 투자금을 '대출'과 연결하는 색다른 형태이다. 개발도상국의 창업희망자가 "25달러를 빌려주시면 이러이러한 사업을 시작할 수 있습니다"라고 자기 이야기를 사이트에 올리면, 그 내용을 보고 '이 사람, 사업 잘할 것 같다. 아이템 괜찮네' 싶은 누군가가 25달러를 대출 형식으로 투자하는 것이다.

대출한 사람은 그 돈을 밑천으로 사업을 시작하고, 수익이 생기면 빌린 돈을 갚는다. 이때 자금을 빌려준 사람들은

"당신이 빌려준 25달러가 반환되었습니다"라는 알림과 함께 다음과 같은 메시지를 받게 된다.

"이 돈으로 다시 대출해 주시겠습니까, 아니면 후원 하시겠습니까?"

'그래, 이 사람에게 한 번 더 투자해 볼까?'

이 과정을 여러 번 경험한 사람들은 키바 플랫폼 자체를 신뢰하게 된다. '이곳은 투명하게 일하는구나!'

'자립을 원하는 가난한 이들과 연결해서 실제적인 도움을 주는 훌륭한 단체였네.'

이렇게 신뢰를 쌓다 보면 돈을 빌려주던 사람들이 후원자로 나서게 된다(25달러가 그리 부담스럽지 않은 액수라는 이유도 있겠지만).

키바를 설립한 제시카 재클리
flitto.com

아프리카인들을 대상으로 시작한 키바는, 2022년 기준 전 세계 80개국 사람들에게 무이자로 사업 자금을 빌려주고 있다. (나처럼) 키바를 통해 돈을 빌려준 사람은 450만 명, 돈을 빌린 사람은 210만 명을 넘어섰다. 여기에 모인 자금이 18억 4천만 달러이고 대출 상환율은 96.3퍼센트라고 한다. 굉장히 높은 상환율이다. 떼먹고 달아나는 사람보다 제때 갚는 사람이 훨씬 많다고 한다. 절실할 때 자신을 도와준 키바와 투자자들에게 진심으로 고마워하고 감사하기 때문 아닐까? 제시카는 정말 대단한 일을 해냈다.

크라우드펀딩 플랫폼이기 때문에 키바에는 당연히 목표 금액이 있고, 액수가 채워지면 사업희망자에게 투자금을 지원하고 있다. 투자와 대출 과정 어디에도 수수료가 없어서 누구나 부담 없이 참여할 수 있다. 이렇게 긍정적 결과를 얻는 사례가 늘어나면서 키바는 '자립을 위한—후원이 아니라—투자와 대출' 관점에서, 비즈니스를 키워 더 많은 일자리를 창출하는 '기업가 양성 플랫폼', 사회적 약자의 경제 자립을 돕는 플랫폼으로 성장하고 있다.

소액대출로 210만 명이 사업가가 되어 일자리를 창출하고 많은 사람의 생계를 도왔다는 것 자체가 놀라운 일이다. 누구도 해내지 못했던 일을 키바가 해낸 것이다.

대출 형식이기는 하지만, 키바 비즈니스의 핵심은 타인의 아픔과 눈물과 상처, 어려움에 공감하는 투자자들의 마음을 창업희망자들의 이야기와 연결한 것에 있다. 이런 이야기를 접한 사람은 '그래도 세상은 아직 따뜻하고 살 만한 곳이구나'라고 생각한다. 제시카의 바보 같은 도전이 없었다면, 많은 사람이 여전히 가난에 허덕이며 살고 있었을 것이다.

키바 같은 기업이 계속해서 늘어나면 좋겠다. 그래야 자신의 장점과 재능으로 세상의 수많은 문제를 해결하기 위해 나설 '스투피드 챌린저'Stupid Challenger가 많아질 테니 말이다. 청년자기다움학교에서 키우고자 하는 인재도 이런 '바보 도전자'들이다. 행복하고 건강한 사회를 만들기 위해 자신의 재능과 노력과 돈을 아끼지 않고 기꺼이 던질 바보들이 많아지길 간절히 기도한다.

데릭 케욘고와 제시카 클레이의 공통점은, 타인의 문제를 자신의 것으로 끌어안은 것과 문제 해결을 위해 공부하며 해결책을 찾아 손발을 움직인 것이다. 사랑하는 마음의 눈으로 문제를 바라보고 본질을 통찰했으며, 남과 다른 자기만의 방식으로 그것을 해결해 나간 것이다. 이런 공감과 사랑에 기초한 통찰을 가진 인재를 양성하는 것이야말로 교육 기관들이 진정으로 해야 할 역할이 아닐까.

세상을 바꾸는 바보가 되어 보는 것은 어때?

나는 언론에서 보도하는 세상의 수많은 문제를 접할 때마다 화가 난다. 분노하기도 하고, 삿대질과 심한 욕을 할 때도 종종 있다. 20대 시절에도 그랬던 것 같다. 비판하고 비난하는 데 능수능란했다. 그러나 대안을 제시하거나 솔루션을 만들 생각은 전혀 해보지 않았다. 감사하게도 지금은 다른 누군가를 향한 손가락질을 조금씩 자신에게 돌리며 '내가 한번 해볼까?'라고 자문할 수 있게 되었다(나이를 먹고 철든 것인지도 모르겠다). 남과 외부를 향하는 손가락은 항상 자신에게 돌려야 한다.

매일 온·오프라인 미디어에서 수많은 문제가 쏟아져 나온다. 제한된 시간에 다양한 내용을 두루 다루느라 압축해서 간단히 소개하지만, 그 안에서 사회와 세상에 무슨 일이 벌어지고 있는지 살펴볼 수 있다.

이제는 그런 기사들에 혀만 차거나 한숨만 쉬지 말고, 공감하거나 관심 있는 내용이 있을 때 "내가 이 문제를 해결할 수 있을까?"라고 자문해보면 어떨까? 여러분이라면 그 문제를 어떻게 해결할지 고민해보라는 것이다. 그리고 이를 해결하기 위해 도전하고 시도하는 사람이나 기업이 있는지 탐색해 보기 바란다. 누군가는 아무도 하려 하지 않는 일을 위해 애쓰고 수고하며 자신의 영혼을 갈아 넣고 있을지 모른다. 이런 사람들 덕분에 우리 세상이 조금 더 나아지고 살 맛 나게 되는 것 아닐까?

이제는 구체적인 도구를 활용해서 인사이트를 갖추고 훈련하는 법을 설명하려고 한다. 그것은 공감과 통찰에 필요한 기업가 정신Entrepreneurship과 아홉 가지 질문, 그리고 페인 포인트(Pain Point, 불만이나 애로사항, 고충) 분석이다.

이 시대 우리 모두에게 필요한 기업가 정신

'기업가 정신'이라는 말을 들어본 적 있을 것이다. 기업가 정신은 요즘 기업들이 매우 강조하는 것 중 하나이다. 그에 관한 다양한 정의와 설명이 있지만, 나는 기업가 정신을 다음 세 가지로 요약해서 설명하고 싶다.

- 문제를 올바로 정의하는 것 Problem Define
- 올바른 문제 정의로 비즈니스 기회를 발견하는 것
  Opportunity Finding
- 문제에서 발견한 기회로부터 지속 가능한 해결책을 끌어내
  는 것 Profitable Solution

나는 이 세 가지를 기업가 정신의 핵심이라고 생각한다. 바꿔 말하면 문제의 본질을 파악하여 그로부터 비즈니스 기회를 발견하고, 그 기회를 지속 가능한—계속해서 수익을 창출하는—솔루션으로 만들어 실행하는 것이 기업가 정신이라는 의미이다. 특히 '지속 가능한' 또는 '계속해서 수익을 창출하는'이라는 표현은 매우 중요하다. 사회와 세상의 문제를 해결하는데 많은 사람이 계속해서 참여하려면, 그것을 통해 수익을 창출해야 하기 때문이다.

앞에서 소개한 데릭 케욘고와 제시카 클레이도 기업가 정신으로 충만한 사람들이다. 문제의 본질을 분명하게 정의했고, 그 문제를 가진 사람들이 지구상에 얼마나 많은지 찾아내 확인했고, 지속 가능한 솔루션이 되도록 수익 창출 기반의 해결책을 내놓았다.

알고 있는 기업가나 기업이 있다면, 내가 소개한 세 가지 기업가 정신 프레임에 맞춰 분석해보라. 그 혹은 그들은 세상의 어떤 것을 문제로 인식했고, 그 원인을 무엇으로 규정했는가? 그 문제를 해결하고자 기꺼이 비용을 부담하려는 사람들이 얼마나 되는지 어떻게 추정했고, 수익 창출을 위한 비즈니스 모델을 어떻게 만들었는가? 이 프레임으로 분석하면 그 기업가와 기업이 조금 달라 보일 것이다. 세 가지 기업가 정신 프레임은 인사이트를 도출하는 데 유용하며, 내면에 기업가 정신을 함양하는 것은 주어진 달란트와 가치관을 실행하고 정립하는 데 도움을 준다.

관심 있는 기업과 주요 테마가 있다면, 오른쪽과 같이 정리해보라.

인사이트에서 지속 가능한 솔루션으로 나아가는 아홉 가지 질문

공감과 사랑에 기초한 통찰을 다룬 이번 장은 경영학 서

세 가지 기업가 정신 프레임

Problem Define 문제를 정의하라. 이상과 현실의 갭(Gap)을 감안하라.	그들은 세상의 어떤 문제를 해결하려고 도전했는가? 그 문제를 고객 관점에서 정리해보라. 어떤 고객, 어떤 사람들이 어떤 아픔과 불편을 겪고 있었고, 왜 그 상황(문제)을 해결하려고 도전했다고 생각하는가?
Opportunity Finding 비즈니스 기회를 찾아보라. 시장 크기를 추정하라.	문제의 크기가 시장의 크기이다. 이런 문제를 가진 사람이 얼마나 많을지 생각해보라. 앞에서 배운 TAM, SAM, SOM을 적용해보라.
Profitable Solutions 지속 가능한 수익 창출 솔루션, 비즈니스 모델을 설계하라.	남과 다른, 이전에 없었거나 더 탁월한 솔루션이어야 고객들이 선택한다. 그들의 솔루션은 지속 가능한, 즉 수익 창출 가능한 것이었는지 작성해보라.
혁신을 위한 과감하고 도전적인 아이디어를 제시하라.	당신 또는 당신의 공동체, 조직이 지속 성장하고 과감하고 도전적인 곳으로 변화하려면 어떻게 해야 할지 아이디어를 정리해보라.

적 느낌으로 읽게 될지도 모르겠다. 통찰 자체가 문제를 바라보며 해결책을 고민하는 것이기 때문이다. 통찰을 얻고 싶다면, 세상의 다양한 문제를 해결한 사업가들의 관점을 배워야 한다. 특히 기업가 정신을 가진 이들이 어떻게 문제에 접근하고 해결했는지 꼭 탐색해보라.

무언가를 새로 시작할 때마다 투자자들이 창업자에게 던지는 아홉 가지 질문이 있다. 흥미롭게도 이 질문들은 세 가지 기업가 정신 프레임과 맥을 같이 한다.

1. 당신이 해결하고 싶은 문제는 무엇인가? What is the Problem You are Solving?

2. 당신은 그 문제를 어떻게 해결할 것인가? What is Your Solution?

3. 왜 지금 해야 하는가? Why Now?

4. 당신의 솔루션을 판매할 시장 규모가 어느 정도라고 생각하는가? What is the Market Size for Your Product?

5. 당신의 경쟁자는 누구(무엇)인가? What is your Competitors?

6. 당신의 아이디어를 어떻게 입증할 것인가? How have You Tested Your Idea?

7. 당신과 함께하는 사람은 누구인가? Who is on Your Team?

8. 당신의 비즈니스 모델(혹은 수익 모델)은 무엇인가? What is Your Business Model(or Profit Model)?

9. 당신에게 지금 필요한 것은 무엇인가? What do You Need?

아무리 참신한 제품과 서비스라도, 아무리 혁신적인 가치와 활동이어도 그것을 세상에 내놓으려면 지속 가능한 수익 모델과 연계해야 한다. 소셜 벤처의 미래가 지속 가능한 세상을 만들기 위해 지속 가능한 수익 모델을 설계하는 것에 달려있다는 뜻이다. 그래야 사람들의 공감도 얻고 투자도 받을 수 있다. 이 질문들은 그런 작업을 할 때 유용하다. 또한 일상에서 얻은 인사이트를 지속 가능한 수익 모델로 발전시키고 싶을 때도, 이 질문들의 답을 찾으며 고민해보기 바란다.

1. 당신이 해결하고 싶은 문제는 무엇인가?
_페인 포인트(Pain Point)

인사이트, 즉 통찰을 키우려면 문제를 다양한 관점에서 바라보는 훈련이 필요하다. 누가 어떤 문제를 안고 있는가? 그들이 고통받고 힘들어하며 불편을 겪고 있는 것의 본질은 무엇인가? 해결하고 싶은 문제와 불편함은 무엇이고, 그로 인해 생겨나는 아픔과 눈물과 상처는 무엇인가?

이 질문의 답을 찾아내는 것이 통찰의 핵심이며 비즈니스에서 가장 중요한 부분이다. 문제가 무엇인지 정확하게 정의하지 않으면, 명확한 솔루션과 가치 제안을 마련하거나 새로운 비즈니스 모델을 만드는 데 한계가 있다.

2. 당신은 그 문제를 어떻게 해결할 것인가?
_가치 제안(Value Proposition)

문제 해결 방법은 다양하다. 중요한 것은 남과 다르게 해야 한다는 것이다. 기존 솔루션이나 과거의 해결책과 전혀 다르면서 혁신적이어야 한다. 내가 제시한 가치를 고객들이 공감하고 좋아하며 비용을 낼 만한 솔루션이어야 지속 가능할 것이다. 누구도 모방할 수 없는 기술을 확보하는 것도 그중 한 가지 방법이다. 가장 중요한 것은 시장과 고객 중심의 솔루션이어야 그들에게 선택받고 도전을 지속할 수 있다는 것이다.

3. 왜 지금이어야 하나?

'비즈니스는 타이밍 싸움'이라는 말을 많이 한다. 대기업들은 기술을 선제적으로 개발해서 제품을 완성한 뒤에 출시 시기를 조율한다. 그들은 '어떤 시점에 제품을 내놓고 솔루션을 공개해야 고객들이 지갑을 열 것인가?'에 관한 시장조사를 면밀하게 한 뒤에 의사결정을 한다. 최적의 타이밍을 찾는 것이다.

인생에서도 타이밍은 참 중요한 것 같다. "다 때가 있다"라는 말은 "너무 앞서가도, 너무 뒤처져도 안 된다"라는 소리다. 자기다움 공부를 시작하고 새로운 도전을 하는 것도 다 자기만의 최적의 시기가 있다고 본다. 나를 찾아가는 공부 시기를 놓치지 않기를 바란다.

4. 당신의 솔루션을 판매할 시장 규모가
_어느 정도라고 생각하는가?

여러분의 제품과 솔루션이 판매될 시장 규모는 어느 정도일 것 같은가? 혹시 미처 확인하지 못한 더 큰 시장이 있지는 않은가? 1차 목표인 시장 규모는 어느 정도인가? 2차 목표 시장과 3차 목표 시장의 규모는? 내수용 비즈니스인가, 수출도 가능한 솔루션인가? 이에 관한 명확한 답, 곧 전체 시장 규모를 파악하고 있어야 한다.

기업가 정신에서 언급했듯이, 시장 규모는 아픔과 고통을 가진 사람들의 총합이다. 많은 사람이 불편과 불안과 어려움을 호소하고 있다면, 그들이 누구인지, 비용을 내더라도 기꺼이 문제를 해결하고 싶어 하는지, 그런 사람들이 몇 명이나 되는지 살펴봐야 한다.

5. 당신의 경쟁자는 누구(무엇)인가?

문제를 정확하게 정의하고 참신한 솔루션을 만들고, 적합한 시장도 찾았다면, 주목할 경쟁자나 대체재, 보완재가

있는지 살펴야 한다. 기술 개발에 전념하는 엔지니어들은, 항상 자신의 기술과 솔루션이 세계 최고라는 자부심으로 행동한다. 오랜 시간 연구하고 노력해서 이룬 업적과 성과는 당연히 자랑스러워해야겠지만, 세상에는 우리가 모르는 천재들과 똘끼 충만한 개척자들이 많다는 사실 또한 명심해야 한다.

진입하려는 시장에서 가장 강력한 경쟁자는 누구인가? 이미 대기업이 꽉 잡고 있는 시장은 아닌가? 그들과 경쟁해서 이길 전략과 기술은 확보하고 있는가? 이런 질문들에 답할 준비가 되어 있어야 한다. 대기업이 선점한 시장이 아니라면, 시장에 이미 진입한 다른 스타트업이나 중견, 중소기업은 없는지 살피고 또 살펴야 한다. 기술 개발까지 마치고 출시를 앞두고 있는데 이미 시장을 독점한 경쟁자가 있다는 사실을 뒤늦게 발견하는 시행착오를 줄여야 한다는 것이다.

6. 당신의 아이디어를 어떻게 입증할 것인가?:
_개념 검증(Proof of Concept, PoC)

여러분이 가진 아이디어가 효과 있다는 것을 어떻게 시장에 증명할지 묻는 것이다. 당신은 자신의 아이디어가 가

치 있고 실현 가능하며 효과적이라는 것을 검증할 방법을 갖고 있는가? 그에 관해 구체적이고 명확한 검증 결과와 레퍼런스를 제시할 수 있는가? 그 콘셉트를 모의 실행하거나 시운전(파일럿 테스트, Pilot Test)해보았는가? 했다면, 언제 어디서 누구와 어떻게 했으며 결과는 어떠했는가?

7. 당신과 함께하는 사람은 누구인가?

"교수님, 유엔의 SDGs를 접하면서 세상의 다양한 문제에 도전해보고 싶어졌습니다. 하지만 막상 혼자 하려고 하니 무섭고 떨리네요. 혹시 제 문제 해결 프로젝트에 자문 교수로 함께해주실 수 있을까요?" 어느 날 찾아온 제자가 내게 소중한 초대장을 내밀었다.

기업가 정신으로 무장한 여러분이 힘과 재능과 지혜를 모아 사회 문제를 해결하기 위해 무언가를 시작하려 한다고 가정해보자. 그렇다면 분명 여러분 곁에 누군가가 있어야 한다. 혼자서 아이디어를 실행하고 원하는 바를 이루는 것이 거의 불가능하기 때문이다. 여러분은 누구와 함께 그 일을 도모하려고 하는가?

인기 일본 만화 《원피스》에서 주인공 루피는 세계 최고의 해적왕이 되겠다는 꿈을 품고 바다로 나선다. 하지만 그런 그가 가장 먼저 한 일은, 해적왕의 꿈을 함께 이룰 동료를 구하는 것이었다. 유비가 삼국 통일을 이루기 위해 맨 먼저 한 일도 관우와 장비, 제갈량처럼 함께할 동료를 확보하는 것이었음을 기억하자.

새롭고 의미 있는 도전을 시작하고 싶다면, 함께할 '좌청룡', '우백호'가 있어야 한다. 이것을 심리학에서는 '3의 법칙'이라고 한다. 스탠퍼드대 심리학 교수인 필립 짐바르도에 따르면, 최소 세 명이 모여야 집단 개념이 생기고, 여기에서 집단행동이 나타나 사회적 규범이나 법칙으로 형성된다고 한다. 즉, 앞으로 다가올 험난한 파도와 장벽을 넘어서는 비결이, 꺾이지 않는 마음을 가진 동료를 세 명 이상 확보하는 것이라는 이야기가 된다. 프랑스 소설가 뒤마의 명작 《삼총사》의 주인공 달타냥에게도 아토스와 아라미스, 포르토스라는 세 명의 동료가 있지 않은가!

삼국 통일을 도모하든, 나라를 세우든, 창업을 하든, 새로운 시도를 할 때는 함께 비전을 명확하게 다듬으며 도전과 성취의 여정에 곁을 지켜줄 '선교사' 같은 사람들이 있어야 한다(비가 오나 바람이 부나 자신에게 주어진 일을 묵묵하게 해내는 대표적인 직업(?)이 선교사여서 그렇다). 여러분의 도전에 동력이 되어 줄 최적의 팀을 구성하라. 뜻과 마음을 같이하는 이들과 정기적으로 만나 함께 아이디어를 도출하고 다듬고 솔루션을 디자인할 때 놀라운 시너지를 경험하게 될 거라 확신한다.

8. 당신의 비즈니스 모델(혹은 수익 모델)은 무엇인가?

스윗스팟이나 기업가 정신을 소개할 때 강조한 것처럼, 지속 가능하기 위해서는 반드시 수익 모델을 만들어야 한다. 계속해서 이익을 창출할 방식과 계획을 준비해야 한다는 것이다. 비즈니스 모델에는 일회성 판매로 끝나는 단순 모델이나 일정 기간 진행되는 구독 모델, 주된 사업은 무료로 하면서 별도 비즈니스를 만들어 수익을 내는 모델 등 다양한 유형이 존재한다. 이 부분은 특히 시간을 들여 신중하게 설계해야 한다.

기존 기업들이나 혁신적 스타트업들의 수익 모델을 벤치마킹하는 것도 좋은 방법이다. 그들이 어떻게 돈을 벌고 있는지 살펴보라. 자기 회사가 어떻게 얼마나 수익을 내고 있는지 모르는 채 근무하는 직장인도 많다. 조금만 관심 두고 들여다보면 돈의 흐름이 어디서 어디로 흐르는지 확인할 수 있을 것이다.

9. 지금 당신에게 필요한 것은 무엇인가?: _자금(Funding), 전략적 제휴(Strategic Relationship)

비즈니스 모델까지 준비했다면, 지금 여러분 아이디어를 실행하기 위해 무엇이 필요한가? 자금인가? 투자인가? 전략적 제안인가? 함께할 사람인가? 아니면 네트워크 확장에 도움을 줄 인맥인가?

인사이트는 머릿속 생각에 머물지 않고 실제 문제와 맞닥뜨리는 것이다. 도전하고 싶고 해결하고 싶은 문제가 생겼다면, 실행할 용기도 필요할 것이다. 이것을 체계적으로 진행하려면, 누구나 도전할 수 있도록 지원해 줄 시스템이 사회 전반에 필요하다. 그나마 대한민국은 창업 생태계가 다른 나라 못지않게 잘 갖춰져 있다. 여러분도 도전하고 싶은 아이디어를 머릿속에만 가둬 놓지 말고, 사람들과 팀을 이뤄 이 아홉 가지 질문에 차근차근 답해보라. 인생이 변화될 모멘텀을 만날 수 있지 않을까?

이해 관계자들의 페인 포인트 분석하기
(Pain Points Analysis)

공감과 사랑에 기초한 통찰이 지속성을 가지려면, 더 분석적이어야 하며 사람에 관한 이해와 문제 해결의 기초를 더 탄탄히 해야 한다. 인사이트는 내면을 들여다봐야 얻을 수 있지만, 사람의 내면은 대충해서는 결코 볼 수 없다. 사랑하는 마음의 눈으로 타인의 아픔과 눈물과 상처를 자기 것처럼 느껴야, 그 아픔이 내게 전달되어 나를 움직이는 동기가 된다.

'페인 포인트 분석'은 타인의 아픔과 눈물과 상처에 공감하고, 그들이 겪는 불편과 결핍과 욕구를 해결할 방법을 찾을 때 유용한 도구이다. '불편, 아픔, 눈물, 상처, 결핍, 욕구

불만' 같은 문제들의 총합인 페인 포인트를 분석할 때는, 이해 관계자를 집단으로 묶는 것이 중요하다. '디자인 씽킹'이라는 방법론에서 자주 쓰는 도구이기도 한 페인 포인트 분석을 어떻게 활용해야 하는지 예를 들어 설명하겠다.

입대한 병사와 그의 부모, 국방부의 페인 포인트

첫 번째 사례의 테마는 '군대'이다. 군대와 연결된 이해 관계자들의 페인 포인트를 분석해보자. 여기에는 어떤 사람들이 해당할까? 입대한 병사와 그의 부모, 그들을 훈련하고 관리해야 하는 국방부가 대표적인 이해 관계자일 것이다. 병사의 페인 포인트를 적어보라고 하면 군필자들은 금세 끝낸다. 직접 경험도 하고 당해보기도 했기 때문이다. 군대에서 병사들은 어떤 아픔을 겪을까? 금쪽같은 아들을 군대에 보내 놓고 부모님이 겪는 아픔에는 어떤 것이 있을까? 마지막으로 국방부는?

병사의 페인 포인트	부모의 페인 포인트	국방부의 페인 포인트
안전 소통단절 적은 급여 자기계발 단절 정신적·물리적 폭력 시간적 기회 비용 연인과의 이별	안전 사고에 대한 보상 자녀의 진로 그리움 (집에 올 때마다) 잦은 용돈 요구	안전 소통 부모의 민원 관심 병사 관리 보완 신임 부사관과의 관계 예비군 관리
꼭 해결해야 하는 핵심 페인 포인트	안전 소통 민원	
새롭고 기발하며 차별화된 솔루션은?		더 캠프 앱 훈련 우수자 포상(전자 선물) 저가 휴대폰 보급 VR로 예비군 훈련 대체 G 패드로 콘텐츠 제공 MOOC와 협업 크몽-원격 멘토링 건강보험-사고 보상

병사와 부모, 국방부의 페인 포인트 분석 사례

세 집단의 페인 포인트를 비교해 보면, '안전'과 '소통'이라는 공통점이 있음을 알 수 있다. 이 두 가지가 요즘 군 생활에서 가장 중요한 이슈라는 의미이기도 하다. 그런데 국방부는 안전과 소통 외에도—이 두 가지와 관련된—또 하나의 심각한 페인 포인트를 갖고 있었다. 바로 모든 공무원이 힘들고 어려워하는—어쩌면 안전과 소통 자체보다 힘든—병사와 부모들의 '민원'이었다. 특히 남북 관계가 냉각되고 북한의 무력 도발이 잦아질 때마다, 밤낮으로 아들의 안전을 걱정하는 부모들이 시도 때도 없이 민원을 넣는다고 한다.

이 문제를 어떻게든 해결하려고 국방부에서 개발한 것이 바로 '더 캠프'라는 어플리케이션이다. 이 앱으로 부모는 병사와의 소통은 물론, 훈련 상황과 전역일, 진급 시기, 휴가 일정과 내무반 생활 같은 사소한 일까지 모두 확인할 수 있다. 실제로 그 후에 병사와 부모들의 민원이 눈에 띄게 줄었다고 한다. 누구의 아이디어인지 모르지만, 이해 관계자들의 페인 포인트를 잘 파악하고 제시한 솔루션이었다(지속 가능성을 담보하기 위한 수익 모델은 아니지만).

'더 캠프 앱' 어플리케이션을 통한 소통 확대 및 민원 감소

자영업자와 가맹 본사, 고객의 페인 포인트

페인 포인트 해결에 어플리케이션을 활용한 또 하나의 사례를 통해, 어떻게 솔루션을 구상해야 하는지 살펴보자. 여기에서는 프랜차이즈 본사와 자영업자(가맹점주 또는 개인 가게 사장), 매장을 이용하는 고객이 이해 관계자이다. 세 집

단을 위한 솔루션을 개발하려면, 먼저 가장 큰 페인 포인트를 가진 이들을 찾아야 한다. 여러분은 세 집단 중 누가 가장 힘들다고 생각하는가? 다들 어렵겠지만, 이를 명확하게 하기 위해 각 주체의 문제를 꼼꼼히 파악해보자.

자영업자의 페인 포인트	프랜차이즈 본사의 페인 포인트	고객의 페인 포인트
매출 답보 상태, 성장 정체 마케팅/홍보 전략 부재 **경영 지식 부족** 최저임금 인상으로 인건비 증가 주말이 없음/쉴 수 없음 자녀를 제대로 교육할 시간 없음 가맹본사의 갑질 고객 응대 역량 부족 아르바이트생의 잦은 사직 점점 치열해지는 경쟁 배달비 인상 신제품과 히트 상품 개발 역량 부재 지쳐버린 몸과 마음	잘 늘어나지 않는 가맹점 매출 증가/수익 창출 가맹점주 관리의 어려움 마케팅/홍보 비용 상승 **신제품 개발의 어려움** 잦은 사고 발생 고객 컴플레인 오너들의 별짓 신규 비즈니스 창출의 어려움 직원 역량 개발 비용 증가 경쟁사의 재빠른 추격 **자금 부족** 브랜딩의 어려움. 배달 회사와의 협업 어려움	찾는 매장이 가까운 곳에 없음 지속적인 가격 인상 배달비 부담 늦어지는 배달 불친절한 직원 함량 미달 서비스 맛없는 음식 **품질 불만족** 균일하지 않은 품질과 서비스 제품 다양성 부족으로 선택 제한

꼭 해결해야 하는 핵심 페인 포인트	매출 합리적 가격 품질과 서비스 이용의 편리	새롭고 기발하며 차별화된 솔루션은?	배달 앱?

자영업자와 가맹 본사, 고객의 페인 포인트 분석 사례

당연한 이야기이지만, 각 집단의 입장과 주목하는 것이 전혀 다르다. 여러분은 누구의 페인 포인트가 가장 심각하다고 생각하는가? 물론 관점에 따라 우리의 답도 서로 다를 것이다.

나는 세 집단의 페인 포인트를 상당 부분 해결한 것이 '배달 앱'이라고 생각한다. 자영업자들은 배달 앱의 추천과 광고로 부족한 마케팅 홍보 역량을 채울 수 있다. 고객은 배달 앱으로 주문과 결재, 배달 요청을 간편하게 할 수 있고 광고지 '공해'에서 벗어날 수 있다. 이 같은 배달 앱 효과로 궁극적으로 매출이 늘면 결국 프랜차이즈 본사도 유익을 얻게 된다.

수수료 문제가 있기는 하지만, 배달 앱은 각 이해 관계자들의 페인 포인트를 해결할 토대가 된 것 같다.

이렇게 한 가지 이슈를 정해서 관련 집단의 페인 포인트를─특히 누구의 고충이 가장 크고 본질적인지─분석해보면, 솔루션을 만드는 데 큰 도움을 얻을 수 있다.

이번에는 '여행' 이해 관계자들의 페인 포인트를 분석해보자. 나는 시골 마을 주민과 여행객, 정부/지자체를 대표적 이해 관계자로 선정했다. 이들에게는 어떤 페인 포인트가 있을까? 마을 주민들과 여행객의 페인 포인트는 내가 직접 사람들을 인터뷰한 내용으로 다음 페이지에 실었다.

이렇게 다양하고 서로 다른 페인 포인트를 효과적으로 엮어서 해결할 방법은 무엇일까? 그런데 실제로 이 문제에 도전해서 훌륭한 성과를 낸 해외 기업이 하나 있다. 여러분도 잘 아는 에어비앤비 Airbnb이다.

관광에서 지역 체험으로, 에어비앤비의 사마라(Samara) 프로젝트

'전 세계 숙박 공유 서비스' 에어비앤비는 한 일본 여성의 이메일을 받게 된다. 메일에는 자신이 사는 시골 마을이 소멸해가는 현실을 안타까워하며 독특한 관광 아이디어를 제안하는 내용이 담겨 있었다. 이에 관심을 보인 에어비앤비는 그녀의 아이디어를 받아들여 2016년 '사마라 프로젝트'라는 실험을 시작했다.

시골 마을 주민의 페인 포인트	여행객의 페인 포인트	정부와 지자체의 페인 포인트
아무도 찾아오지 않아 외롭다. 자식들도 손주들도 안 온다. 싸가지없는 것들~	늘 뻔한 여행에 지쳤다. 새로운 경험을 만들고 싶다.	노인 고독사가 점점 늘어난다.
옆집 김 씨가 저세상으로 떠났다. 또 빈집으로 놔둘 것 같아 점점 휑해진다.	성수기에는 겁나 비싸다. 특화된 여행은 왜 이리 비싼 거냐!	시골 마을에 빈집이 늘어나 보기 흉물스럽다. 귀신 나올 것 같다.
물건 사러 가기 힘들다. 차도 없고, 무겁고, 멀다. 그래도 나갔다 오는 재미가 있는데….	패키지 가격에 조용한 나만의 자유 여행을 가고 싶다.	정부에서는 도시 재생 사업에 50조를 쓰라는데 어떻게 해야 할지 모르겠다.
혼자 밭 3천 평 농사를 짓는다. 언제까지 농사를 지어야 할지 모르겠다.	현지에서 살아보고 싶은데 어떻게 해야 할지 모르겠다.	헌터들이 현상금 사냥하듯 상금 타 먹으러 몰려든다.
농사지으면 팔 곳이 있어야 하는데 팔 곳이 없다. 누가 좀 팔아주면 좋겠다.	여행의 묘미는 친구 사귀는 것인데, 여행 중에 친구 사귄 경험이 거의 없다.	괜히 기획했다가 잘못되면 나만 감사받고 욕먹는다. 일 만들지 말자.
커피 한 잔 마실 수 있는 카페가 우리 마을에도 있으면 좋겠다.	현지인들만 아는 맛집에 가고 싶고, 그들의 문화를 체험해보고 싶다.	미치겠다. 민원이 또 생겼다.
마을에 활기가 넘쳐야 하는데 그냥 쥐 죽은 듯 고요하기만 하다. 죽음을 기다리는 사람들이 모여 있는 것 같아 싫다.	정말 조용한 곳에서 아무것도 안 하고 쉬다 오면 좋겠다.	관광객이 늘어나고 시골 마을이 경제적으로 자립하면 좋겠는데 참 어렵다.

사마라 프로젝트는 시골 마을에 커뮤니티 센터, 즉 마을 회관을 무상으로 지어주고 그것을 통째로 여행객에게 빌려주는 사업이다. 그곳에 묵는 동안 여행객들은—유명 장소만 돌아다니는 관광 대신—마을 속으로 들어가 실제 현지 문화를 경험하고, 마을 어른들과 소통하며 공동체의 일원이 되어 현지인의 삶을 체험한다. 첫 프로젝트는 일본의 한 작은 마을에서 진행했는데, 여행객들은 삼나무로 멋지게 지은 마을 회관에 묵으면서 주민들과 소통하고 함께 음식을 만들어 먹으며, 마을 역사와 문화 등을 맛볼 수 있었다. 더 놀라운 일은 그 과정에서 마을이 조금씩 생기를 되찾고 활력을 얻기 시작했다는 것이다. '시골 마을 재생'이 일어난 것이다.

첫 번째 프로젝트 때 지어진 삼나무 마을 회관
thegear.kr

시골 마을의 아름답고 다채로운 풍경에 '현지인과 함께 지내며 그곳의 삶과 문화를 온몸으로 경험한다'라는 가치까지 더한 덕분에, 에어비앤비는 마을 회관 자체를 많은 사람에게 선한 영향을 주는 관광 자원과 상품으로 바꿔 놓았다. 일본에서의 첫 실험은 큰 파장을 불러일으켰고, 영국·이탈리아·프랑스·중국·한국 등 동서양 여러 나라에서 프로젝트 요청이 쇄도하기 시작했다. 에어비앤비의 '신개념 마을 회관'은 죽어가는 농어촌에 생명력을 불어넣어 되살린 성공 사례로 널리 알려져 있다.

폐가 리모델링 + 마을 리모델링,
Fun(펀)한 노리터

우리나라에도 비슷한 일을 하는 'Fun한 노리터'라는 기업이 있다. 'Fun한 노리터'는 사마라 프로젝트처럼 시골 폐가를 리모델링해서 지역 및 마을 재생 사업을 벌이고 있다. 이 회사는 왜 이런 '황당한' 도전을 시작한 걸까?

'Fun한 노리터' 설립자는 청년 실행가 정용근 대표이다 (부족하지만 나도 공동창업자로 6년 전부터 거들고 있다). 정 대표는 담양 죽녹원 휴양림에 갔다가 전체 서른다섯 가구 중 스물여덟 가구가 '폐가'인 마을을 우연히 보게 되었다. 당시 '청년'회장을 맡고 계신 분의 연세가 71세였는데, 농담처럼 이렇게 말씀하시며 웃으셨다고 한다. "75세가 청년회장 정년(?)인데 아직도 하고 있어."

이런 상황은 인근 지역도 마찬가지였다. 청년은 한 명도 없고 어르신들만 사는 마을, 도시로 이사 가면서 방치된 집들이 흉가가 되어버린 시골 마을은 우리나라 곳곳에 참 많다.

여러분도 '인구 고령화 비율'이라는 용어를 들어봤을 것이다. 전체 인구 중 65세 이상의 사람들이 차지하는 비율을 말하는 건데, 우리나라는 이미 2017년에 고령 사회(14퍼센트 이상)로 들어섰다고 한다. 그리고 2025년 정도면 초고령사회(20퍼센트 이상)가 될 거라고 한다. 《2022 대한민국이 열광할 시니어 트렌드》, 고려대학교 고령사회연구센터, 비즈니스북스, 2021 그런데 도시 집중 현상은 이와 반대로 계속 증가하고 있다. 전체 국토의 약 11퍼센트 밖에 되지 않는 서울과 수도권에 전체 인구의 거의 절반이 살고 있는 것이다.

바로 지금 저출산과 고령화로 대한민국 곳곳—서울과 수도권 이외 지역—에서 마을이 통째로 사라지고 있다. 실제로 전국 시군구 중 106곳이 소멸 위험 지역이라고 한다('지방 소멸 지수'는 20~39세 가임기 여성 인구수를 65세 노인 인구수로 나눈 값으로, 이 지수가 0.5 아래로 내려가면 소멸 위험 지역으로 간주한다). 〈한국의 지방소멸위험지수 2019 및 국가의 대응전략〉, 한국정보원. 한국 고용정보원 2021년 자료

2017년부터 정 대표와 나는 늘어나는 시골 빈집들을 보며 고민하기 시작했다. '뭘 어떻게 해야 이 상황을 바꿀 수 있을까?' 그렇게 '노리터' 사업이 태동했는데, 나는 기획과

전략을 맡고 주택 리모델링은 정 대표가 진행했다.

초기에는 "폐가를 리모델링하게 허락해주세요"라고 제안했다가 집주인들에게 싫은 소리를 많이 들었다.

"당신들 제정신이요? 이런 시골에 누가 온다고 폐가를 고치겠다는 거요? 시간 낭비 말고 돌아가요."

30여 명의 제자들과 함께 워크숍 차 노리터를 방문했다.
마을 어르신들은 마을이 생긴 이래 가장 많은 젊은이가 찾아왔다며 기뻐하셨다.
맨 오른쪽 사진은, 많은 도움을 주신 순이 할머님과 정용근 대표이다

하지만 우리는 포기하지 않고 공사 비용을 전액 부담하겠다는 약속까지 하며 끈질기게 설득했다. 마침내 정 대표의 열정에 탄복한 어르신 한 분의 협조로 리모델링을 시작하게 되었다. 사람이 살지 않은 채 수십 년 동안 방치된, 거의 흉가 수준의 집을 리모델링하는 것은 정말 힘든 공사였다. 모래, 잔디, 나무, 타일 같은 자재는 꼼꼼히 따져서 질 좋고 가격 적당한 것으로 골랐고, 정 대표와 후배들이 팔을 걷어붙이고 직접 공사에 뛰어들어 인건비도 최대한 줄였다. 공사와 관련해서 모르는 것은 건축 전문가들에게 일일이 물어가며 거의 모든 과정을 자체적으로 감당했다.

집 안팎에 쌓인 쓰레기를 치우는 것으로 공사를 시작한 '노리터'는, 땀과 정성을 쏟아 새로운

디자인에 맞춰 폐가를 정말 아름다운 공간으로 바꿔 놓았다. 정 대표는 흉물스럽던 폐가를 아름답고 생기 넘치는 공간으로 변화시켰을 뿐 아니라, 벽화 작업을 통해 마을 환경까지 개선했다.

덕분에 마을을 찾는 이들이 늘어났고, 얼마 지나지 않아 리모델링한 건물은 주민과 방문객에게 사랑받는 '쉼터와 꿈터, 노리터'로 자리 잡았다(여담이다. 노리터 건물이 들어서고 사람들에게 알려지면서—무선 인터넷이 깔려 있지 않다는 이유로—코빼기도 보이지 않던 주민들의 손주들도 다시 찾아오기 시작했다. 통신 전문가인 정 대표가 광통신 케이블 공사까지 해놓은 덕분이었다. 참 대단한 친구다).

워크숍에 참석한 제자들 모두 노리터 공간과 마을 분위기를 좋아했고, 주민들은 그런 우리를 보며 더 좋아하고 행복해하셨다.

"노리터가 생겨서 너무 좋아." "동네에서 사람 냄새가 나. 마을이 예전처럼 살 만한 곳이 된 것 같아."

"젊은 사람들이 찾아오니 확실히 마을이 활기차네." "타지 사람이 우리 마을을 쉽게 찾아오게 돼서 좋아."

"큰돈은 아니지만, 동네에서 키운 작물을 손님들한테 팔아서 용돈도 벌었어."

다들 마을이 널리 알려져서 더 많은 관광객이 찾는 명소가 되면 좋겠다고 입을 모았다.

노리터 이야기는 언론에 소개되어 많은 사람에게 영감을 주었고, 1호점이 가져온 변화를 경험한 뒤 자기 집도 고쳐 달라고 요청하는 주민들이 생기면서 현재 노리터는 4호점까지 운영되고 있다(기사 내용을 보고 싶은 사람은, 옆의 큐알코드를 찍어보라).

노리터 정용근 대표와의 인터뷰

다음 내용은 정용근 대표와 나눈 이야기를 인터뷰 형식으로 정리한 것이다.

저자 : 집을 짓는 건 정말 힘든 일인데요. 대표님은 노리터 사업이 힘들지 않으세요?

정 대표 : 무지 힘들죠.^^ 하지만 한편으로는 노리터 덕분에 20

대 이후 오랜만에 열정과 설렘, 자신감을 경험할 수 있어서 행복하기도 합니다.

저자 : 이제는 어떤 걸 만들고 싶으신가요? 혹시 궁리 중인 새로운 아이디어가 있나요?

정 대표 : 인도네시아 발리가 '실리콘 발리'로 불린다는 이야기를 들었어요.

저자 : 네? 그 관광지 발리요?

newswire.co.kr

정 대표 : 네, 요즘에는 발리에 정착해서 스타트업을 세우는 관광객이 많대요. 그래서 '실리콘 발리'라는 별명까지 생긴 거죠. 저도 우리 시골에 '한국의 실리콘 발리'를 만들고 싶어요. 마을을 되살리면서 청년과 시니어들이 함께 일하고 먹고 놀며 쉴 수 있는 곳이요. 특히 거주 공간과 카페테리아 공간을 함께 마련해서, 어르신들이 손수 청년들에게 집밥을 대접하며 그들의 도전을 응원하실 수 있게 하고 싶습니다."

저자 : 와, 생각만 해도 멋지군요. 마을 어르신들을 위한 새로운 계획도 있다고 들었는데요.

정 대표 : 마을에서 재래시장까지 거리가 멀어서 어르신들이 많이 고생하시거든요. 그래서 농산물 판매를 위한 무인 점포를 준비하고 있어요. 로컬 굿즈(Local Goods)를 관광 상품으로 개발하고 판로를 개척해서 수익 창출과 나눔도 실

천하려고 합니다.

저자 : 마지막으로 '교육 센터'로서 노리터에는 어떤 계획이 있으신가요?

정 대표 : 청년들에게 '선물'처럼 느껴질 콘텐츠를 개발해서 다양한 교육과 체험 프로그램을 진행하고 싶습니다. 제 또 다른 '스투피드 챌린지'인 셈이죠."

가르치는 사람이 말만 많고 실천이 없으면, 그저 입담꾼일 뿐이다. 노리터는 '적어도 제자들에게 바보 같은 도전의 작은 결과라도 보여주고 싶다'라는 생각으로 시작한 것이다. 실패한다 해도 '아름다운 세상을 더 살맛 나게 만들고 싶어 하는 따스한 마음이 모이면 세상을 바꿀 수 있다'라는 것을 경험하게 해주고 싶었다.

에어비앤비나 노리터 사례를 보면서 이런 질문을 하게 된다.

"기업이 존재하는 가장 중요한 이유는 무엇일까?"

나는 다양한 사회 문제를 함께 풀어가기 위해 기업이 존재한다고 생각한다. 고통받는 이들과 함께 아파하며 문제의 원인을 찾아 수익 창출이 가능한 솔루션을 만드는 기업은,

더 나은 사회를 이루기 위해 의미 있는 일을 하며 선한 영향력을 발휘할 것이다. 그렇다면 여기에서 말하는 의미 있는 일이란 무엇일까?

"좋아하고 사랑하는 일을 넘어 그것을 통해 세상에 기여할 수 있는 일이다."

내가 존경하는, 세계적 아웃도어 브랜드 '파타고니아'의 설립자 이본 쉬나드의 말이다.

이익 창출은 회사를 경영하는 가장 중요한 이유이다. 하지만 기업이 존재하는 이유가 그것뿐일까? 세상의 다양한 문제를 살펴보고 그로 인해 고통받는 이들을 찾아 그들의 문제를 해결하는 것도 기업이 해야 할 일 아닐까?

자신이 관심 있는 영역에 어떤 이해 관계자들이 있는지 살펴보고 그들의 페인 포인트를 분석해보라. 문제 해결을 위한 제대로 된 통찰을 경험해보기 바란다. 신이 여러분에게 재능을 허락하고 관심 품게 한 것은, 자신의 천재성을 발휘할 영역을 찾아 기꺼이 도전하라는 계시 아닐까?

인사이트는 자신의 자원과 재능과 가치를 세상을 위해 어떻게 적용하고 활용할지 찾아보는 공부이다. 자신을 이해하고 발견하는 아이덴티티, 세상을 사랑하는 마음의 눈으로

바라보고 실행하는 인사이트를 통해 여러분의 자기다움을 확장해 가기를 진심으로 기도한다.

인사이트를 키우는 가장 좋은 방법 : 신문 읽기

마음과 관심이 향하는 영역을 찾는 또 하나의 인사이트 훈련법은 신문 읽기이다. 신문에는 세상의 흐름과 문제가 복합적으로 담겨 있다. 매일 발행되는 신문에서 계속해서 시선을 끄는 기사, 마음 아프게 하거나 분노하게 하거나 화나게 하는 기사가 있다면, 하늘이 여러분을 초대하고 있는 것일 수 있으니 잘 생각해보라.

나는 신문 읽을 때마다 '청년 실업'이나 '진로를 찾지 못한 젊은이들의 방황'에 관한 기사들이 가장 크게 눈에 들어온다. 그런 내용을 접하면 마음 한구석이 쓰리라. 평소 '청년들이 자립하고 자기답게 살도록 도와야 하는데…'라는 빚진 마음이 있었는데, 요양을 위해 아내와 필리핀에 머물 때 '내가 해야겠다!'라는 생각이 번뜩 들었다. 그때부터 자료를 찾고 책을 읽고 사람을 만나면서 비슷한 목표를 가진 기관들을 비교 분석하여 나만의 솔루션을 만들게 되었다. 그 결과물이 바로 청년자기다움학교이고 지금의 제자들이며, 여러분이 읽고 있는 이 책이다. 나는 이것을 '소명' 또는 '부르심'이라고 부른다. 앞으로는 신문 집어들 기회가 있을 때, 대충 훑어보지 말고 눈에 훅 들어오는 기사, 마음에 부담이 생기는 기사, 머릿속을 떠나지 않고 뺑뺑 맴도는 기사가 있는지 찾아보라.

자기다움에 관한 영감을 주셨던 다니엘 할아버지가 내게 해주신 귀한 말씀이 또 하나 있다.

"한 손에는 성경을, 한 손에는 신문을."19세기 독일의 기독교 신학자 칼 바르트의 말

어느 기독교 신학자가 한 말이라며 들려주시고는, 그가 이렇게 말한 이유가 뭐라고 생각하는지 물으셨다.

"글쎄요. 잘 모르겠는데요."

"기도실에 들어가기 전에 신문을 통해 세상 곳곳에서 벌어지는 일들을 관심 있게 살피고, 그 지역에서 하나님이 어떻게 일하고 계시는지 분별하며 기도하라는 뜻이란다."

그러면서 할아버지는 이렇게 덧붙여 말씀하셨다.

"폴, 신문은 전 세계에서 벌어진 일들을 기록하고 전하는 도구란다. 아무 연관이 없는데도 지구촌 어느 지역에서 일어난 사건 때문에 공감되거나 슬퍼지거나 기뻐하게 될 때는, '함께 그 문제를 해결해보지 않겠느냐'라며 너를 부르는 누군가의 목소리를 듣고 있는 거라고 여기려무나."

할아버지의 말씀은 나를 충격에 빠트렸다. 한 번도 그렇게 생각해 본 적이 없었기 때문이다. 할아버지는 세상을 더 아름답고 나은 곳으로 만들기 원하는 사람이 왜 신문을 읽어야 하는지, 자신의 믿음과 가치를 달란트·지식·지혜·경험 등의 활용에 어떻게 적용해야 하는지 분명하게 가르쳐 주셨다.

인사이트는 자신의 달란트와 재능을 적용할 분야를 찾는 공부이기도 하지만, 동시에 소명, 즉 삶의 방향을 정하는 작업이기도 하다. 이것을 명심하고, 끊임없이 읽고 생각하고 기록하고 공유하고 대화하며 여러분의 길을 개척해 가기 바란다.

Input

이번 장에서는 앞에서 발견한 '도전하고픈 문제'를 어떻게 해결할지 구체적으로 연구하고 공부해보려 한다.

여기서 말하는 공부는 고득점을 위한 것이 아니라, 더 나은 세상을 만들기 위해 누군가 안고 있는 문제를

'논리적·전략적·창의적·이타적' 사고로 해결할 방법을 찾는 것이다. 지금까지 자기 자신을 위해 공부했다면,

이제는 남과 이웃, 공동체의 실질적 문제 해결을 위해 공부해보자는 이야기이다.

인풋 없이 아웃풋Output과 아웃컴Outcome은 없다.

다양한 방식으로 생각의 근육을 늘리는 훈련을 시작해보자.

세 번째 'I', 문제 해결을 위해 인풋하라

인사이트 공부가 세상 가운데
자신의 천재성을 드러낼 영역을 찾는 것이라면

세 번째 'I'를 소개하기 전에 앞에서 나눈 내용을 복습해 보자.

나를 알아가는 자기다움 공부의 여정에서 가장 먼저 발견해야 할 'I'는 아이덴티티 Identity, 곧 정체성이다. 자기가 누구인지부터 알아야, 의미 있고 가치 있는 삶의 방향을 결정할 수 있기 때문이다. 나답게, 자기답게 살아가는 사람은 자연스럽게 자신의 자원과 지식, 네트워크와 역량, 경험 등을 총동원해서 타인을 도우려고 한다. 이때 필요한 두 번째 'I'가 인사이트Insight, 곧 공감과 사랑에 기초한 통찰이다. 이 공부는 단순히 해야 할 일이나 관심 있는 일, 호기심 생기는 일을 찾는 것 이상의 작업이다. 사람들의 아픔과 고통에 공감하고 그들 내면을 깊이 들여다보며, 진정으로 도와야 할 사람이 누구인지, 정말 중요한 문제가 무엇인지, 그것을 해결하려면 어떻게 해야 할지 통찰하는 것이다.

또한 인사이트는 자신의 천재성을 발휘할 영역을 찾는 과정이라고도 할 수 있다.

나의 관심과 호기심, 측은지심이 발동하여 마음을 따뜻하게 하고, 문제를 해결하기 위해 공부하고, 손발을 적극적으로 움직여 난제를 해결하는 과정에서 창의성과 천재성이 드러날 수 있는지 확인하는 공부가 인사이트라고 생각한다. 실제로 문제 해결 과정에서 재미와 의미, 성장을 통해 '내가 이것을 잘하는구나'라는 경험을 하게 된다면, 그 일이 당신의 천재성이 드러나는 일일 가능성이 크다. 그러니 다양한 도전과 시도를 통해 자신을 알아가는 탐색을 꾸준히 해야 한다.

여러분은 자신의 천재성이 어느 영역에서 드러날지 찾아보고 생각해 봤는가? 잘 모르겠다면 실제로 경험해서 맛보고 분별하는 훈련이 필요하다. 꾸준히 찾고 탐색하고 두드려라. 그 간절한 두드림과 찾고자 하는 노력이 여러분을 새로운 세계로 인도할 것이다.

문제를 논리적 · 이성적 · 창의적으로 해결하기 위한 공부, 인풋

이번 장에서 살펴볼 'I'는 '인풋'Input이다. 누군가를 돕거

나 특정 문제를 해결하려면 공부할 수밖에 없다. 알아야 문제를 해결할 수 있기 때문이다(인풋이 있어야 '아웃풋'Output과 '아웃컴'Outcome이 나온다는 것은 상식이다). 인사이트를 통해 사람들의 아픔과 상처, 눈물을 해결해주고 싶다면, 책을 읽고, 논문을 참고하고, 글을 분석하고, 다양한 사람을 만나면서 남과 다른 자기만의 해결책을 만들어야 한다. 이때 필요한 공부, 즉 문제 해결을 위한 공부가 인풋이다.

남과 다르게 창의적으로 문제를 해결하려면, 알고 있는 모든 것과 경험한 모든 것을 구체적으로 체계화해야 한다. 당연히 지식과 경험의 양이 많을수록 더 좋은 솔루션을 더 신속하게 찾을 수 있다. 그러므로 평소 할 수 있는 한 최선을 다해 지식과 경험을 축적해야 한다. 그것이 바로 인풋이다.

질문, 인풋의 열쇠
(Question is the Key of Input)

효과적이고 실제적인 솔루션은 양질의 지식과 경험에서 나온다. 그렇다면 이런 지식과 경험은 어떻게 얻고 쌓을 수

있을까?

다양한 방법이 있겠지만, 모든 것의 시작에는 '질문'이 있다. 바꿔 말하면, 인풋의 시작이 질문이라는 이야기다. 호기심으로 가득한 존재인 인간은, 끊임없이 질문하며 성장해왔다. 질문을 통해 관심 있는 대상과 마주하며, 그와 관련된 문제를 풀어낼 논리적 · 창의적 · 전략적 · 이타적 사고방식을 훈련한 것이다.

여러분은 어릴 때 어떤 질문을 가장 많이 했는가? 아이들이 어릴 때 가장 많이 하는 질문은 무엇일까? 아이가 부모에게 가장 많이 하는 질문은 다음 두 가지로 압축된다.

- 왜?Why : "이건 왜 그래? 저건 왜 그래? 왜 그렇게 해야 돼? 그건 왜 해야 해?"
- 뭐야?What : "이건 뭐야? 저건 뭐야? 뭐 할 거야? 뭐 해야 해?" "왜?"만큼이나 아이들이 자주 하는 질문이다.

아이들은 왜 이런 질문 폭격을 하는 걸까? 아주 단순하다. 사방이 처음 보는 것 천지이니 궁금하고, 신기하고 호기심 가득할 수밖에 없다. 그들은 "왜?"와 "뭐야?"라는 질문으로 자신과 타인과 주변과 세상을 탐구하고 판단하고 습득한다. 어른이 되어도 계속 그렇게 질문하면 좋으련만, 우리는 언제부턴가 호기심 가득한 질문을 하지 않게 된 것 같다.

우리나라에서 아이를 키우는 가정이라면 거의 모든 집에 한두 권 이상 꼭 있다는 책 《WHY》. 예림당, 2009 초등학생을 대상으로 하는 과학 학습만화로, 2009년 시작된 시리즈가 지금도 변함없이 베스트셀러인 건, '내 자녀도 호기심 넘치고 질문 많이 하는 아이가 되면 좋겠다'라는 부모들의 간절한 소망 덕분인 것 같다.

질문이 교육과 성장에 얼마나 중요한지 우리는 잘 알고 있다. 하지만 나이 들면서 질문이 없어지고 공부만 해야 하는 현실에 흥미와 즐거움을 빼앗기는 것 같아 안타깝고 씁쓸하다.

물론 질문을 많이 한다고 무조건 좋은 것은 아니다. 엉뚱한 질문은 오히려 안 하느니만 못할 수도 있다. 하지만 쓸데없는 질문이라고 해도 아이 때는 무조건 많이 묻고 호기심 갖는 것이 정상적이고 당연한 일이다.

유지태 배우와 최민식 배우가 출연한 영화 〈올드보이〉에 이런 유명한 대사가 나온다.

"니가 왜 자꾸 답이 틀리는 줄 알아? 틀린 질문만 하니까 맞는 답이 안 나오잖아." 〈올드보이〉, 2003

떠오르는 대로 질문하는 건 쉽다. 하지만 제대로 질문하는 건 굉장히 어려운 일이다. 문제 해결을 위해 범위를 좁히고, 실질적으로 도움 되는 질문을 하는 것은, 아는 것과 경험한 것에 비례할 가능성이 크다. 알아야 제대로 된 질문이 나온다는 것이다.

아인슈타인도 이렇게 이야기했다.

"내게 문제를 풀 한 시간이 주어진다면, 나는 문제 푸는 열쇠가 될 질문을 하는데 50분을 쓰고, 나머지 10분 동안 문제를 풀 것이다."

《질문이 답을 바꾼다》라는 책이 있다. 《Power Question》, 어크로스, 2012 여기에는 적재적소에 다양한 질문을 던지는 것과 어떤 질문이 어떤 답을 만들어 내는지에 관한 내용이 담겨 있다. 고객과의 미팅에서도 대화를 진전시키고 상대방의 니즈Needs를 파악하기 위해 적확한 질문을 던지는 것이 매우 중요하다. 누구나 아는 상식적이고 초보적인 질문은 오히려 전문가로서의 위상을 떨어트린다. 그러기에 철저하게 준비해서 원하는 답을 얻어야 한다.

미팅을 위해 고민한 흔적이 드러나는 질문을 받으면 기분도 좋아진다. 틀에 박힌 기초적 질문을 받으면 살짝 짜증 나고 '준비를 하나도 안 했구나'라는 생각이 들어 대화에 몰입하기 어렵다. 대화를 마쳤을 때 상대방에게 "정말 의미 있었다. 고민하던 문제를 풀 수 있을 것 같다"라고 피드백 받을 수 있다면, 그 미팅은 매우 성공적인 시간이 되었을 가능성이 크다. 질문은 미팅의 가치는 물론, 자신의 가치까지 높이는 가장 치열한 지적 활동이다.

질문이 키운 기업, 공차

'공차'라는 글로벌 티 음료 기업이 있다. 여러분 중에도 매장에서 음료를 마셔본 사람이 많을 것이다. 공차는 원래 싱가포르 브랜드였는데, 평범한 주부였던 김여진 씨가 한국 프랜차이즈 판권을 획득해서 2012년 국내 론칭한 것이다. 이 과정을 김 대표의 인터뷰 기사를 참고로 '호기심과 질문, 그리고 실행'이라는 관점에서 나름 재해석해 보겠다.

공차를 처음 접했을 당시 김 대표는 남편 직장 때문에 싱가포르에 살고 있었다. 어느 날 우연히 들른 쇼핑몰에서 김 대표는 한 매장 앞에 사람들이 길게 줄 서 있는 모습을 보게 되었다. '공차? 처음 보는 카페인데?'

사람들이 한참 동안 기다려서 사 가는 것이 신기해서 김 대표도 줄을 서서 공차를 맛보았다.

'와, 이거 신선하네. 고생하는 남편을 위해 나도 이 매장 하나 내볼까?'

그 경험이 도전의 출발점이었다. 공차에 매력을 느낀 김 대표는 직접 관련 자료를 찾고 조사하면서 궁금한 것에 관한 답을 찾기 시작했다. 공차의 성장 가능성을 확신한 그녀는 한국에 매장을 열고 싶다는 소박한 꿈을 품게 되었고, 대만의 공차 본사와 싱가포르를 오가며 시장 조사와 사업 준비를 한 지 1년 만에 프랜차이즈 계약을 따냈다.

사업 한 번 해보지 않은 주부가 어떻게 제안서를 써서 판권을 가져왔는지 궁금할 것이다. 나도 그 점이 궁금했는데, 다행히도 금융 전문가였던 남편이 큰 도움을 주었다고 한다. 사업계획서와 투자, 경영 전반에 해박한 지식을 갖고 있던 남편의 도움으로 김 대표는 서울에 공차 코리아 1호 매장을 열게 된다. 그것이 2012년 4월의 일이다.

그 1호 매장이 소위 대박을 쳤다. 기존 음료들과 완전히 다르다는 입소문이 나면서 공차는 젊은이들의 입맛을 사로잡았고, 18개월 만에 200곳으로 매장이 늘어나게 된다. 하지만 매장이 늘어나면서 김 대표는 미처 생각하지 못한 문제와 마주하게 된다. 레시피를 철저히 지키고 맛의 품질을 일정하게 유지하기 어려워진 것이다.

고민하던 김 대표는 결국 전문 경영인에게 회사를 맡기기로 하고, 공차 코리아의 지분 약 65퍼센트를 다른 회사에 넘긴다. 언론 보도에 따르면, 그러면서 받은 돈이 340억 정도였다고 한다. 연구 조사와 사업계획서 작성 후 프랜차이즈 유치하는데 1년, 그리고 한국에서 240개 매장을 운영하는데 2년, 총 3년 동안 엄청난 돈을 벌어들이며 대박 신화를 쓴 것이다.

공차를 매각하고 나서 김 대표는 무엇을 해야 할지 고민하기 시작했고, 그 과정에서 아이들의 놀이터를 주목하게 되었다. 우리나라 아이들은 밖에 나가 놀 시간과 장소가 많지 않다. 학원 다니느라 바쁜 데다 마땅히 놀 공간도 없고, 모처럼 놀 시간이 나도 미세먼지 때문에 '집콕'하기 일쑤다. 그 점에 착안한 김 대표는 엄마와 아이가 함께 뒹굴 수 있는 놀이 공간 '바운스 트램펄린 파크'를 열어 꽤 큰 성공을 거둔다. 그리고 2018년 그녀는 235억을 받고 회사의 모든 지분을 매각한다. 공차로 340억을 벌고 난 뒤에 이룩한 두 번째 대박 신화였다. 역시 처음이 어렵지 두 번, 세 번은 경험으로 성과를 거둘 확률이 높은 것 같다.

여러분은 김 대표의 놀랍고도 부러운 성공이 언제 시작되었다고 생각하는가? 나는 그녀가 공차 매장 앞에 길게 늘어선 사람들을 보고 호기심을 느껴 질문하기 시작했을 때라고 생각한다.

"여기는 왜 이렇게 사람들이 줄을 서 있을까?" "왜 이렇게 오래 기다리면서까지 저 음료를 마시려고 하는 거지? 특별한 뭔가가 있나?"

길을 가다 사람들로 붐비는 곳이 눈에 띄면, 여러분도 잠깐 들러 보라. 우연히, 저절로 그렇게 되는 법은 없다. 뭔가 남다른 게 있는 거다. 한정된 돈과 시간, 에너지를 기꺼이 내놓으면서까지 불편을 감내하고 기다리는 건, 더 좋은 제품이나 경험, 새로운 그 무엇이 있기 때문이다. 광고 마케팅 분야 전문가들은 사람들을 줄 서서 기다리게 하는 것보다 강력하고 효과적인 홍보 방법이 없다고 말한다. 사람들이 음식을 먹거나 제품을 구매하기 위해 줄 서서 기다리는 것은, 그곳이 정말 소문난 맛집이거나 다들 갖고 싶어 하는 인기 브랜드일 거라고 인식하기 때문이다.

여행하다 보면 종종 줄을 길게 서서 기다려야 식사할 수 있는 음식점을 보게 된다. '여기가 정말 그렇게 맛있을까? 이 매장을 내가 하나 오픈하면 어떻게 될까?' 같이 호기심 가득한 질문을 던져 보면 좋겠다. 김여진 대표처럼 여러분의 인생도 바뀔지 모르니 말이다.

작은 호기심 하나가 새로운 미래를 창조할 열쇠가 될 수 있다. 별 것 아닌 질문이 인생을 실제로 바꿀 수 있다. 호기심과 궁금증, 그리고 거기서 나오는 질문은 인풋에 아주 중요하게 작용한다. 다들 당연하게 여기는 것을 살짝 뒤집는, 조금 다른 각도에서 바라보게 할 질문이 절실한 시대이다.

질문은 생각의 틀을
깨뜨리는 연습이다

2020년 8월 미국 캘리포니아에 대규모 정전이 발생했다. 하지만 당시에는 주 전체가 정전되는 초대형 사고가 일어날 거라고 생각한 사람이 아무도 없었다고 한다. 그러니 이렇다 할 대비책이 있을 리 만무했다. 2016년과 2017년 우리나라 경주와 포항에 강력한 지진이 일어났다. 하지만 경주와 포항에 그런 지진이 발생할 거라고 추측하거나 예상한 사람은 거의 없었다. 여태껏 그 지역에 그런 일이 없었기 때문이다.

이럴 때 우리는 무엇을 준비해야 할까? 다양한 질문을 던져 여러 상황을 예측하고 철저히 대비해야 하지 않을까?

"그토록 아름답고 번화한 캘리포니아에 정전이라니 말이

되는 소리야? 왜 그런 걸까?"

"정전 때문에 가장 크게 고통받는 사람들은 누굴까?"

"재발 사고를 방지하려면 어떤 대책을 세워야 할까?"

"정전 사고에서 자유로운, 더 좋은 대체 에너지는 없을까?"

"지진이 자주 일어나는 일본에서는 건물을 어떻게 설계할까?"

"우리나라는 앞으로 건물을 지을 때 내진설계를 어떻게 해야 할까?"

"우리나라의 지진 최고 전문가는 누굴까?"

"지진 발생 피해를 최소화하려면 어떻게 해야 할까?"

미세먼지도 비슷한 경우이다. 해마다 봄만 되면 언론에서 황사와 함께 미세먼지를 가장 많이 언급한다. 하지만 불과 10년 전만 해도 누구도 미세먼지가 대한민국을 뒤덮을 거라고 예상하지 못했다. 그래서 미세먼지에 관해 여러 각도로 질문하며 대비한 기업은 돈을 벌고 성장했다. 언론이 반복해서 하는 이야기는 비즈니스 관점에서 다가오는 기회일 수도, 위협일 수도 있으니 꼼꼼하게 살펴봐야 한다.

"어떻게 해야 중국발 미세먼지를 최소화할 수 있을까?"

"미세먼지 때문에 마음껏 뛰놀지 못하는 아이들을 어떻게 도울 수 있을까?"

관련 사항을 다각도로 살피면서 스스로 질문하고 답하는 훈련을 꾸준히 해야 한다. 그러다 보면 이를 바탕으로 새로운 제안과 대안을 만들 수 있게 된다.

"질문이라는 망치로 완고한 인식의 틀을 깨부숴라!"

현대 철학의 시조라 불리는 19세기 독일 철학자 니체는 '망치를 든 철학자'라는 별명을 갖고 있었다. 사람들은 왜 그를 그렇게 불렀을까? 철학자가 망치로 뭘 한다고? 이것은 니체가 사람들을 가두고 있는 완고한 인식의 벽을 망치로 바위를 내리치듯 두드려 깨뜨리는 철학을 추구했다는 뜻이다.

모든 사람은 저마다 사고의 틀을 갖고 있다. 그런데 이 틀이 너무 견고하면, 이전과 다르게 생각하거나 새로운 관점을 갖기 어려워진다. 니체는 그것을 깨뜨리는 작업을 철학으로 본 것이다. 우리를 가두고 있는 인식의 완고한 틀! 이것을 깨뜨릴 망치는 무엇일까? 나는 질문이라고 생각한다. 니체는 질문이라는 망치로 기존의 틀을 '쾅, 쾅, 쾅' 깨트리기 원했던 것은 아닐까? 쉬운 일은 아니지만, 자신이 만든 생각의 틀에 갇혀 있다면, 질문이라는 망치로 그것을 부수는 연습이 필요할지 모른다.

"바보야, 철학은 네 완고한 틀을 질문이라는 망치로 깨는 작업이야!!"

니체가 내게 속삭이는 것 같다. 세상 또는 누군가가 기준이라고 제시한 틀을, "왜 그렇게 해야 해? 왜 그렇게 살아야 해? 왜 그걸 당연하게 받아들여야 해?"라는 질문으로 부수고 깨트리는 용기를 내보자. 완고하고 정형화된 인식의 틀을 깨는 질문 망치!! 우리 모두, 특히 다음 세대를 살아갈 아이들에게 꼭 필요한 망치가 아닐까?

나를 성장시키는 자문자답 공부

질문을 던져서 변화와 성숙, 성장을 도모하는 공부 방법에는 어떤 것들이 있을까? 내가 제자들에게 가장 많이 권하는 방법은, 앞에서 나눈 '자문자답'이다. 스스로 질문하고 답하는 공부를 말한다. 특히 책이나 논문, 신문 기사를 읽을 때 무심하게 넘기지 않고 이 방법을 활용하면 알짜배기 공부를 할 수 있다.

그래서 청년자기다움학교에서는 매주 〈동아 비즈니스 리뷰〉나 〈하버드 비즈니스 리뷰〉 아티클을 읽고 세 가지 이상 질문을 만든 뒤, 그 질문에 스스로 답하는 과제를 내준다. 제자들 대부분이 가장 힘들어하는 과제다. 어렵다고 투정하는 친구도 많다. 초창기에는 매주 열 개씩 읽을거리를 주었고, 지금은 예전의 30퍼센트 수준으로 과제를 주는데도 힘들다고 한다.

"이렇게 어려운 걸 읽고 요약 정리하는 것도 모자라 질문을 만들고 그 질문에 자기만의 답을 작성하게 하시는 이유가 뭔가요?"

다행히(?) 이렇게 대놓고 따지는 친구는 없다. 하지만 대부분 나를 심하게 욕했을 것 같다. 마음속으로.

'우리 교수님은 왜 이렇게 나를 괴롭히는 거야?'

생소한 내용이라 읽기도 힘든데 요약 정리와 자문자답까지 해야 하니 힘들었을 거다. 그런데 그중에는 내용을 깔끔하게 정리할 뿐 아니라 누구도 생각하거나 상상하지 못한 질문과 기가 막힌 답을 제출하는 친구들도 있다. 정말 멋진 청년들이다. 그런 청년들을 만날 때면 나도 가슴이 뛴다. 그래서 한 걸음만 더 가보자고 권면한다. 읽고 이해한 바로 질문과 답 만든 것을 실행까지 해보라고 말이다. 그러면 다들 씩 웃고는 못 들은 척하며 휘리릭 도망간다. 그 모습조차 얼마나 사랑스럽고 이쁜지 모른다.

읽고 정리하는 것도 중요하지만, 질문하는 것은 더 중요하다. 누구도 생각해보지 못한, 상상해보지 않았을, 엉뚱하고 발칙하고 이상한 질문을 마구 던져 보라. 어설프고 유치하고, 심지어 말이 안 된다 해도 자신이 생각하는 기상천외한 바보 같은 질문과 답을 반복해보는 거다. 그것이 바로 자문자답 공부의 핵심이다.

사실 우리는 '소크라테스 문답법'이라 불리는 이 '스스로 질문하고 답하는' 공부를 해본 적이 거의 없다. 이렇게 공부하려면 오래 생각하고 많은 것을 찾아봐야 한다. 기본적으로 리서치가 필요하다. 그래도 답을 찾지 못하거나 도출한 답에 확신이 생기지 않는다면, 그 질문을 다른 사람에게 해보라. 다른 사람의 답에서 새로운 힌트를 얻을 수 있다. 이렇게 다른 이들의 다양한 생각까지 수렴하고 나면, 그 주제와 이슈에 관해 많은 것을 이해하고 깨닫게 된다. 질문도 그냥 뻔한 걸 하면 안 된다. 뻔한 질문에는 뻔한 답만 돌아온다. 이왕이면 누구도 생각하지 못할 질문을 던져 보면 좋겠다.

자문자답은 영화와 드라마, 뮤지컬과 연극을 보면서도 할 수 있다. 당신을 깔깔 웃게 하고 펑펑 울게 하며, 말을 잇지 못하게 하는 예술 작품은 무엇인가? 그 작품들을 보면서 떠오르는 것을 기록하고 질문으로 만들어서 나름의 생각을 정리해보라. 자문자답은 언제 어디서든 누구나 쉽게 할 수 있는 가장 강력한 공부법이자 생각의 근육을 키우는 훈련법이다.

"당연하다고 생각하는 것에 태클을 걸어라!"

피터 드러커의 '최고의 질문'

나는 '현대 경영학의 창시자'라 불리는 경영학자 피터 드러커를 좋아하고 존경한다. 또한 그의 저서 중에서는《피터 드러커의 최고의 질문》을 가장 좋아하는데, 그 책에 실린 '최고의 질문' 다섯 개 때문이다.《Peter Drucker's Five Most Important Questions: Enduring Wisdom for Today's Leaders》, 다산북스, 2017

- 무엇을 위해 존재하는가? What is Your Mission?
- 반드시 만족시켜야 할 대상은 누구인가? Who are Your Customers?
- 그들은 무엇을 가치 있게 생각하는가? What does Your Customer Value?
- 그래서 어떤 결과가 필요한가? What are Your Results?
- 어떤 계획을 갖고 있는가? What is Your Plan?

이 질문들이 의미하는 바가 무엇인지 하나씩 자세히 살펴보고 우리 나름대로 재해석해 보자.

무엇을 위해 존재하는가?

이것은 아이덴티티에 관한 질문, 즉 미션과 존재 이유를 묻는 것이다. 존재 이유는 변화를 일으키는 가장 큰 힘이 된다. "내가 살아가는 이유는 무엇인가? 내가 공부하는 이유는 무엇인가? 지금 이렇게 살고 있는 이유는 무엇인가? 우리 조직과 공동체가 존재하는 이유는 무엇인가?"

무엇에 의미와 가치를 두고 살아갈지 찾아내려면 깊은 성찰이 필요하다고 했다. 자신에게 끊임없이 질문하고 시간을 두고 생각하며 꼼꼼히 정리해야 한다. 아이덴티티를 다룬 첫 번째 장을 다시 살펴보면 도움이 될 것이다.

반드시 만족시켜야 할 대상,
즉 당신이 돕고 섬기기 원하는 사람(고객)은 누구인가?

"최고의 기업과 사람은 고객을 팬으로 만든다." 드러커 선생님 말씀이다. 그래서 기업들은 고객이 가진 문제를 해결하는 것을 최우선 과제로 삼고, 이런 고객들을 특정하는 데 총력을 기울인다.

이 질문은 인사이트를 다룬 두 번째 장에서 언급한 "이 세상에서 불편을 겪고 불만을 품은 사람은 누구이며 그들이 겪는 문제와 고통은 무엇인가?"와 동일한 것이다. 또한 (인사이트 이야기에서 소개한) '투자자가 창업가에게 던지는 아홉

가지 질문' 중 첫 번째 질문에 해당한다고 볼 수 있다. 비즈니스는 항상 시장과 고객으로부터 출발해야 하며 현장에서 답을 찾아야 한다. 개인의 경우라면 돕고 싶은 사람, 문제를 해결해 주고 싶은 대상을 찾아야 한다. "누구를 돕고 누구를 섬겨야 하는가?"라는 물음에 답하라는 것이다.

그들(고객)은 무엇을 가치 있게 생각하는가?

사람들은 어떤 가치를 얻고 누릴 때 고마워할까? 문제에 시달리는 사람들은 어떤 솔루션에 가치를 부여하고 의미를 둘까?

기업 차원에서는 고객들이 가치 있게 생각하는 것, 고객들이 돈을 주고도 아깝지 않다고 여기는 것이 무엇인지 찾으라는 물음이고, 개인 차원에서는 자신의 가치와 돕고 섬기려는 대상의 가치가 일치하는지 끊임없이 탐구하라는 물음이다. 어쩌면 개인과 기업 모두에게 가장 큰 고민이 되는 영역일 것이다.

그래서 어떤 결과가 필요한가?

드러커 선생님은 '의미 있는 결과를 만들어내고 그것에

책임지는 사람이 진정한 리더'라고 하셨다. 그래서 여러분과 함께 다음 세 가지 물음에 답해보고 싶다.

"나는 살아가면서 어떤 결과를 만들고 싶은가?"

"그 결과물로 사람들을 유익하게 하기 위해 지금 나는 무엇을 해야 하는가?"

"내가 속한 공동체에 꾸준히 선한 영향을 미치려면 무엇을 어떻게 해야 할까?"

마지막으로, 어떤 계획을 갖고 있는가?

즉 이제부터 무엇을 어떻게 할 생각인가?

나는 이 질문에서 언급한 '계획'이 성과나 시간이 아니라 '책임'에 관한 문제라고 생각한다. 단순한 일정표가 아니라 진심으로 실행할 목록과 순서, 즉 '액션플랜'을 의미한다고 보기 때문이다.

사실 이것은 아주 '무서운'(!) 말이다(그래서 드러커 선생님도 이 질문을 가장 핵심적인 것으로 꼽으셨다). 계획을 세우고 지키는 것이 자신의 선택에 책임지는 연습이며, 하나씩 자문자답하며 어떻게 살아갈지 스스로 증명해 보이는 삶이기 때문이다. 말이 아닌 행동과 열매로 자신의 가치를 창조해야 하는 녹록하지 않은 과정일 것이다.

이 책이 출간되는 2023년 우리나라 트렌드를 살펴보니 '계획이 무의미한 시대'라는 내용이 있었다. 아무리 계획을 철저히 세워도 그대로 되지 않는다는 것이다. 2020년부터 3년간 벌어진 코로나19 펜데믹으로 우리의 수많은 전략과 계획이 망가지는 것을 경험했으니 다들 이해할 것이다. 그래서 이제는 계획 짜기보다 빠르게 변화하고 적응하며 결과를 책임지는 훈련을 해야 한다. 이 훈련으로 단련된 그 한 사람이 공동체를 이끌고 사회를 건강하게 만드는 리더가 되어야 한다.

나를 한 차원 더 끌어 올리는 상상 질문 공부

여러분은 하루에 얼마나 많은 상상을 하는가? 혹시 하늘을 나는 상상을 해본 적 있는가? 있다면 언제인가?

슈퍼맨이 되어 악당들을 무찌르는 상상, 이 산 저 산 넘나들며 고수들을 제압해 무림을 평정하는 상상, 돈을 많이 벌어 약자들을 돕고 배불리 먹이며 함께 행복하게 사는 상상,

자동차나 기차, 비행기 탈 필요 없이 목적지를 생각하면 순간이동이 되는 상상…. 이런 말도 안 되는 상상을 해본 적이 언제인가? 지금도 꿈에서 나올 법한 상상을 하고 있다면 당신은 생각이 젊고 사고가 아주 건강한 사람일 가능성이 크다. 나는 아직도 축지법과 경공을 써서 하늘을 날고 악당을 무찌르는 상상을 한다. 그 상상만으로도 무협지 덕후에게는 짜릿하고 스릴 넘치는 일이다.

나이 들면서 당연하게 받아들이며 살게 되는 것 중 하나가 '상상력 퇴화'이다. 어릴 적 그렇게 새로운 세상을 꿈꾸며 피터 팬처럼 날아다니던 소년 소녀들은, 세상의 쓴맛을 너무 많이 경험하면서 '상상 속 이야기는 이뤄지지 않는다'라는 고정관념을 갖게 되었다. 질문이라는 망치로 다들 당연히 여기는 것에 태클을 걸어봤다면, 이젠 새하얀 도화지에 되고 싶고 하고 싶은 것들을 모든 상상력을 동원해서 그려보는 미친 짓이 필요하다. 아인슈타인이 늘 강조하던 말을 떠올리며 말이다.

"Imagination is more important than knowledge."
(상상력이 지식보다 중요하다)

미래학자들도 A. I. 시대를 살아가는 우리와 우리 다음 세대에게 지식보다 상상력이 더 중요해질 거라는 조언 같은 경고를 한다. 다들 지구상 누구도 생각하지 못한 것을 상상하고 실현하는 '또라이'가 장차 인류 사회와 역사를 변화시킬 거라고 말한다. 하지만 정작 자신들은 상상하지 않는다.

상상력 풍부한 사람들은 처음부터 그런 능력을 타고난 걸까? 나는 그렇게 생각하지 않는다. 타고난 재능이 아니라 질문하고 답하는 훈련 덕분이라고 본다. 꾸준히 연습하고 훈련하면 누구나 변화를 가져오는 상상력 대가가 될 수 있다. 여기에서 그런 훈련법을 하나 소개하려고 한다. 이른바 '상상 질문'이라는 것인데, '~되면 좋겠다, ~하고 싶다'라는 상상과 이상, 꿈을 '만약What If ~라면/된다면/한다면?' 같은 질문 형태로 바꿔보는 것이다. 예를 들면 다음과 같다.

"만약 지금 남한과 북한이 통일된다면, 10년 뒤 우리나라는 어떻게 변해 있을까?"
"만약 로또에 당첨되어 100억을 받는다면, 그 돈으로 뭘 할까?"

"만약 내가 대통령이라면, 청소년과 청년들의 행복을 위해 어떤 정책을 실행해야 할까?"

"만약 여러분이 작사 작곡하고 부른 노래가 전 세계에서—BTS만큼!—히트한다면, 여러분 인생은 어떻게 달라질까?"

"만약 2차 대전이 끝났을 때 미국이 모든 일본 전범을 엄벌에 처했다면, 한일 관계가 어떻게 달라졌을까?"

세상에는 이런 상상 질문이 실현되어 결과로 드러난 것이 생각보다 많다. 상상 질문의 핵심은 당연한 것들에 태클 걸어보는 것이다. 누구나 당연하게 여기는 것에 관한 역발상이 핵심이라는 뜻이다.

"인간이 하늘을 난다면?" 이미 우리는 비행기를 타고 우주까지 날아갔다.

"지구 반대편 사람과 실시간으로 대화할 수 있다면?" 통신 발달로 삶의 모든 것을 실시간으로 주고받을 수 있는 커뮤니케이션 혁명이 일어났다.

"완제품 대신 부품을 사서 집에서 고객들 스스로 조립하면 안 될까?" 이케아의 'DIY'Do It Yourself 캠페인을 성공하게 한 상상 질문이다. 다들 완제품을 좋아할 거라는 선입관에 태클 걸어서, 싸고 좋은 물건을 직접 조립한다는 개념으로 고객들을 움직인 사례다.

"차를 소유하는 대신, 공유해서 타면 안 될까?" 차량 공유 플랫폼을 처음 생각한 기업은 기존 자동차 제조 회사들이다. '우버'가 시초가 아니라는 이야기다. '우리는 차를 제조하는 회사이지 공유하는 회사가 아니다'라는 틀에 갇혀 결국 사업을 접었지만, 이 질문 하나가 차와 관련된 우리 일상을 바꿔 놓았다.

"왜 돈을 꼭 은행에 가서 빌려야 할까? 불특정 다수의 개인에게 빌릴 수는 없을까?" 크라우드 펀딩 개념을 차용한 P2P 대출 서비스는 이 질문 덕분에 출시되었다. 이렇듯 상상 질문은 현실의 고정관념을 뒤집으면서 새로운 발상의 전환을 가져다준다.

나는 지금도 이런 상상 질문을 해본다. "매달 월급날에 누군가 내게 선물을 보내주면 어떨까?"

한 달 동안 열심히 일한 당신에게 누군가 보상해주면 좋겠는데, 그 누군가가 당신이 모르는 사람이라면 어떨까? 한 달에 한 번 스쳐 지나가는 급여 내역을 아쉬워하고 있을 때, 내 어깨를 툭툭 두드리며 감동과 공감으로 보상해 줄 선물

꾸러미가 날아온다면 말이다. 이런 말도 안 되는 상상이 비즈니스로 이어지고 이루어져서 우리 앞에 놓인다면, 세상은 상상력 풍부한 사람들의 놀이터가 되지 않을까?

경영 컨설턴트가 던지는 열 가지 질문

경영 컨설턴트가 기획할 때 던지는 열 가지 질문이 있다. 일본의 LCA 컨설팅 회사가 'DIPS'라는 프로그램을 만들 때 벤치마킹한 것으로, 대기업 경영 컨설팅 때 자주 사용하는 방법이다. 자신을 발견하고 세상을 탐색한 후, 무언가를 공부하고 알아가며 새로운 것을 기획하고 디자인할 때 유용할 것 같아 소개한다.

1. 왜, 무엇 때문에 하는가?(Why)

무언가를 시작할 때 가장 중요한 건, 그 일을 해야 하는 이유와 명분, 타당성을 정리하는 것이다. "목적이 무엇인가?"라고 묻는 것이 모든 기획의 출발점이다. "대체 왜 해야 하는 걸까? 이 일을 하려는 목적은 무엇일까?"

반복해서 하는 이야기이지만, "왜?"Why?는 개인과 기업 모두에게 매우 중요한 물음이다. 이것을 놓치면 방향을 잃는다. 향방 없이 달리는 것은 아주 위험한 일이다.

2. 구체적으로 달성해야 할 목표, 아웃풋과 아웃컴은 무엇인가?(Goal)

그 일을 통해 이뤄야 하는 목표를 구체적으로 작성해봐야 한다. 그 일을 마무리했을 때 우리는 어떤 결과물(보고서, 실적 등)을 얻게 될까? 일의 추진을 위한 정량적·정성적 목표는 무엇으로 설정해야 할까? 목적이 본질적인 것이라면, 목표는 최종 결과물이라고 볼 수 있다.

3. 언제(까지) 해야 하는가?(When)

앞에서 설명한 아홉 가지 질문과 유사한, 시기에 관한 물음이다. 이 일을 언제부터 언제까지 실행해서 마무리해야 할까? 당신이 세미나를 개최한다면 4월과 5월 중 언제가 좋을까? 언제 추진하는 것이 가장 이상적인지 따져보라는 것이다.

4. 어디서 할 것인가?(Where)

장소에 관한 질문이다. 어디서 그 일을 시작해야 할까? 어떤 곳이 최적의 장소인가? 사람들이 찾아오기 쉽고 우리 팀이 일하기에 불편하지 않은 장소는 어디인가? 가장 기본적인 장소를 생각해보라는 질문이다.

5. 누가 해야 하는가? 누구와 해야 하는가?(Who)

자신이 직접 해야 하는지, 아니면 다른 사람과 함께해야 하는지 선택해야 한다. 적임자와 함께해야 한다면 그게 누구인지도 고민해야 한다.

6. 누굴 위해 해야 하는가?(Whom)

이 일의 대상은 누구인가? 누굴 위해 이 일을 추진해야 할까? 대상을 구체화하라는 것이다. 기업에서는 대부분 타깃 고객을 생각하며 일을 진행하라고 한다. 개인이라면 누구를 돕고 싶은지 구체적 대상을 정리하면 된다.

7. 무엇을 해야 하는가?(What)

발견한 대상을 위해 구체적으로 무엇을 할 것인가? 대상들이 가치 있게 여기는 것은 무엇인가? 사람들을 감동시키고 울림 줄 수 있는 것이 무엇인지 고민하라는 물음이다.

8. 어떤 것부터 할 것인가?(Which)

어떤 것부터 해야 할까? 챙길 것이 많은데, 그중에서 어떤 것부터 해야 할까? 일의 프로세스를 어떻게 정해야 할까? 과정 전체를 전반적으로 바라보며 추진하라는 메시지이다.

9. 어떻게 할 것인가?(How)

회사에 다니다 보면, "대충 네가 알아서 해봐"라는 지시를 받을 때가 종종 있다. 구체적인 실행 계획과 방법을 기록하고 수정하고 보완하기를 반복하는 훈련이다. 여기서 창의적인 실행 방안이 나올 수 있다.

10. 얼마 동안 할 것인가?
얼마의 비용으로 할 것인가?(How Long/Much)

그래서 얼마의 시간과 돈이 들어가는 걸까? 이 일을 추진하기 위해 몇 명을 투입해서 몇 시간 노동해야 하고, 선 투자로 얼마를 집행해야 한다는 세부 내용을 담아야 **기획안이 최종 완성된다.**

이상 열 가지 질문을 바탕으로 50명 규모의 세미나를 기획한다면, 어떤 것을 묻고 답해야 할까?

- "이 세미나를 왜 해야 할까? 세미나의 목적이 뭐지?"
- "목적에 걸맞은 세미나 주제를 잡는다면 어떤 내용이 좋을까?"
- "이 세미나를 통해 얻으려는 것은 무엇일까? 주최자와 참석자는 각각 어떤 결과를 원할까?"
- "정량적·정성적 목표는 어떻게 정할까?"
- "(그 목표를 이루려면) 세미나를 언제, 얼마 동안, 어디서 해야 할까?"
- "주최 측은 어디로 하고, 참여 대상은 누구로 하고, 발제는 누가 해야 할까?"
- "혼자 준비하면 버거우니 누구와 함께 준비할 수 있을까?"
- "전체 예산은 얼마로 해야 할까?" 등등.

프로젝트나 행사를 기획해보면 챙길 게 아주 많다는 걸 경험하게 된다. 그러나 열 가지를 순서대로 질문하며 꼼꼼히 정리하면, 최소한 중요한 무언가를 놓치는 일은 거의 없을 것이다. 이 질문들에 답하면서 기획하면, 웬만해서는 생각이 잘못된 방향으로 흘러가지 않는다. 오랫동안 사용해서 열 가지 질문이 몸에 익은 후배 중에는 3초 만에 열 가지 답을 '반사적으로' 내놓는 친구들도 있다.

질문을 반복하고 강조하는 건, 질문 자체가 생각하도록 훈련하고 세상을 살아가는 데 필요한 관점을 선물로 가져다주기 때문이다. 우리는 생각의 근육을 만드는 훈련을 평생 꾸준히 해야 한다. 인생을 살면서 넘어야 할 파도가 한 둘이 아니기 때문이다. 문제를 풀 때까지 질문하고, 문제를 해결할 때까지 뚝심 있게 앉아서 생각하는 연습을 해야 내가 살고 공동체가 산다. 생각의 근육을 만드는 훈련을 꾸준하게 해온 사람들은 성장의 폭과 깊이도 다르다.

자문자답, 상상 질문, 피터 드러커의 다섯 가지 최고의 질문, 경영 컨설턴트가 던지는 열 가지 질문 등을 통해 여러분이 제대로, 잘 묻는 사람으로 성장하길 기대한다. 질문은 우리를 성장시키고 성숙하게 한다. 끊임없이 질문을 던지고 답 찾기를 두려워하지 않으며, 언제 어디서든 질문이라는 인풋을 통해 아웃풋과 아웃컴을 극대화하여 우리 사는 세상을 보다 나은 곳으로 만드는 데 기여하면 좋겠다.

인풋을 늘리기 위한
네 가지 공부법

질문 외에도 인풋을 늘리기 위해 실제로 활용할 공부법으로 다음 네 가지를 제안한다.

- 책을 다독/정독/묵독하기(독서)
- 해당 분야 '고수'들 만나기
- 해당 분야 '천재'들의 비법 청강
- 직접 뛰어드는 바보 같은 도전과 실행

모두 지난 30년간 내가 활용했던 방법들인데, 이중 가장 효과적인 건 뭐니 뭐니 해도 실행이다. 직접 참여하고 도전해서 자기 걸로 만들어 경험치를 늘리는 것이다. 실제로 그 일에 뛰어들어 직접 해봐야 똥인지 된장인지 안다고들 하는데, 맞는 말이라고 생각한다. 아무리 듣고 보고 머리로 시뮬레이션해도 직접 부딪혀보는 것만큼 확실한 건 없다. 관련 서적이 재미있고, 관련 분야 종사자를 만나 호기심이 생기고, 관련 강의에 가슴 뜨거워지면, 그 분야나 업종이 자신에게 맞다고 느끼기 쉽다. 하지만 막상 실제로 해보면 생각한 것과 전혀 다를 수 있음을 명심해야 한다. 하지만 모든 것을 직접 경험하는 건 현실적으로 불가능하니, 간접 경험을 적극 활용하자. 나머지 세 가지가 여기 해당한다.

간접 경험을 늘리면서 효과적으로 지식을 쌓는 방법으로는 독서가 최고가 아닐까 싶다. 독서 다음으로 추천하고 싶은 건, 관심 분야의 최고 전문가를 만나는 것이다. 그가 쌓아온 지식과 경험을 생생하게—심지어 책에 실리지 않은 내용까지—들을 수 있고, 실제 사람을 공부하는 것이기에 진로 탐색에 큰 도움이 된다. 만나고 싶었던 전문가와 고수들의 강의를 듣는 것도 효과적인 공부가 된다. 꼭 직접 만나지 않아도 괜찮다. 강의 영상을 보거나 그들을 연사로 초청한 세미나와 포럼, 컨퍼런스에 참석하는 것도 좋다.

네 가지 공부법을 더 자세히 살펴보자.

독서, 책에서 미래를 발견하라

책은 남녀노소 모든 세대가 '무한대' 인풋 공부를 하게 해준다. 머릿속을 채우고 가슴을 따뜻하게 하며 세상 흐름을 파악하게 해줄 지혜가 책 속에 가득하다. 사고의 너비와 깊이와 폭을 확장해줄 타인의 경험이 그 안에 풍성히 담겨 있기 때문이다.

책 고르기, 목표 세우기

독서하기 위해 먼저 해야 할 것은 읽을 분야를 정하는 것이다. 관심과 호기심 있는 분야, 더 알아보고 싶고 궁금해서 지식을 쌓고 싶은 분야를 선택하면 된다. 다양한 분야의 책이 쏟아져 나오기에 읽고 싶은 분야를 네다섯 개 정도 정해보자. 예를 들어 경제 경영 분야에 관심 있다면, '리더십·마케팅·전략·비즈니스 모델'로 세부 항목을 나눈 뒤 해당 주제의 책들을 찾는다. 관심 분야가 여행이라면, 평소 가보고 싶었던 '유럽, 특히 파리' 관련 책을 모으면 된다.

두 번째는 작게라도 목표를 정하고 꾸준하게 읽을 수 있게 루틴을 만드는 것이다. 나는 청년들에게 '1년에 책 100권 읽기'를 과제로 내준다. 실제로 '1년에 100권 읽기'를 꾸준히 하는 친구는 100명 중 두세 명 정도 되지 않을까 싶다. 그만큼 어려운 과제다.

1년에 100권 읽으려면 최소 일주일에 두 권은 기본으로 읽어야 한다. 일주일에 책 두 권 읽는 건 쉬울까? 그것도 어려운 일이다. 사실 나는 그렇게 어렵다고 생각하지 않는다. 워런 버핏처럼 매일 잠자기 전 30분씩 책을 읽으면 되니까. 하루 30분 집중해서 읽으면 한 장(챕터) 이상 읽을 수 있다. 매일 30분씩 금요일까지 읽다보면 책 한 권이 뚝딱이다. 그리고 주말에 한 권 더 읽으면, '일주일 두 권 읽기' 임무 완료이다.

나는 종종 농담 반 진담 반으로 제자들에게 이렇게 이야기한다. "수연아, 올해 네가 몇 살이지?"

"꽃다운 나이 스물넷입니다."

"와, 정말 꽃다운 스물넷이구나. 그럼 수연이는 서른 살까지 600권 남았네."

1년 100권씩 10년 도전하면 1천 권을 읽을 수 있다. 그러면 세상이 다르게 보인다. 세상을 보는 나만의 기준과 틀이 형성된다. 물론 이것은 얼마든지 자유롭게 바꿀 수 있다. 더 기가 막힌 것은 융합과 연결이 자연스럽게 이뤄진다는 것이다. 머릿속에서 융합이 일어나고 상상 속에서 연결의 스파크가 이뤄진다. 그런 경지에 다다른 사람의 인생은 처음 책을 읽기 시작했을 때와 판이할 것이다.

1천 권이 힘들면 600권만 읽자. 600권만으로도 '천지가 개벽'한다. 해본 사람은 안다[그리고 보면 선배들이 늘 하던 "문사철 600하라"라는 암호 같은 소리도 괜한 말이 아니다. 문학과 역사, 철학 분야에서 각각 200권씩 600권을 읽으면 멋진 인생을 살 '격'(格)을 갖추게 된다는 뜻이니, 여러분도 귀담아들어 보라]. 독서에는 인생 전체를 송두리째 변화시킬 어마무시한 힘이 있다. 그런 경험을 할 때까지 자기만의 루틴을 만들어 꾸준히 독서하자. 꼭.

물론 그렇게까지 전투적(!)으로 책을 읽어야 할 절대 이유는 없다. 일주일에 한 권, 아니 한 달에 한 권 읽어도 괜찮

다. 읽는 속도와 습득하는 양은 저마다 다르니 단계적으로 독서량을 늘리면서 꾸준히 하면 된다.

사전 연습이나 분량 조절 없이 처음부터 일주일 두 권 읽기를 하려고 하면 실패하기 십상이다. 단계를 구분하고 계획을 세워 차근차근 읽어가라. 혼자 하기 어렵다면 친구들과 같이하는 것도 방법이다. 다만, 책을 많이 읽는 것보다 제대로 읽고 정리하고 묵상하고 질문하는 과정에서 생각의 근육을 탄탄하게 만드는 것에 중점 두면 좋겠다.

독서 리스트 만들기

독서 계획을 세우기 전에 해야 할 것이 하나 더 있다. 어떤 책을 어떤 순서로 읽을지 정하는 것, 즉 독서 리스트 만들기다. 앞서 언급했듯이 책 고르는 일부터 막막하다면 관심 분야의 필독서, 추천도서에서 시작하면 된다. 평소 흥미 있는 분야의 대표 도서나 유명인이 쓴 책을 찾아보는 것도 좋다. 그런 다음, '궁금한 분야'나 '전공 분야'로 범위를 넓혀가며 '필독서' 리스트를 만들어 보라. 막상 해보면 독서 리스트 작성만으로도 시간이 엄청 걸린다. 그리고 리스트 만드는 과정에서 많이 배우고 깨닫게 될 것이다. '아, 내가

무식하구나. 내가 책을 정말 안 읽었구나' 하고 말이다.

필독서는 고전을 포함한 해당 분야 우수 도서를 검색해서 찾으면 된다. 책 많이 읽는 친구나 선배, 지인이 있으면 추천해달라고 부탁해도 좋다. 도움 청할 대상이 없다면, 가까운 국공립도서관이나 서점에서 '이달의 추천도서'나 '살면서 꼭 읽어봐야 할 양서 100선' 같은 정보를 얻을 수 있을 것이다. 이도 저도 아니면, 특정 분야 전문가로 인정받는 저자들의 책을 모아 읽어도 된다. 하지만 뭐니 뭐니 해도 가장 중요한 건, 꼭 책을 읽어야 한다는 것이다.

멋진 계획을 세우고 '있어 보이는' 책들을 리스트에 올려놓아도 정작 읽지 않으면, 그의 내면은 건물 외벽만 만들어놓고 내부 공사와 살림을 채우지 않은 '흉가'처럼 될 것이다. 많은 사람이 멋지고 훌륭한 독서 리스트를 만들지만, 그대로 꾸준히 읽어내는 경우는 많지 않다. 안타깝지만 다 삶의 우선순위 문제이고 각자의 선택이라고 본다. 진정으로 독서가 중요하고 하루를 살아가는 데 꼭 필요하다고 여긴다면, 책을 손에서 떼지 말자. 독서는 미래를 설계하는 최고의 방법임을 자각하고 우선순위를 조정하는 지혜가 여러분에

게 있기를 바란다.

읽고 잊어버리지 않게 하는 독서 노트

분명 책을 읽었는데 기억나지 않는다는 사람이 많다. 왜 그럴까? 무척 인상적인 내용이었는데 기억나지 않는 이유는 무엇일까? 읽은 것을 정리하지 않고 활용하지 않아서 그렇다고 생각한다. 정리하고 적용하는 습관을 기르면, 최소한 핵심 내용 정도는 기억할 수 있다.

그럴 때 유용하게 사용할 수 있는 것이 독서 노트이다. 나도 오래전부터 컴퓨터에 독서 노트를 기록하고 있다. 실수로 외장 하드를 물에 빠트려 그 안에 있던 노트 데이터가 통채로 사라진 적이 있었는데, 그때 잃어버린 것이 20년치였다[당시엔 너무 슬프고 화가 나서 눈물까지 났다. 그 트라우마(?)로 한동안 독서 노트를 쓰지 않다가 얼마 전부터 다시 작성하고 있다].

일단 한번 시작해보라. 내가 왜 그렇게 독서 노트를 꾸준히 기록했는지 알게 될 것이다.

이상의 내용을 참고로 읽은 책을 정리하고 친구나 지인들과도 공유해서 풍성한 나눔의 장을 마련해 보기 바란다.

효과적인 독서 노트 정리 3단계

1단계. 저자가 책을 쓴 목적과 이유를 파악해서 기록한다

집필 의도를 알아야 내용을 온전히 이해할 수 있는데, 그것은 대부분 책 머리말(서문)에 실려 있다. 저자가 그 책을 쓴 이유, 그 책을 통해 전하고 싶은 메시지를 찾아 요약 정리하라.

2단계. 내용을 정리해서 기록한다

책의 구성과 흐름은 대부분 차례(목차)에 나타나 있다. 부(파트)제목과 장(챕터)제목, 그리고 소제목까지 꼼꼼히 살펴보자. 또한 각 장을 훑어보며 자신이 표시한 주요 문장이나 단락, 인상적인 문구 등도 정리해보라.

3단계. 무엇을 어떻게 적용할지 최대한 구체적으로 기록한다

책을 읽고 나서 깨닫고 느낀 바를 어떻게 적용할지 정리하는 것으로, 제일 중요한 과정이라고 생각한다. 막연하게 '그냥 읽고 좋았다'로 끝내지 말고 하나라도 적용점을 찾아 실천해보자. 진짜 자기 것으로 소화하려면 반드시 적용과 실행이 뒤따라야 한다. 책을 읽고 내용을 요약 정리하고 적용까지 했다면, 결코 핵심 내용을 잊지 않을 것이다.

사실, 정답은 없다. 각자 방법대로 정리하고 적용하면 된다.

만남의 축복, 누구를 만나느냐가 인생을 좌우한다

인풋을 늘릴 두 번째 방법은, 관심 분야나 전공 분야 전문가와 만나 대화하는 것이다. 세상에 알려지지 않은 '은둔' 고수도 있지만, 그런 사람은 찾는 것 자체가 어려우니 일단 대중에게 알려진 인물부터 시작하자. 훨씬 접근하기 쉬울 것이다. 나는 종종 청년들에게 이런 과제를 내준다.

- 자신의 전공이나 몸담은 분야에서 '고수'나 '달인'으로 인정받는 사람들을 찾아보라.
- 그중에서 국내 최고와 세계 최고로 손꼽히는 사람을 찾아보라.

- 그들의 저서와 논문, 칼럼 등을 찾아 정리해서 제출하라.
- 자신이 찾아낸 전문가들의 자료를 읽고 다른 사람과 소감을 나누라.

아이러니하게도 자신이 연관된 분야에 어떤 전문가들이 있는지 잘 모르는 청년들이 생각보다 많다. 국내와 세계를 아우르는 고수들의 명단을 50명에서 100명 정도 작성하고 한 사람씩 접촉할 계획을 세운다면, 여러분은 놀랍게 성장할 엄청난 기회를 얻을 것이다. 물론 시작은 한 사람을 만나는 것부터다. 그 한 사람과의 만남이 성사되면 두 번째와 세 번째, 그 이상의 만남으로 나아갈 용기와 방법을 얻게 될 것이다.

만남이 성사되기까지의 과정이 녹록하지 않겠지만 전방위적으로, 최선을 다해, 적극적으로 들이대야 한다. 문이 열리지 않는다고 낙심해서 포기하지 않는다면, 세상 어디서도 듣지 못하고 상상조차 해본 적 없는 이야기를 듣게 될 날이 올 것이다. 반드시. 짜릿하지 않은가?

《히든 챔피언》이라는 전 세계적 베스트셀러가 있다. 《Hidden Champions》, 흐름출판, 2008 나는 그 책을 읽고 저자인 헤르만 지몬 님이 만나고 싶어졌다. 그는 '유럽의 피터 드러커'라 불리는 독일의 초일류 경영학자다. 당연히 쉽게 만날 수 있는 사람이 아니었다.

그런데 감사하게도 그분을 만날 기회가 찾아왔다. 선배 회사에서 독일로 연수를 가는데 디브리핑Debriefing(작전이나 임무를 마친 후 결과와 상황을 보고하는 것)해줄 교수가 필요하다는 이야기를 우연히 듣게 된 것이다. 나는 내가 독일에 직접 가서 헤르만 지몬을 인터뷰하고 연수 참가자들에게 디브리핑해주겠다며 선배를 설득했고, 그렇게 2016년 7월 지몬 님과 만날 수 있었다. 그토록 대화해보고 싶던 분의 직강을 듣고 마주 앉아 개인적 친분을 쌓는 귀한 경험이었다.

마침 같은 해 10월 헤르만 지몬은 새로운 저서 출간과 관련해서 한국을 방문했다. 당시 기업들의 요청으로 나는 성균관대 유필화 교수님과 함께 지몬 님을 만나 세미나를 진행하고, 황창규 KT 회장님과 함께 비즈니스를 주제로 대화할 수 있었다. 세계적인 석학을 만나 친분을 쌓는다는 것만으로도 행복하고 감사한 일이었다. 지금 생각해도 너무 즐거운 경험이었다. 언젠가 독일을 다시 방문해서 그분과 만날 것을 기대해 본다.

우리나라 최고의 강사이자 멘토 중한 분인 김미경 대표(온라인 지식 커뮤니티 MKYU)나 정혜신 박사(정신건강학 전문의) 같은 분을 만나고 싶은 독자가 있을지 모르겠다. 그게 누구이든 다들 만나보고 싶은 특정 분야 권위자가 있을 것이다. 그들과 만나려면 어떻게 해야 할까? 얌전히 앉아 기다리기만 해서는 결코 만남이 이뤄지지 않는다. 만나게 될 것을 간절히 소망하며 열심히 들이대야 한다. 어떻게든 기회를 만들고 실낱같은 기회라도 잡기 위해 치밀하게 준비하고 실행하기 바란다.

가장 아끼는 제자 중에 서체 디자이

고수, 달인과의 데이트를 위한 준비 3단계

1단계. 정보를 수집하고 분석하라

만나고 싶은 대상을 찾았다면, 그 사람에 관해 면밀히 조사해야 한다. 검색 엔진에 올라와 있는 신상 정보를 확인하거나 관련 웹사이트 한두 번 방문하는 정도로는 어림없다. 그 사람이 쓴 글과 논문, 책은 기본이고, 미디어 인터뷰나 관련 보도 기사, 영상까지 꼼꼼히 챙겨야 한다.

2단계. 감동으로 이어질 질문을 준비하라

만나려는 대상을 깊이 탐색한 뒤에는, 그에게 묻고 싶은 것을 정리하라. 궁금한 것이나 듣고 싶은 조언 등을 다양한 질문으로 만들어서 만남을 허락해 준 이에게 감동을 선물해보자. 어떤 식으로든 만남이 성사되었을 때, 고생해서 준비한 질문으로 상대방을 감동시킬 수 있다면 여러분 인생이 어떻게 달라질지 상상해보라.

3단계. 총력을 기울여 기회를 만들라

'사부' 만날 준비를 마쳤으면, 실제로 접촉할 길을 탐색해보자. 먼저 인터넷을 뒤져보고, 뾰족한 접촉점을 찾지 못했다면 '지인 찬스'를 사용하라. 필요한 정보와 네트워크로 이끌어 줄 사람들, 예를 들면 부모님, 삼촌, 이모, 선생님, 교수님, 종교 지도자, 직장 상사, 선배, 친구 등에게 적극적으로 도움을 청해야 한다.
만나려는 대상이 강의하거나 참석하는 컨퍼런스와 포럼, 세미나 등도 활용하기 좋은 기회이다.

너로 활동하는 강병호라는 청년이 있다. 아이덴티티에서도 등장했던 친구인데, 한번은 KMA 최고 경영자 조찬회에 데려가 그가 평소 만나고 싶어 했던 사람들에게 인사시켜준 적이 있다. 비즈니스에 필요한 네트워크를 형성하도록 돕고 싶기도 했고, 만나는 사람 모두를 자신의 '팬'으로 만드는 놀라운 재능을 가진 친구이기 때문이기도 했다.

역시 그는 내 예상대로 소개받은 한 사람 한 사람에게 자신이 정성껏 쓴 손글씨를 선물하며 누구보다 멋진 감동의 만남을 가졌다. 덕분에 그는 중간에서 연결해 준 나보다 더 사람들과 가까워졌고 그들로부터 따로 초청받기도 했다. 만남을 서로에게 유익한 기회로 바꿀 줄 아는 멋진 친구다.

앞에서 소개한 헤르몬 지몬과 함께. 나는 그와 다시 만날 날을 고대하고 있다.

만나보면—좋은 쪽으로든 아쉬운 쪽으로든—생각과 다를 때가 많다. 책이나 영상으로 접하는 것과는 하늘과 땅 차이일 수 있기 때문이다. 그래서 청년자기다움학교에서는 많은 사람이 만나고 싶어 하는 분들을 멘토로 초청해서 세미나를 열고 있다. 종종 공개되지 않은 속내나 뒷이야기가 나오기도 하는데, 그럴 때면 책이나 영상이 주는 것과 차원이 다른 놀라운 경험을 하게 된다. 특정 분야의 고수, 전문가들과 실제로 만나 대화할 수 있는 시간이기에, 참석한 친구들의 눈빛은 늘 초롱초롱하다.

우리보다 먼저 나답게 자기답게 살고 있는 사람들, 세상을 기가 막히게 바꿔놓고 있는 사람들, 가치 있는 삶을 위해 기꺼이 희생하며 멋진 열매를 맺고 있는 사람들. 그들의 다양한 삶을 접하면 나도 모르게 닮고 싶고 성장하고 싶어진다. 이 자리를 빌려 지금까지 청년자기다움학교의 멘토로 젊은이들의 성장에 밑거름이 되어 주신 분들에게 감사를 전하려 한다.

신한생명 그룹 권점주 부회장 · 구글 박정현 상무
SK가스 박종문 본부장 · 빈컴퍼니 김빈 대표
LG전자 장정아 부장 · 김도연 차장 · 장재혁 부장
김기철 부장 · 임형주 부사장 · 김정태 대표 · 윤혜식 대표
유정현 대표 · 김민석 대표 · 남주현 대표 · 김춘호 총장

이밖에도 많은 분이 자원하는 마음으로 기쁘게 자신의 일과 삶, 이야기를 우리에게 나눠주셨다. 진심으로 감사드린다.

같은 일만 하고, 같은 사람만 만나고, 같은 음식만 먹고, 같은 장소에만 가다보면, 매일 집과 직장만 오가는 쳇바퀴 속 다람쥐 신세가 될지 모른다. 그런 삶을 비하하거나 비판하려는 것이 아니다. "늘 같은 패턴과 방식으로 사는 것이 지겹고 무료하다"라고 투덜대면서도 정작 그것을 깨트릴 생각과 행동은 하지 않는 우리 자신에게 이의를 제기하는 것이다.

같은 것만 반복해서는 새로운 변화를 맞이할 수 없다. 단조로운 일상에 무기력하게 묻혀 살지 말고 다양한 분야의 새로운 사람들을 만나보는 건강한 일탈이 필요하다. 일주일에 한 번은 새로운 곳에 가고, 새로운 사람을 만나고, 새로운 생각을 접하는 인풋이 있어야 더 멋지고 새로운 혁신 아이디어가 생기지 않을까? 그렇게 자신을 깨우는 행동이 있어야 잠들어 있는 자기다움의 본능도 깨울 수 있다.

만나고 싶은 사람들의 목록을 정리해보라. 평생 꼭 한번 만나보고 싶은 사람도 좋고, 관심 분야의 고수나 전공 분야의 최고 전문가도 좋다. 그리고 실제로 그들과의 만남에 도전해서 의미 있는 결과를 만들어보자.

강의 듣기,
전 세계 고수들의 지식 향연이 시작된다

인풋을 늘리는 세 번째 방법은, 강의를 듣고 정리하는 것이다. 여러분의 관심 분야와 관련해서 어떤 사람이 어디에

서 어떤 강의를 하는지 찾아 현장 참석하거나 온라인 강의를 들어보라. 요즘에는 인터넷에서 좋은 강의들을 정말 많이 만날 수 있다. 대표적인 온라인교육 플랫폼으로는 다음과 같은 것들이 있다.

- 전 세계 대학 수업을 무료 제공하는 '무크'MOOC; Massive Open Online Course(온라인 공개 수업)
- 2015년 오픈한 한국형 무크 'K-무크'K-MOOC
- 기술과 예술, 감성이 어우러지는 강사와 강연으로 유명한 '테드'TED, Technology-Entertainment-Design
- 미국 스탠퍼드대 교수와 연구진이 설립한 '유다시티'UDACITY
- 스탠퍼드대 컴퓨터과학과 교수들이 만든 '코세라'COURSERA
- 미국 MIT와 하버드 대학이 함께 만든 '에덱스'EDEX
- 터키의 한 초등학교 교사가 개발하고 설립한 '유데미'Udemy

모두 보물같이 귀한 강연들이니 그냥 지나치지 말고 꼭 들어보면 좋겠다.

강의 듣는 데도 목표와 계획이 필요하다. 대면 강의든 비대면 강의(스트리밍 영상 포함)든 하루 단위로 들을지 일주일 단위로 들을지, 아니면 한 달 단위로 들을지 정하고 시작하면 좋다. 예를 들어 빅데이터 교육에 관심 있어서 무크 강의를 골랐다면, "강의를 하루 두 개씩 듣고 2주 안에 청강을 끝낸다"라는 식으로 목표를 정하자는 이야기이다.

확실하게 공부하려면, 듣는 것으로 끝내지 말고 들은 내용을 정리해야 한다. 독서할 때처럼 강의 내용을 요약하고 알게 된 것과 깨달은 것을 적어보자. 그리고 이해되지 않거나 궁금한 점은 강사가 쓴 책이나 관련 자료를 읽거나, 강사에게 연락해서 직접 묻고 소통해보기를 추천한다. 감사하게도 그들로부터 답장을 받게 된다면, 아니, 더 나아가 그 대화를 통해 고수들과 네트워크까지 만들 수 있다면 정말 멋지지 않을까?

실전, 이제는 직접 뛰어들어 보라!

인풋을 늘리는 마지막 공부 방법은, 직접 뛰어들어 실제로 해보는 것이다. 아무리 책을 많이 읽고 고수들을 만나고 좋은 강의를 듣는다 해도, 특정 내용을 자기 걸로 만드는 데 실행과 실천보다 효과적인 것은 없다.

또한 종사하고 싶은 분야를 찾거나 결정할 때도 관련 업무를 미리 경험해보는 것은 큰 도움이 된다. 그런 경험을 할 수 있는 곳(기업이나 기관, 단체 등)을 찾아 적극적으로 문을 두드려야 한다. 어떤 경험을 하고 싶고 그 경험을 통해 무엇을 얻고 싶은지 구체적이고 꼼꼼하게 생각을 정리해 두는 것은 필수이다.

경영이 전공인 제자 하나가 아이들이 너무 좋다면서 복수전공하던 유아교육 분야에서 진로를 찾겠다고 한 적이 있다. 그는 인풋을 늘리기 위해 관련 서적을 50권 넘게 읽고, 유아교육 전문가를 10명 넘게 만나고, 관련 온·오프라인 강의를 30개 넘게 들을 정도로 열정적이었다. 그리고 마지막으로 어린이집에서 인턴 교사 경험까지 해봤다. 그 제자는 어떻게 되었을까? 반전이 일어났다. 유아교육 분야에서 일하겠다는 생각을 접은 것이다.

"저는 제가 아이들을 좋아한다고 생각했어요. 그런데 막상 접해보니 아이들이 말 안 듣고 거짓말하는 게 너무 힘들더라고요. 인턴 하면서 그걸 깨달았어요. 지금은 진로를 다시 고민하고 있어요."

인턴 경험 한 달 만에 한 말이다. 생각으로는 진짜 잘할 수 있을 것 같았는데, 막상 해보니 이게 아니구나 싶었던 모양이다. 직접 경험하면서 자신이 오래도록 그 일을 할 수 있을지 확인하는 작업은 꼭 필요하다. 이어서 인풋 공부에 도움이 되는 실제적 방법을 두 가지 더 소개하려고 한다.

서로에게 '복'이 되는 창의적 학습 도구, 하브루타

첫 번째는 '하브루타'라고 하는 이스라엘 사람들의 공부법으로, 들어본 독자도 많이 있을 것이다. '함께, 우정, 동료'라는 뜻의 하브루타는 '하베르'라는 히브리어(이스라엘 언어)에서 나왔는데, 이 단어에는 '친구'라는 뜻이 있다. 원어의 의미처럼 하브루타는 친구와 떠들며 대화하는 것이 핵심이다. 배우고 깨닫고 답을 찾는 데 토론을 활용하는 것이다. 유대인 중에 세계적으로 뛰어난 사람이 많은 것이 민족 고유의 독특한 학습법 덕분이라는 이야기를 들어봤을 것이다. 그중 최고의 학습법으로 불리는 것이 바로 이 하브루타이다. 하브루타는 효과적인 설득법과 논리적 사고를 훈련하는 데 탁월하다. 찬성과 반대로 나눠 열정적으로 토론하는 와중에도 상대 입장을 헤아리는 역지사지의 태도를 가르친다. 또한 이기기 위해 상대를 쓰러트려야 하는 비정한 승부 대신, 창의적으로 윈윈Win-WIn하는 상생의 길을 만들도록 돕는 탁월한 훈련 도구이다.

나는 감사하게도 유대인 랍비를 만나 하브루타를 짧게 경험해볼 수 있었다. 《탈무드 하브루타 러닝》이라는 책을 공저하기도 한 랍비 아리엘리 헤츠키는 내 스승이자 친구이다. 그의 할아버지는 유대인 사회에서 가장 가치 있고 명예롭게 여기는 탈무드 상을 받은 훌륭한 분이다. 헤츠키는 한국에 올 때마다 내게 하부르타 철학과 방법론을 가

르쳐 주었고, 덕분에 나는 유대인의 삶과 문화를 '찐하게' 경험할 수 있었다.

전 세계 주요 분야에서 영향력 있는 인물을 여럿 배출한 민족답게, 유대인들은 독특하고도 깊이 있는 '인생의 지혜'를 갖고 있었다. 그중 가장 기억에 남는 것은, 인생의 고난과 과제를 신의 축복으로 여기는 태도였다.

"말도 안 돼. 힘들고 어려운 일이 어떻게 축복이 될 수 있어?"

헤츠키에게 따지듯 물었더니, 이런 답이 돌아왔다. "우리

《탈무드 하브루타 러닝》 저자 아리엘리 헤츠키와 우리 가족의 만남

민족이 세 가지 축복이라고 생각하는 게 뭔지 아니?"

그가 들려준 이야기는 이랬다.

"첫 번째 축복은 결핍이야. 신이 우리에게 주신 가장 큰 축복이지."

꼭 필요한 무언가가 부족한 건 분명 힘든 일이다. 그러나 실제로 유대인들에게 결핍은 축복, 아니 선물이었다(결핍을 한술 더 떠 선물이라고 하니, 이해하기 힘들겠지만).

이스라엘은 중동 지역에 있다. 중동에는 석유를 비롯한 천연자원으로 갑부가 된 나라가 많다. 하지만 이스라엘은 사막처럼 황량한 곳에 있다. 말 그대로, 아무것도 없다. 그런데 이렇게 국가 차원의 결핍을 경험하면서 유대인들은 '생각'이라는 걸 하기 시작했다. 외부에 의지할 것이 없어서 내면으로 눈을 돌린 것인데, 오늘날 유대 민족이 이룬 모든 것이 바로 이 '생각하는 힘'에서 나왔다고 한다. 이 정도면 가히 선물이라 부를 만하지 않은가?

"두 번째 축복은 선조의 지혜를 모아놓은 기록이야."

과거와 현재를 기록해 미래에 전하는 건 쉽지 않은 일이다. 하지만 유대인들은 그 어려운 걸 잘도 해냈다. 유대인은 물론 전 세계 사람들에게 큰 영향을 미친 책《탈무드》Talmud가 바로 그것이다.

《탈무드》는 기록이 쌓여 만들어진 문학 작품이다. 기록은 커녕 생존조차 불확실한 상황과 환경에서도, 유대인들은 세대에서 세대로 끊임없이 자기 민족의 이야기를 기록해서 전달했다. 그들은 자신들의 조상이 무엇을 어떻게 해석하고 적용하며 살다가 죽어갔는지 정리하고 해석하고 기록한 것을 '지혜'로 보았고, 그것을 모아놓은 것 자체가 엄청난 축복이며 선물이라고 여겼다. 그렇게 만들어진 지혜의 보고가 탈무드이고, '토라'Torah라고 불리는 구약 성경의 맨 앞 다섯 권(창세기, 레위기, 민수기, 신명기, 출애굽기)이다. 그렇게 되기까지 지난한 과정을 거쳐야 했지만, 그 수고와 고생은 후손 대대로―유대인들의 표현 그대로―축복이 되었다.

한번은 헤츠키가 토라 사진을 보여준 적이 있다. '14대' 할아버지가 성경의 어느 한 구절을 어떻게 해석하고 적용했는지 거기 적혀있다고 했다. 그리고 그 옆에는 '15대'와 '16대' 할아버지들이 '14대' 할아버지의 글을 어떻게 이해했고 인생을 살아가면서 어떻게 해석하고 실천했는지까지 자세하게 기록되어 있다고 했다.

헤츠키 자신도 (유대인들의 안식일이 시작되는) 금요일 저녁마다 전 세계 흩어져 있는 자녀들과 전화로 말씀을 가르치며 전통을 이어가고 있다. '아버지'가 그렇게 한다는 것이다. 우리나라는 아버지인 나부터 바빠서 아이들과 대화도 제대로 못 하는데, 지금도 계속해서 자녀들과 하부르타를 하며 경전을 읽고 가르친다는 사실이 놀랍고 신기했다(그리고 너무 부럽다!).

"세 번째 축복은 배움이야."

모르는 것은 부끄러워 할 일이 아니다. 정말로 부끄러운 건 배우지 않거나 배우려고 하지 않는 것이다. 모르면서 아는 척 하는 것이 진짜 심각한 문제이다. 모르는데 안다고 착각하고 떠드는 것이 오히려 독이 되기 때문이다. 유대인들은 모르는 것은 모른다고 한다. 그리고 지식을 체계화해서 남에게 쉽게 설명할 수 있을 때 비로소 "안다"라고 표현한다.

'무언가를 알아가는' 과정에도 다섯 단계가 있다. 다음 설명을 읽고 평소 자신이 어느 단계에서 "안다"라고 표현하는

지 확인해보라.

당신은 평소 몇 번째 단계에서 '안다'라고 생각하는가? 함부로 안다고 하기보다, 항상 자신을 낮추고 하나를 알더라도 제대로 알기 위해 힘쓰는 것이 현명한 태도이다.

무언가를 온전히 이해하고 숙달하는 것은 정말 어려운 일이다. 치열하게 공부하고 진지하게 토론하며 끊임없이 연구해야 가능한 일이다. 그런데 이렇게 힘든 배움의 형식과 과정을 유대인들은 오랜 세월 정리해서 체계화했다. 그것이 바로 하브루타다. 부족한 천연자원 대신 인적 자원을 적극적으로 활용해서 최고의 공부법을 만들어 낸 것이다.

'자기다움'의 맥락에서도 하브루타는 탁월한 사고 훈련법이다. 다른 의견과 주장을 가진 사람과 토론하며 자기만의 독창적 아이디어를 찾고 개발할 수 있기 때문이다.

청년들을 가르치고 훈련시키면서 이런 말을 자주 한다. "'복·붙'하지 마라."

'Ctrl+C', 'Ctrl+V' 하지 말라는 소리다. 남의 걸 베끼는

건 아주 무서운 일이다. 자기다움을 잃고 남과 똑같아지는 것이기 때문이다. 우리에겐 남과 똑같이 살아야 할 이유도 필요도 없다.

다들 똑같으면 어떻게 될까? 회사 측에서는 직원 뽑을 때 고민하지 않아도 될 거다. 이 사람이나 저 사람이나 다 똑같아서 아무나 뽑아도 될 테니. 그러니 제발 '복·붙' 하지 말자. 자기다움은 남이 아니라 내 생각과 가치를 정립하는 긴 여행이다. 모든 사람은 남과 다른 자기만의 가치와 철학과 브랜드를 가져야 한다. 그래야 나만의 컨텐츠와 스토리로 승부할 수 있다.

5단계로 정리한 '실전' 하브루타

헤츠키의 책에는 유대인들의 하브루타 방식이 5단계로 정리되어 있다. 원래 하브루타에는 단계가 없다고 한다. 하지만 우리나라 독자들의 이해를 돕기 위해 저자들이 5단계로 정리한 것이다.

앎의 5단계

1단계. 개념을 타인에게 정확히 설명할 수 있다
설명할 수 없다는 것은 아직 머릿속에서 그 지식을 체계화하지 못했다는 것이다. 하지만 많은 사람이 어디서 들어본 걸 안다고 착각하며 살아간다. 들은 것은 들은 것일 뿐, 제대로 아는 것이 아니다.

2단계. 설명한 것을 실제로 해본다
실행할 수 없다면 아는 것이 아니다. 아직 모르는 것이다.

3단계. 실제로 해보고 성과를 도출한다
제대로 실행해서 성과를 내고 좋은 결과 얻는 것을 말한다.

4단계. 자신이 성과를 낸 방법과 과정을 정리해서 타인에게 가르친다
가끔 '안다는' 것의 의미를 여기까지 확장해서 이해하는 사람들을 보게 된다. 1단계에서 멈추지 않은 것만 해도 대단한데, 자기 것으로 만든 지식을 남에게 가르쳐야 제대로 아는 걸로 생각한다니 놀랍고 멋진 일이다. 이왕 여기까지 온 거 한 걸음만 더 가보자. 진정한 앎에는 5단계가 있다.

5단계. 자신에게 배운 사람이 그 방법을 적용해서 성과를 내고 성장한다
축하한다. 이젠 어디서든 "안다"라고 자신 있게 말해도 된다.

1단계. 토론 주제에 관한 명확한 정의와 범위 결정하기

시작할 때 가정 중요한 것은, 주제를 잘 이해하는 것이다. 여기서 특이한 점은 하나의 이슈에 관해 주제를 찬성과 반대 두 가지로 정한다는 것이다.

2단계. 주제에 맞는 자료 철저히 조사하기

해당 주제에 관한 찬성과 반대 입장을 명확하게 정리한 후, 각자 맡은 주제와 관련된 자료를 철저히 조사한다.

3단계. 조사한 내용으로 질문과 답을 번갈아 하며 '치열하게' 토론하기

2단계에서 얻은 지식과 이해를 바탕으로 각자 입장에서 격렬하게—거의 싸우기 직전까지 갈 수도 있다—토론을 벌인다. 이때는 질문으로 시작해서 질문으로 끝내고, 묻고 답하는 방식을 반복한다. 여기서 흥미로운 건 상대와 대화한 내용을 기록하는 토론자가 없다는 점이다.

헤츠키는 가능하면 아예 필기하지 말라고 권한다. 상대의 말 한마디도 놓치지 않고 집중해야 토론할 수 있는데, 적을 시간이 어디 있냐는 것이다. 실제로 하브루타를 해보니 그 말을 이해할 수 있었다. 머리가 팽팽 돌아갈 정도로 토론 분위기가 치열해서 메모할 틈이 없기도 했고, 머릿속이 최대한 활성화된 상태에서 온전히 문답에만 집중하게 하려는 것 같기도 했다.

4단계. 토론 내용 정리하기

토론 시간에 묻고 답한 나온 내용을 각자 정리하고 피드백하는 시간이다.

주제
이해

자료
조사

하브루타
실시

의견 정리
피드백

윈윈
솔루션
도출

5단계. 서로에게 도움 되는
윈윈(Win-Win) 솔루션 도출하기

4단계에서 정리한 내용을 바탕으로, 양쪽 모두 받아들일 수 있는 합의점을 모색하여 최종 솔루션을 완성한다.

여기까지가 하브루타를 진행하는 5단계 프로세스이다.

역지사지의 예술,
입장 바꿔 토론하기

주제를 제시하고 주장과 질문을 정리할 시간을 준 뒤에 토론을 시작하면, 찬반 양측에서 각자 주장의 이유와 근거를 정확하게 제시한다. 흡사 변호사와 검사의 혈투처럼 느껴진다. 한편으로는 찬성과 반대가 첨예하게 대립하는 상황에서, 상대 주장에 관한 반박이 또 다른 반박으로 이어지는 것을 보면 흥미진진하기도 하다.

분위기가 뜨거워지고 양측 입장차가 분명하게 드러날 때 두 번째 토론으로 넘어가는데―나는 이 부분이 하브루타의 핵심이라고 생각한다―놀랍게도 이때 '진영 교환'이 이루어진다. 찬성 측이 반대하는 입장이 되고 반대 측이 찬성하는 입장이 되는 것이다. 변호사는 검사가 되고 검사는 변호사가 되어 지금까지 자신의 했던 주장을 반박해야 한다. '역지사지'(易地思之)하라는 것이다.

하브루타를 해보면, 초반부는 대부분 강렬(!)하게 전개된다. 그런데 이 시점이 되면, 찬물 끼얹은 것처럼 순식간에 분위기가 차분해진다. 목에 핏줄까지 세워가며 치열하게 토론했는데, 갑자기 "이제부터 입장 바꿔서 해봐"라고 하니 얼마나 황당하겠는가? 하지만 역할 바꾸기는 아주 효과적인 방법이다.

세상일이라는 게 그 입장에 서 봐야 알 수 있는 것이 대부분이다. 같은 경험을 해보지 않으면 자기 생각만 고집하다 상대와 싸우기 쉽다. 그런데 입장 바꿔 토론하게 되면, 지금까지 반박하던 상대 주장을 지지하고 발전시키기 위해 고민해야 한다. 상대가 제시하던 주장과 근거들을 꼼꼼히 살펴보며 자신의 논리와 태도를 반성하게 하는 것이다. 이게 바로 자아 성찰 아닌가!

'찬성일 때는 이렇게 말했지만, 이제는 반대 입장이니 완전 다르게 접근해야겠지?'

그러면서 자연스럽게 서로의 입장차를 이해하게 된다.

'그렇구나. 저쪽 입장에서는 그렇게 주장할 수밖에 없었겠네.'

A 찬성, B 반대로 진행

A 반대, B 찬성으로 역지사지 진행

1단계

여러 의견이 있을 것이고, 크게 보면 찬성과 반대로 나뉠 것이다. 받아들이자는 주장과 거부하자는 주장 양측의 입장을 충분히 살펴보고 이해하는 시간을 갖는다.

2단계

난민을 받아들이자는 A팀과 난민을 받을 수 없다는 B팀으로 나뉘 관련 자료를 조사한다.

3단계

하브루타 방식으로 문답 '끝장' 토론을 벌인다.

4단계

토론 내용을 복기하며 서로의 첨예한 입장차를 확인한다.

다시 3단계

입장 바꿔 끝장 토론을 펼친다. 찬성했던 A팀은 난민을 받아들일 수 없다고, 반대했던 B팀은 난민을 받아들이자고 주장하며 치열하게 문답하는 것이다. 이런 과정을 몇 차례 반복한다.

4~5단계

역지사지 토론으로 참석자들은 양측 의견과 의중을 모두 알고 이해하고 존중하게 된다. 절충적이면서도 창의적인 솔루션을 만들 최적의 상황이 조성된 것이다.

게다가 이렇게 입장 바꿔 토론하다보면 종종 전혀 생각하지 못한 솔루션이, 그것도 아주 창의적이고 창조적인 방법이 만들어지기도 한다. 난민 이슈를 예로 들어보자. 우리나라는 난민을 받아들여야 할까, 거부해야 할까? 여러분은 어떻게 생각하는가?

정치인들이 이런 토론을 해본다면 어떨까? 여당과 야당, 보수와 진보가 늘 역지사지의 태도로 대화하고 조율한다면, 우리나라 정치도 국민이 기대하고 요구하는 수준에 조금씩 맞춰지지 않을까?(너무 이상적인 이야기일 수도 있다. 하지만 그래도 시도는 해봐야 한다고 생각한다) 사실 이런 교육은 초등학교 때부터 이뤄져야 한다. 유대인들이 이런 교육을 가정에서, 그것도 아버지의 주도로 매주 한다고 하니 대단하기도 하고 부럽기도 하다.

하브루타의 목적은 결코 상대를 깔아뭉개는 것이 아니다. 하브루타는 상대를 배려하고 존중하는 가운데 '윈-윈' 할 수 있는 창의적 솔루션을 만드는 도구이며(이것이 토론의 본래 목적 아닌가!), 상생 가능한 대안을 얻기 위해 자료를 찾고 읽고 질문을 준비하고 답하는 과정이다. 게다가 덤으로 토론 주제에 관해 자연스럽게 공부까지 할 수 있으니 얼마나 멋진가!

물론 처음부터 그렇게 되지는 않겠지만 실망하지 말고 꾸준히 연습하다 보면, 어느새 토론으로 다양한 해결책을 도출하는 자신을 만날 수 있을 것이다. 꼭 꾸준히 연습해서 여러분 것으로 만들기 바란다.

일상에서도 활용할 수 있는 효과적 도구, 문제 해결 프로세스

인풋은 문제 해결을 위한 논리적·전략적·창의적 과정을 공부하는 것이다. 이 공부에 도움이 되는 두 번째 방법은 '문제 해결 프로세스'이다. 문제 해결을 위한 논리적 접근법은 인풋을 쌓는 데 유용한 도구인데, 여기서는 '4단계 문제 해결 프로세스'를 소개하려고 한다. 잘 익혀 두면 인생을 살아가는 데도 도움이 될 것이다.

Why?
문제가 왜 발생했지?
이상과 현실의 차이가 왜 생겼을까?

What?
해결해야 할 과제는 무엇일까?
무엇이 핵심 과제일까?

How to?
이 과제를 어떻게 해야 할까?

큰 틀에서 이해하기: 문제 해결을 위한 관점 변화

4단계 프로세스를 설명하기 전에 살펴봐야 할 것이 있다. 효과적인 문제 해결에 꼭 필요한 프레임, 곧 관점의 전환인데, 그것 역시 질문으로 구성되어 있다.

너무 간단해서 시시해 보일지 모르지만, "왜?"와 "무엇을?", "어떻게?"는 모두 쉽게 답하기 어려운 물음이다. 이 세 가지 관점으로 문제를 바라보는 프레임이 생기면, 어떤 문제를 만나도 차분하게 앉아 생각의 나래를 펼쳐 해결책을 찾을 수 있다.

문제 해결의 열쇠가 되는 첫 번째 질문 "왜?"부터 생각해 보자. 모든 문제 해결의 핵심은, 매번 강조하지만 '질문'이다. 이젠 대답하는 데 지쳤는가? 미안하지만, 그래도 질문이다. 문제가 발생한 원인과 이유부터 찾아보자. 당신이 깨달은 이상과 현실의 '차이'Gap는 왜 발생한 걸까? 계획하고 이상적으로 바라는 목표와 지금 현실과의 차이, 그것이 바로 '문제'이다. 그래서 이상과 현실의 차이가 크면 클수록 문제가 심각한 것이다. 특정 이슈나 목표에 관한 당신의 이상과 현실의 차이는 어느 정도인가? 그런 차이가 생긴 이유는 무엇일까?

예를 들어보겠다. 당신은 시험에서 백 점 만점을 받고 싶다. 하지만 현실 점수는 40점이다. 목표와 현실의 차이가 너무 크다. 왜 그런 차이가 발생한 걸까? 여러 이유가 있을 것이다.

- 충분히 공부하지 않아서(가장 보편적인 이유)
- 잘못된 방법으로 공부하거나 아예 공부 방법을 몰라서
- 열심히 하지 않아서
- 공부 시간이 부족해서
- 집중하지 않고 딴생각해서
- 시험 범위가 아니라 엉뚱한 곳을 공부해서
- (하기 싫어서) 포기하고 공부하지 않아서

과연 이 중에서 진짜 이유는 무엇일까?

두 번째는 해결해야 할 '핵심 과제'를 찾는 질문 "무엇을?"이다. 첫 번째 질문으로 이상과 현실의 차이가 생긴 이유를 찾았다면, 반드시 따라오는 질문이 있다. "어떤 것부터 처리해야 할까? 꼭 해결해야 할 건 무엇일까?"

이때 반드시 해결하겠다는 의지로 문제의 여러 원인 중 본질이라고 생각되거나 가장 핵심이라고 생각되는 것을 최우선 해결 과제로 삼으면 된다(이 질문의 답이 여러 개라면, 우선순위를 정해보자).

세 번째는 핵심 과제의 '해결책'을 찾는 질문 "어떻게?"이다. 문제 해결을 위해 해야 할 일을 깨달았다면, 이제는 그것을 어떻게 해결해야 할지 고민해야 한다. "어떻게 해야 할까?" "어떻게 하면 문제를 해결하고 성과를 얻을 수 있을까?"

먼저 문제를 해결할 다양한 아이디어를 구상하면서 그것을 어떻게 실행할지 설계해보자. 어떤 사람과 어떤 방식으로, 어떤 과정을 따라 진행할지 구체화하라는 것이다.

문제 해결 프로세스도 "왜?"에서 "무엇?"으로, 다시 "무엇?"에서 "어떻게?"로의 관점 전환을 따라 흘러간다. 원하는 방향으로 문제를 해결하고 구체적 성과를 얻고 싶다면, 이런 접근법에 익숙해져야 한다.

나만의 문제를 해결하는
4단계 프로세스

문제 해결을 위한 4단계 프로세스의 전체 구조는 아래의 도표와 같다.

1단계. 관찰하기

가장 먼저 해야 할 건 '관찰'이다. 논문 작성할 때도 처음부터 가설을 세우지 않는다. 이상과 현실 간 차이가 생긴 원인이 무엇인지—여러 사회 현상에 관한 기초 자료를 찾아 읽으면서—관찰하는 것이 먼저다. 지금 상황은 이러이러한

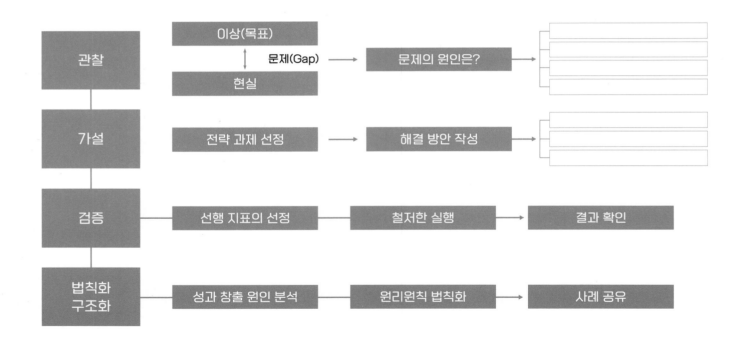

데 원래 바라던 건 어떤 모습이고, 그 둘은 얼마나 다르고 왜 다른지 꼼꼼히 살피는 것이다. 그리고 자신이 생각하는 이상적인 모습이 정확한지 점검할 필요도 있다. 목표로 하는 이상적인 모습이 잘못되어 있다면, 현실과의 차이를 가져온 원인도 제대로 파악하기 어렵다.

이상과 현실 간 차이가 발생하는 원인을—분명 한둘이 아닐 것이다!—관찰하다보면, 핵심 원인이 되는 과제를 발견하게 된다. 그렇다면 다음 단계로 넘어갈 준비가 된 것이다.

2단계. 가설 세우기

가설을 세우려면, 먼저 이상과 현실 간 차이가 발생하는 원인 중에서 '전략 과제'를 선정해야 한다. '이것만 해결하면 다른 것도 다 해결할 수 있을 것 같은' 핵심 원인을 찾으라는 이야기다. 그다음에는 전략 과제를 해결할 방안을 다양한 관점에서 생각해본다. 관찰로 찾아낸 원인 중 핵심 과제를 정하고, 그 해결 방안을 다각도로 생각하고 도출하는 것이 가설 수립 단계다.

3단계. 검증하기

실행을 통해 2단계에서 설정한 과제와 해결 방안을 검증하는 단계다. 수많은 대안을 검토하고 탐색하면서 선택한 해결 방안이 얼마나 효과적이고 실현 가능한지 확인하는 것이다. 검증 방법은 실제로 해보는 것인데, 이때 필요한 것이 '지표'다. 지표란 실행 결과를 객관적으로 평가할 기준으로, 측정 가능한 것이어야 한다.

검증 과정은 다음과 같다.

- 과제를 실행할 구체적 행동, 즉 액션을 지표화한다.
- 실행 지표를 토대로 실행 내용의 결과와 대조하여 정리한다.
- 가설 실행으로 문제가 해결되었는지 객관적으로 평가하고, 실행 전후로 문제 양상이 어떻게 달라졌는지 확인한다.

4단계. 법칙 만들기

가설을 실행해서 예상보다 좋은 결과를 얻었다면, 유효성이 검증된 것이다. 그렇다면 다른 사람들도 그 가설의 원리와 원칙을 따라 할 수 있도록 해당 내용을 공유해보자. 그렇게 하려면 가설 내용과 검증 과정에서 사용한 원리와 원칙을 구조화하고 하나의 규칙적인 법칙으로 만들어야 한다.

드라마로 살펴보는 문제 해결 프로세스 4단계

다음은 세종대왕이 주인공으로 나오는 어느 인기 드라마의 한 대목이다. 이 사건에 문제 해결 프로세스를 적용해보기로 하자. 〈뿌리 깊은 나무〉, SBS

> 세종 재위 기간 중 전국에 전염병이 창궐해서 많은 백성이 목숨을 잃거나 위독한 상태였다. 세종이 꿈꾸고 이상적으로 생각하는 조선은 전염병이 돌아도 백성이 평안하고 행복하게 사는, 우환이 닥쳐도 건강하게 이겨내는 태평성대의 나라였을 것이다. 그러나 현실은 전혀 그렇지 않았다. 당시 조선의 상황은 세종의 이상과 반대로 속수무책으로 백성들이 죽어가는 절망 그 자체였다.

세종은 사태를 해결하기 위해 급히 현장을 방문한다. 문제 원인을 파악하기 위해 현장을 직접 관찰한 것이다. 이것을 경영 컨설팅에서는 '우문현답'이라고 한다. "우리의 문제는 현장에 답이 있다"라는 것이다.

원인이 무엇인지 깊이 관찰한 왕은, 믿을 만한 신하들을 전국으로 보내 전염병 확산 실태를 조사하게 하고, 자신도 직접 활인서(조선 시대에 도성의 의료 관련 일을 맡아보던 곳)를 방문하여 사태의 심각성을 파악한다. 이 과정을 통해 그는 자신이 생각하던 이상적인 모습과 지금의 현실 사이에 차이가 발생한 원인으로 다음 여섯 가지를 찾아낸다.

1. 잘못된 방법으로 방역 수칙을 전달했다

당시 관리들—지금의 공무원—은 특정 내용을 백성에게 알리기 위해 '방'(게시문)을 붙였다. 하지만 아직 한글 창제 전이라 백성 대부분이 문맹이었다. 배우지 못해 글을 읽고 쓰지 못하는 백성들과 글로 소통한 것이다. 정말로 관리들은 방을 붙이면 다들 알아듣고 이해할 거라고 생각했을까? 그렇지 않다는 걸 알면서도 기존 방법대로 처리한 것이다. 한 마디로, 아무 생각 없이 일한 것이다.

세종대왕이 생각한 이상적 모습은?	태평성대. 백성이 행복한 것. 전염병이 돌아도 사람들이 죽지 않고 건강한 것
지금 현재 상태는?	농사직설이 보급되고 한약집성방이 편찬되었지만, 전염병에는 속수무책임(집단 사망)
이상과 현실의 차이(Gap)가 생긴 원인은 무엇인가?	문맹인 백성에게 방을 붙여 보게 한 것. 전달 방법이 잘못됨. 구두로 했어야 함 · 관리들의 경솔하고 생각 없는 태도와 실행 · 백성이 글을 모르는 것 · 백성에게 글을 배울 시간이 없는 것 · 백성이 배우기에는 한자가 너무 어렵다는 것 · 백성에게 글을 가르칠 시설이 없는 것
개선을 위해 선택한 과제는?	전달 방법을 글에서 구두로 바꾼다 · 백성들이 글을 배울 수 있도록 서당을 더 짓는다 · 전염병 대응 방안을 마련해 두고 미리 훈련한다 · 백성이 쉽게 배울 수 있는 글을 만든다.
이 과제가 맞는가? 당신이라면 무엇을 과제로 선택하겠는가?	백성이 쉽게 배울 문자 창제는 중장기 과제이자, 엄청난 시간과 노력과 비용이 들면서도 실패 가능성이 큰-최고 권력자만이 시도할 수 있는-도전이었다. 당시 중국(명)의 영향 아래 있던 조선에게 자체 문자는 엄청난 외교 갈등을 일으킬 '독립 만세' 그 자체였고, 중국(명나라)을 숭상하며 한자만 고집하는 사대부가 이를 용납할 리도 없었다. 양반들은 글을 읽고 쓴다는 이유로 지식과 정보를 독차지하며 누려온 특권을 빼앗길지 모른다는 위기의식 때문에 한글 창제를 목숨 걸고 반대했다. 사회 전체가 혼란에 빠질 위험이 컸지만, 결국 세종은 백성을 위해 조선의 글을 만들어냈다. 다들 '무모하고 바보 같은 짓'이라고 반대했지만, 덕분에 세계에서 가장 아름다운 우리 말 한글을 갖게 된 것이 아닌가! 얼마나 감사한 일인가!

2. (앞에서 언급한 대로) 많은 백성이 글을 모른다

글을 배운 적 없는 문맹이다.

3. 백성은 먹고사느라 바빠서 글을 배울 시간이 없다

뼈 빠지게 일해도 먹고살기 힘든데 언제 배울 시간이 있겠냐고 오히려 반문한다.

4. 백성은 경제적으로 글을 배울 형편이 안 된다

경제적 여유가 없는 것이다.

5. 중국 한자는 백성이 배우기에 너무 어렵다

바쁘고 교육비도 없는 판국에 내용까지 어려우면 누가 배울 생각을 하겠는가?

6. 백성이 글을 배울 곳, 즉 '서당'이 부족하다

국가 재원으로 서당을 세워야 하는데, 서당을 이용하는 사람 대부분은 양반 집 자제이지 일반 서민이 아니다.

여러분이 왕이라면 전염병으로부터 백성을 구하기 위해 이중 어느 것을 '전략 과제'로 선택하겠는가? 가장 쉽고 돈도 많이 들지 않고 빠르게 대처할 방법은, 첫 번째 원인인 대국민 소통 방법을 바꾸는 것이다. 글을 써 붙이는 것이 아니라, 포졸들이 각 마을로 찾아가 백성을 모아 놓고 전달하거나 촌장들을 관아로 불러 그들을 통해 백성에게 전달하는 방식이 효과적이다. 그렇게 하면 전염병 대응법과 방역 수칙 등을 구두로 설명할 수 있다.

만약 조금 더 어려운 과제에 도전하고 싶다면 이건 어떨까? 전국에 서당을 지어서 백성에게 글을 가르치거나(시간과 재정, 노동력이 많이 필요하겠지만) 전염병 대응책을 마련해서 평상시 체계적으로 훈련하게 하는 것이다. 그런데 세종은 왜 국가 주도로 즉시 할 수 있는 대책 대신, 그 어려운 한글 창제를 선택했을까?

지금까지 나눈 세종과 전염병 이야기를 매트릭스 도표로 정리하면 다음과 같다.

가로축은 실행 성과를 나타낸다. 왼쪽으로 갈수록 성과가 작고, 오른쪽으로 갈수록 성과가 크다. 세로축은 실행 난

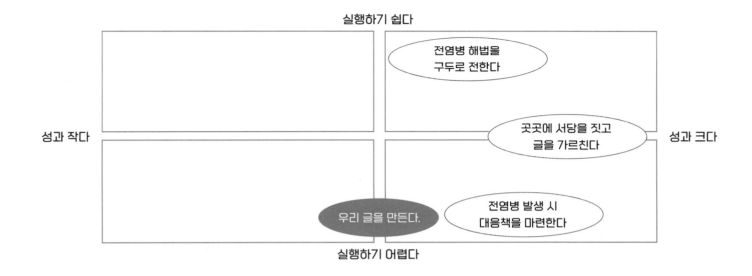

이도를 나타낸다. 올라갈수록 실행하기 쉽고, 내려갈수록 실행하기 어렵다.

사람들은 본능적으로 '최대한 쉽고 성과가 큰' 과제를 선택하려 한다. 아니, 본능이 아니라 당연한 거다. 전국에 전염병이 창궐한 나라의 지도자라면, '방역 수칙과 전염병 대응 방법을 구두로 전한다'라는 과제를 선택할 가능성이 크다. 사람들 모아 놓고 한 번만 설명하면 되니 방법도 간단하

고, 성과도 제법 크고 빠르게 나타날 테니 민심도 다시 돌아올 것이다.

하지만 '여러 곳에 서당을 지어 백성들에게 글을 가르친다'나 '전염병 대응책을 마련해서 사전에 백성을 훈련한다' 같은 과제는 행정력과 시간, 비용 문제로 실행하기 어려울수 있다. 그런데 세종은 '우리 글을 만든다'라는 가장 실행하기 어려운 과제, 당시로는 결과 자체도 확신하기 힘든 과

문제 해결 = 현실과 꿈 잇기, wrike.com

제를 선택한 것이다.

가설을 세우고 전략 과제를 선정할 때는, 효과와 효율의 관점에서 단기 과제를 고르는 것이 보편적이고 합리적이다. 하지만 어떤 경우에는 문제의 본질을 해결하기 위한 중장기 과제에 주목할 필요도 있는데, 세종의 선택이 바로 그런 경우 아닐까 싶다. 국가 차원에서 너무 중요하고 백성을 위해서라도 꼭 해내야 하는 과제를 혼신의 힘을 다해 책임지려는 모습이 한 나라의 리더답고 참으로 아름답다고 생각한다.

자기다움을 찾기 위한 질문

자기다운 모습과 삶, 진로를 찾고 있는 우리 현실을 정리하는 것으로 4단계 프로세스 이야기를 마무리하려고 한다. 먼저 우리와 같은 목표와 과제를 가진, 자기답게 살고 싶은 청년이 있다고 가정해보자.

1단계. 관찰

이상과 현실을 기록한다. 먼저 지금 자기 모습을 살펴본다. 자신이 바라는 이상적인 모습을 작성해본다.

"나다운 모습과 방식으로 나만의 길을 가고 싶다."

그렇다면 현실은 어떨까? "내가 뭘 좋아하고 잘하는지, 무엇을 위해 살아야 하는지 잘 모르겠다."

이상과 현실 간 차이가 생긴 이유를 고민하고 적어본다.

"당연히 여러 원인이 있을 것 같다. 자신을 돌아보지 않아서, 깊이 생각하지 않아서, 방법을 몰라서, 실천하지 않아서, 아는 것이 별로 없어서…" 등등.

2단계. 과제 선정

가만히 살펴보니 이상과 현실 간 차이가 생긴 원인을 '머리로는 아는데 실행할 용기가 없고 실제로 아무것도 하지 않음'으로 정리할 수 있을 것 같다. 그래서 '세 가지 분야에 도전해서 경험을 쌓고 나만의 아웃풋(성과)을 만든다'로 과제를 정했다.

3단계. 실행을 통한 검증

과제 수행을 위한 구체적 활동을 'S.M.A.R.T.' 원칙에 맞춰 다음과 같이 정리했다.

- 흥미와 호기심을 느끼는 열 가지 분야를 고른 뒤, 다시 세 가지 분야로 추린다.
- 분야당 관련 서적을 열 권씩(총 30권) 읽고 정리한다.
- 각 분야 전문가를 세 명씩(총 아홉 명) 만나 인터뷰하고 정리한다.
- 관심 분야 강의 영상을 다섯 개씩(총 열다섯 개) 시청하고 정리한다.
- 각 분야 기업에 인턴으로 지원해서 실제 업무를 경험해본다. 자신에게 맞는다고 여겨지는 분야가 있으면 본격적으로 뛰어들어 경험하고 배운다.

4단계. 법칙화와 구조화

측정 가능한 행동 지표 목록을 작성한다. 예를 들면, 다음과 같다.

- 관심 영역 열 가지 목록을 작성해서 코치님에게 점검받기

- 책 30권 목록과 독서 일정을 작성하고 실천 내용을 매일 친구에게 공유하기
- 멘토와 미팅 후 함께 찍은 인증샷 아홉 장(아홉 명)을 ○○월 ○○일까지 공유하기
- 아홉 명의 인터뷰 내용 정리해서 매주 단톡방에 공유하기
- 2개월 동안 매일 들은 강의 내용 60개를 정리해서 단톡방에 공유하기
- 인턴 인증서를 ○○월까지 획득하여 SNS에 인증샷 올리기

이제 여러분 차례다. 다음 페이지의 도표에 자신의 현실을 반영하여 작성해보라. 솔직하게 정리하고 나름대로 여러분만의 과제와 해결 방안도 적어보기 바란다. 그리고 실행한 것을 친구와 공유하고 서로 애정 가득한 피드백을 나누면 더 풍성해질 것이다.

우리가 살아가는 세상에는 수없이 많은 문제가 발생한다. 미국의 철학자이자 교육학자인 존 듀이는 이렇게 말했다.

"We only think when we are confronted with a problem,"
(인간은 문제가 닥쳤을 때만 생각한다) edexcellencemedia.net

날마다 미디어를 가득 채우는 세상의 크고 작은 문제들을 통해 인사이트를 얻고 해결하고 싶은 문제를 발견했다면, 그 문제를 직면해서 해결할 솔루션을 창조하기 위해 공부해야 한다. 문제를 해결하려면 다양한 인풋이 필요하고, '문제와 정면으로 마주하는 사람이 리더'라는 사실도 명심해야 한다. 우리가 하는 모든 공부가 사람들을 돕기 위한, 세상의 다양한 문제를 해결하기 위한 인풋이면 좋겠다.

당신의 목표는 무엇인가?	
지금 현재 모습은 어떠한가?	
왜 차이가 발생했다고 생각하는가?	
당신이 해결해야 할 과제는?	
과제를 해결할 구체적 방법은? 액티비티 중심으로 작성하라	
측정 가능한 행동 지표는?	

Image

이번 장에서 우리는 아이덴티티와 인사이트, 인풋에서 공부한 내용을 정리해서
'미션, 비전, 핵심 가치, 브랜딩, 브랜딩 실행 목록, 인생 설계도'를 작성할 것이다.
지금까지 그랬듯, 묻고 답하는 쉽지 않은 과정을 반복해야 한다. 하지만 그 덕분에 '삶의 목적인 미션, 그 목적을 이루기 위한
비전, 사고와 판단의 기준이 되는 핵심 가치, 이런 가치를 기반으로 사람들에게 인식시키고 싶은 개인 브랜딩 작업'을 깔끔하게 마무리하고,
그 내용을 앞으로 살아갈 때 기준과 나침반이 될 인생 설계도로 응집하게 될 것이다.

네 번째 'I'. 당신의 꿈을 디자인하라. 이미지

이번 장에서 우리는 아이덴티티와 인사이트, 인풋에서 공부한 내용을 정리해서 '미션, 비전, 핵심 가치, 브랜딩, 브랜딩 실행 목록, 인생 설계도'를 작성할 것이다. 지금까지 그랬듯, 묻고 답하는 쉽지 않은 과정을 반복해야 한다. 하지만 그 덕분에 '삶의 목적인 미션, 그 목적을 이루기 위한 비전, 사고와 판단의 기준이 되는 핵심 가치, 이런 가치를 기반으로 사람들에게 인식시키고 싶은 개인 브랜딩 작업'을 깔끔하게 마무리하고, 그 내용을 앞으로 살아갈 때 기준과 나침반이 될 인생 설계도로 응집하게 될 것이다.

인풋 이야기까지 읽으면서 여러분은 자기다움을 찾는 과정이 어렵다는 사실을 느꼈을 것이다. 혹시 많은 질문과 워크시트 작성에 겁먹고 책을 덮어버린 것은 아닌가? 내용도 쉽지 않고 분량도 많아서 독서 진도 나가는 것도 험난했을 것이다. 그래도 네 번째 장까지 온 것을 열렬히, 진심으로 격려한다. 조금만 더 힘내서 나를 탐색하고 정리해보자.

자기다움은 즉시 또는 바로 완성되는 것이 아니다. 생각의 근육이 붙어야 하는, 시간이 오래 걸리는 훈련이다. 그래서 단기간에 완성하겠다는 '속성' 접근은 별로 도움

되지 않을 수 있다. 긴 호흡을 가지고 지속적으로 고민해야 나의 가치와 방향이 형성된다. 그러니 조급함을 버리고 읽은 것을 곱씹고 되짚어보면 좋겠다.

우리는 첫 번째 'I', 아이덴티티에서 '나는 누구이며 무엇을 가치 있게 여기는지, 어떤 것에 관심과 호기심이 있는지'를, 두 번째 'I', 인사이트에서 '내가 사는 세상에 무슨 일이 벌어지고 있으며, 그 문제를 어떤 관점으로 바라봐야 하는지'를, 세 번째 'I', 인풋에서 '실제로 문제를 해결하기 위해 무엇을 하고 어떻게 공부할지'를 살펴보았다.

이번 장에서 나눌 네 번째 'I'는 '이미지'(당신의 꿈을 디자인하라, Image Your Dream)이다. 구체적이고 체계적으로 자신의 꿈을 디자인하고 정리하자는 것이다. 여러분은 미션Mission과 비전Vision을 정리하고, 핵심 가치Core Value를 찾아 자기만의 브랜딩Branding을 해본 후, 고민해온 모든 것을 종합해서 인생 설계도를 작성할 것이다.

당신의 존재 이유, 당신의 미션은 무엇인가

살아가는 이유는 사람마다 다르다. 아이덴티티에서 고민했던 것을 더 구체화해보려 한다. 공허한 인생이 되지 않으려면 삶의 목적이 분명해야 한다. 부모님이나 중년 세대 선배들은 늘 가족 때문에 산다고 이야기했다. 맞는 말이면서도 잘못된 말이다. 우리가 살아가는 것이 전적으로 가족 때문만은 아니기 때문이다. 가족 외에도 당위성, 살아가는 진짜 목적, 이 땅에 태어난 이유를 찾아야 한다. 삶의 목적이 분명한 사람은 거센 파도가 몰려오고 어려운 일이 닥쳐도 흔들리지 않는다. 살아갈 이유에 집중해서 살아가는Mission-Oriented 사람은 그 중심과 뿌리가 견고하고 탄탄하다. 웬만한 일에는 요동하지 않는다.

하지만 땅속 깊이 내리지 못해서 뿌리가 약한 나무 같은 사람은, 조금만 어려운 일을 만나도 두려워서 숨거나 포기하고 금세 다른 일을 시작한다. 회피하거나 도망가는 것이다. 수많은 파도와 비바람을 마주하는 것이 인생인데, 정말 매번 그렇게 하겠는가?

19세기 프랑스의 유명한 문학가 폴 발레리는 이런 말을 했다.

"당신은 당신이 생각하는 대로 살아야 합니다. 그렇지 않으면 사는 대로 생각하게 될 테니까요."

구체적인 방향을 따라 살지 않으면 무작정 발길 닿는 대로 살게 된다. 바쁜 일상에 치여 하루하루 근근이 살다보면 길 잃은 인생이 되기 쉽다. 그럴 때 한 줄기 빛과 나침반이 되어 주는 것이 '삶의 목적'이다. 중세에 뱃사람들은 별을 보고 방향을 파악해서 바다를 항해했다. 그들은 항해 도중 먹구름과 비바람이 몰려와 별이 보이지 않는 상황을 영어로 'Disaster'(재난, 재앙)이라고 불렀다. 'Disaster'는 영어 단어 'Disappear'(사라지다)와 'Aster'(별)의 합성어 우리 인생도 마찬가지다. 살아갈 방향을 보여주는 기준을 잃고 방황하는 것보다 심각한 재난과 재앙이 어디 있겠는가?

지금 여러분의 인생 항해는 어떤가? 북극성과 나침반을 보면서 하루하루 멋지게 헤쳐가고 있는가? 아니면 어디로 가야 할지 몰라 헤매고 있는가? 자기다움을 찾아가는 여정에서 가장 중요한 것은, 인생의 방향을 정하고 가치관을 정립해서 자신의 뿌리를 탄탄히 세우는 일이다.

개인에게는 '삶의 목적과 이유.' 기업에는 '존재 이유.' 이것이 바로 미션이다. 아이덴티티 나눌 때 언급한 것처럼, 우리는 인생에서 다음 세 가지를 꼭 생각해봐야 한다.

- 의미 있고 가치 있는 것
- 좋아하고 잘하는 것
- 지속적으로 수익을 창출할 수 있는 것

그리고 이 세 가지가 겹치는 부분을 '스윗스팟'이라고 설명했는데, 여기에서 미션은 '의미 있고 가치 있는 것'에 해당한다. 미션은 존재하고 살아가는 이유이자 의미이다. 그래서 미션을 찾고 정리하는 것은 "무엇에 가치를 부여하고 어떤 의미를 추구하며 살 것인가?"라는 물음에 답하는 작업이자 인생에서 매우 중요한 시간이다.

기업과 단체의 미션 사례

미션은 개인뿐 아니라 기업에도 중요한 방향성이다. 기업의 미션은, 사업하는 이유를 구체적으로 자세히 정의한 '업'(業)의 본질과 목적'으로, '기업 이념'이라고도 부른다. 몇 가지 실제 사례를 살펴보자.

유한양행

- 우수 의약품 생산을 통해 국민 건강향상에 기여한다.
- 성실한 납세를 통해 국가 경제 발전에 기여한다.
- 기업 이윤 환원을 통해 사회복지 증진에 기여한다.

유한양행 홈페이지, yuhan.co.kr

자사의 이익과 성장보다 섬기고 기여하는 데 초점을 둔 독특한 미션이다. 대한민국 역대 경영자 중 가장 존경받는 유일한 박사가 세운 유한양행의 기업 이념이다. 탁월한 경영자인 유 박사님은 국가와 백성을 위해 사업을 시작했다고 한다. 1945년 해방 이후 대한민국의 많은 경영자가 박사님과 같은 마음으로 사업을 시작했다는 것은 잘 알려진 사실이다.

아쇼카 재단(Ashoka Foundation)

"모든 사람이 체인지메이커가 되는 세상을 그리다."
Envisioning a World in which Everyone is a Changemaker.

---

ashoka.org

미국의 사회적 기업가 빌 드레이튼이 1980년 설립한 아쇼카 재단은, 사회 문제에 대해 지속 가능한 해결책을 제시할 '체인지메이커'를 전 세계에서 육성 지원하고 있다.

세계적인 경영 컨설팅 회사 맥킨지에서 컨설턴트로 일하던 드레이튼은, 기업이 사회적 가치를 추구하며 사회 문제를 해결하기 위해 노력해야 함을 깨닫고 아쇼카 재단을 세웠다고 한다. 설립자 개인 자금으로 작게 시작했지만, 현재 아쇼카 재단은 3천만 달러 이상의 대규모 자금을 운용하며 전 세계 체인지메이커들을 '세상을 변화시킬 핵심 집단'으로 길러내고 있다.

드레이튼은 청년자기다움학교를 설립하는 데 큰 영감을 준 사람 중 하나다. 대학원 졸업 후 일반 기업 대신 경영 컨

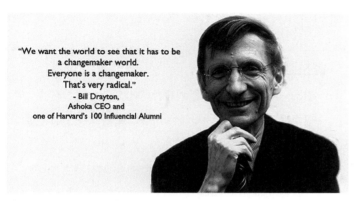

"We want the world to see that it has to be a changemaker world. Everyone is a changemaker. That's very radical."
- Bill Drayton, Ashoka CEO and one of Harvard's 100 Influencial Alumni

아쇼카 재단 설립자 빌 드레이튼
cdn.quotesgram.com

설팅 회사에 간 것은 그가 근무했던 맥킨지가 궁금해서였고, 경영 컨설팅을 전혀 모르는 상태에서 바보 같은 도전을 하게 된 것도 그에게 받은 영감 덕분이었다. 그 도전으로 나는 20년 동안 기업을 컨설팅하고 학생들을 가르치며 의미 있는 일을 하고 있다. 그래서 늘 그에게 감사하고 있다.

MCA 경영 컨설팅

MCA 경영 컨설팅은 내가 설립한 회사이다(그러므로 이것은 나의 미션이기도 하다).

> • 자기다움과 탁월함으로 세상에 선한 영향력을 세워갈 미래 대한민국 리더를 양성한다.
> • 다양한 사회 문제를 직시하고 직접 뛰어들어 해결할 혁신적 기업가를 양성한다.
> • 경영 컨설팅과 교육, 스타트업 육성으로 더 나은 세상을 만드는 데 기여한다.

이것이 MCA 경영 컨설팅, 그리고 인간 이주열이 존재하는 이유이자 목적이다.
미션을 정리할 때는 멋있게 보이기보다 자기 생각을 자기 언어로 분명하고 또

렷하게 표현하는 데 집중하라. 화려한 미사여구만 늘어놓으려 하지 말고 솔직담백하고 실행 가능한 내용을 적어라. MCA 경영 컨설팅의 세 가지 미션은 직접 실행하면서 작아도 꾸준히 열매 맺고 있는 내 이야기이다. 여러분도 구체적이고 명확한 자기만의 미션, 삶의 방향과 뿌리가 되는 신념을 작성해보라.

개인 미션 사례

청년자기다움학교에 참여했던 청년들이 작성한 미션 스테이트먼트를 소개하겠다. 개인의 미션은 '당위성 있고, 마땅히 해야 하며, 실행하려고 하는' 바를 정의한 것으로 생각하면 좋겠다.

널스노트(Nurse Note) 오성훈 대표

다음은 제자 오성훈이 세운 회사 '널스노트'의 미션 스테이트먼트이다. 대부분의 기업 미션 스테이트먼트에는 창업가의 설립 이념, 동기가 반영된다. 당연히 여기에도 오 대표

의 가치와 의미가 담겨 있다.

> **널스노트는**
> - 간호사의 아픔과 절망을 기쁨과 희망으로 변화시킨다.
> - 간호사를 진심으로 사랑하는 마음으로 간호사가 더 간호하기 좋은 환경을 만든다.
> - 대한민국 간호계에 새로운 패러다임을 제시하고 그들의 일터와 라이프스타일을 개선한다.
> - 2020년까지 어플리케이션 사용자 1만 명을 확보하고 간호사 관련 컨텐츠, 커뮤니티, 쇼핑몰, 교육 사업을 진행한다.
> - 2025년에는 대한민국 간호사의 50퍼센트 이상이 사용하는 플랫폼으로 성장해서 그들에게 복음과 희망의 메시지를 전할 것이다.

오성훈 대표는 간호사 출신이다. 그는 많은 간호사가 일을 시작한 지 얼마 되지 않아 병원을 떠나는 것이 안타까워 창업했다고 한다. '환자는 간호사가 돌보지만 간호사는 누가 돌보나요?—간호사를 간호하는 기업'이라는 브랜딩 슬로건처럼, 오 대표는 널스노트가 간호사들의 눈물과 슬픔,

절망을 기쁨과 희망으로 변화시키기를 꿈꾸고 있다. 또한 널스노트와 함께하는 간호사들이 더욱 성장해서 많은 환자를 잘 돌볼 수 있게 돕고, 그들의 일터와 라이프스타일을 지속적으로 개선하는데 헌신하고 있다. 정말 멋진 친구다. 종종 '나보다 낫다. 이젠 오히려 내가 배워야겠다'라고 생각하게 할만큼 놀랍게 성장하는 제자들이 있는데, 오성훈 대표도 그중 한 명이다.

공감 전문가 박예은

다음은 '공감'을 통해 진정한 위로를 전하고 선한 영향력을 흘려보내는 것이 미션인 박예은의 미션 스테이트먼트이다.

> 나의 사명은 공감을 통해 진정한 위로와 선한 영향을 끼치는 것이다.
>
> 위로받지 못하는 사람들에게 진정한 위로를,
>
> 선하지 않은 곳에 선한 영향력을 끼치는 사람이 될 것이다.
>
> 나는 강의를 통해 이러한 위로와 선한 영향을 끼칠 것이다.
>
> 10년 후, '공감 전문가'로서 사람들에게 공감을 전할 것이다.

미션 달성 도구로 '강의'를 선택한 박예은은, 10년 내 공감 관련 전문가와 강사가 되겠다는 비전을 품고 열심히 살아가고 있다. 이 미션 위에서 그의 자기다움이 어떻게 선한 영향력으로 이어질지 정말 기대된다.

감사 컨설턴트 박수빈

다음은 청년들을 섬기는 '감사 컨설턴트'가 되겠다는 제자 박수빈의 미션 스테이트먼트이다.

> 나의 사명은 모든 청년이 범사에 감사하며 행복한 삶을 영위하도록 돕는 감사 컨설턴트가 되는 것이다.
>
> 이를 완수하기 위해 나는 감동과 즐거움을 주는 강사이자 코치로서,
>
> 2030년 아프리카 자기다움학교 대표가 되어 매년 300명 이상의 비저너리를 섬길 것이며,
>
> 2040년 국내외 자기다움학교 재단을 설립하여
>
> 전 세계 청년들이 자기다움을 찾고 세상에 선한 영향을 미치도록 도울 것이다.

감사의 중요성과 삶에 미치는 긍정적 영향을 깨달은 멋쟁이 수빈이는, 감사하는 습관이 어렵고 힘든 삶을 이겨내고 변화시킬 열쇠임을 사람들에게 전하고 교육하는 것을 미션으로 삼았다. 정말로 2030년에 수빈이가 아프리카 청년 자기다움학교를 설립해서 멋지게 섬기는 모습을 보고 싶다. 시간이 지나고 상황이 달라지면 미션의 방향도 바뀔 수 있지만, 우리가 함께 꿈꾸던 일들은 꼭 이뤄졌으면 좋겠다.

여러분도 진지하게 자신의 미션을 생각해보고 정리하면 좋겠다. 사실 미션을 명확하고 구체적인 문장으로 적어서 갖고 다니는 사람들은 많지 않다. 인생의 방향을 기록해놓고 매일 가슴에 새기며 실천을 다짐하는 것이야말로 미션을 행동에 옮기는 첫걸음이라고 생각한다. 진득하게 앉아서 생각의 근육을 단련하는 시간을 꼭 갖기 바란다.

더 나은 세상을 위해 바보 같은 도전을 지속하고 있는 제자들이 자랑스럽다

목적을 이루기 위해 디딤돌이 되어주는 비전

미션에 이어 살펴볼 것은 비전이다. 비전은 미션과 조금 다르다. 존재하는 이유이자 목적인 미션은 추상적 개념에 가깝지만, 비전은 미션을 이루기 위해 차근차근 밟아가는 디딤돌이자 단계별 목표라고 할 수 있다.

기업 비전 사례

먼저 기업의 비전을 살펴보겠다. 기업에서는 비전을 목표 또는 지향점으로 정의한다. 그래서 '비전 2030' 같은 슬로건을 내걸고 "2030년까지 매출 10조 원을 달성하고, 신규 시장 세 곳을 개척하고, 신성장 동력 기술 다섯 가지를 확보해서 지속적 성장의 끈을 이어 가겠다"라는 구체적이고 단계적인 목표를 설정한다.

삼성전자

다음은 삼성전자가 2019년 시스템 반도체 분야 투자를 확대하며 내놓은 '비전 2030'의 주요 내용이다. 일반적으로 이렇게 정한 비전은 3년에 한 번씩 살펴보고 수정 보완한다.

> • 시스템 반도체 경쟁력 강화 : 설비 · 연구 투자(133조) 및 생산 확대
> • 시스템 반도체 생태계 강화 : 중소 팹리스(Fabless, 반도체 제조 공정 중 설계와 개발을 전문화한 기업) 기술경쟁력 및 생산 지원

etoday.co.kr

현대 제철

다음은 한국 최초 철강회사인 현대 제철이 2019년에 내놓은 '비전 2020'이다. 2020년까지 무엇을 어떻게 하겠다는 구체적 목표가 분야마다 정의되어 있다.

> • 미래상 : '철, 그 이상의 가치 창조'
>   Engineering the Future beyond Steel
> • 사업 전략 : 어플리케이션 엔지니어링
>   Application Enginnering

- 경영 인프라 : 개방형 시스템Open System
- 정보 기술 : 지능형 플랫폼Smart Platform

현대 제철은 이 비전을 통해 2020년 26조 원 매출을 달성하고, 2025년 매출 31조 규모의 글로벌 기업으로 성장하겠다는 목표를 정했다. 이렇듯 기업들은 존재 이유인 목적을 중심에 두고 매년 향후 3~5년을 내다보는 비전으로 달성 목표를 제시하며 직원 참여를 끌어내고 있다.

개인 비전 사례

저자의 비전

다음은 내가 2014년 작성한 '비전 2020'이다. 내가 설립한 MCA 경영 컨설팅 회사의 비전이라고도 할 수 있다.

2020년까지 이주열은
- 청년자기다움학교의 핵심 코치 열두 명을 양성한다.
- 전국 주요 대학 30곳에 자기다움학교 과정을 교양 필수

과목으로 개설한다.
- 사회 변혁을 일으킬 스타트업 CEO 포럼의 정예 멤버 100명을 구성한다.
- 30명 이상 직원을 둔, 존경받고 영향력 있는 스타트업 20곳을 설립한다.
- 청소년자기다움학교를 개설해서 청소년 천 명의 미래를 돕는다.
- 퇴직자 100명의 취업과 창업, 창직을 돕는다.
- '자기다움, 선한 영향력'과 관련된 영상 콘텐츠 150개 제작에 도전한다.
- '전 국민 자기다움 프로젝트'를 실시하며 관련 기업 광고 시리즈를 제작한다.
- 전 세계 열 개 국가를 무대로 자기다움 순회강연을 열어 1천 명의 꿈을 돕는다.

눈썰미 있는 독자라면 눈치챘을지 모르지만, 이 비전에는 두 가지 특징이 있다. 먼저, 매출 목표가 없다. 미션 자체가 사람을 양성하고 키우는 것이라 단계별 목표도 같은 맥락을 따른 것이다. 그리고 목표마다 기간과 분량을 수치로

표현했다. 언제까지 무엇을 하겠다는 내용을 수치로 표현한 덕분에, 성취 여부를 정확하게 판단하고 측정할 수 있다. 숫자를 사용해서 측정 가능한 목표를 만드는 것은 매우 중요하다.

이 책을 쓰고 있는 2023년, 나는 이 비전들을 얼마나 달성했을까?

– 청년자기다움학교 코치는 목표를 훌쩍 넘어 스무 명을 양성했다. 가장 큰 성과였다. 제일 중요한 비전이었는데, 공감하고 동참해 준 제자들에게 감사할 따름이다. 그리고 2021년 코치 중 한 친구에게 청년자기다움학교 운영을 맡겼는데, 그가 바로 오해영 대표이다. 그는 훌륭하고 신실한 리더이다(현재 나는 청년자기다움학교 설립자로서 섬기고 있다).

– 30개 대학에서 자기다움 콘텐츠를 교양 필수 과목으로 가르친다는 비전은, 송도 한국뉴욕주립대학교에서의 한시적 강의와 넥스트캠퍼스 MOOC 개발로만 이루어졌다. 하지만 MKYU에서의 강의 개설로 많은 사람이 듣고 배울 기

청년자기다움학교 코치 20명. 그리고 공동설립자 유훈 코치와 함께

반을 다졌으니 절반의 성공이라 하겠다.

– 스타트업 CEO 포럼 정예 멤버 100명 구성도 아직 진행형이다. 서울벤처대학원대학교에서 서울벤처포럼을 만들어 함께하는 이들이 30명 정도 되기는 하지만, 아직 갈 길이 멀다. 그래도 30퍼센트 이상은 달성한 것 같다.

– 직원 30명 이상 규모의 영향력 있는 스타트업 스무 곳

을 세우는 '컴퍼니 빌딩'Company Building0에 도전했지만, 그 정도 규모 기업은 아직 두 곳밖에 되지 않는다. 목표를 너무 높게 잡거나 실행 과정에서 집중하지 못한 것 같다. 그래도 다시 도전해서 꼭 이뤄보려 한다.

- 청소년자기다움학교로 청소년 1천 명을 돕는 것은, 내가 아니라 제자들을 통해 실행할 영역임을 깨달았다. 후배인 신기한 대표의 티움교육과 다양한 청소년 콘텐츠를 만들었지만, 수익성이 지속 가능함의 핵심임을 다시 한번 뼈저리게 깨달았다. 제자 중 박수빈이나 조대경 같은 친구들이 이 일에 관심을 보여서, 그들이 도전할 수 있도록 지원하려고 한다.

- 퇴직자 100명의 취업과 창업, 창직을 돕는 것은, 이 시대에 너무나 필요한 일이다. 내 선배들도 퇴직하기 시작했고, 친구들도 퇴직을 앞두고 있다(퇴직 후에 어떻게 살아야 할지 청년들과 나누기 위해 이 책을 썼지만, 사실 이것은 나이 불문하고 누구나 참고해야 할 내용이다). 지난 6년 동안 나와 함께 비즈니스 모델을 공부하고 창업과 창직을 고민하며 자기 사업에

도전한 이가 최소 52명 정도 된다. 이것도 절반의 성공인 듯싶다.

- 자기다움과 선한 영향력과 관련된 영상 콘텐츠는, 공모전에 참여한 영상과 청년자기다움학교 유튜브 영상, 강의 영상 등을 다해 100편이 아직 안 된다. 67퍼센트 정도 이룬 것 같다.

- 전 국민 자기다움 프로젝트와 함께 관련 기업 광고를 시리즈로 제작하기 위한 출발점으로 영상 공모전을 열었다. 안타깝게도 별로 주목받지 못했지만, 다시 도전해 볼 생각이다. 이 프로젝트에 관심 있는, 사회 변혁을 꿈꾸는 의식 있는 기업들과 연결되기를 기대한다.

- 전 세계 열 개 국가에서 자기다움 강연으로 1천 명의 꿈을 돕겠다는 비전도 아직 결과가 만족스럽지 않다. 여기서는 청년들의 간절함과 열정 덕분에 중국 유학생들과 자기다움 이야기를 나눌 수 있었던 특별한 경험을 나누고 싶다.

2019년 어느 날, 북경 칭화대학교에서 공부 중이던 제자

2019년 북경 비전 컨퍼런스 '자기다움' 강연에 초청한 제자들

김선화에게서 연락이 왔다.

"교수님, 북경에 오셔서 제가 출석하는 학원로교회 유학생 청년들에게 자기다움 강연을 해주실 수 있을까요?"

이때 강연을 부탁하러 북경에서 날아온 김소리 제자와 이정아 제자, 나중에 북경에서 만난 이수연 제자와 김지현 제자의 노력과 수고 덕분에 계획에 없던 해외 강연이 성사되었다. 말 그대로 '보배' 같은 친구들이다. 타국에서 공부하면서 정체성이 흔들리고 무엇을 어떻게 해야 할지 막막해하는 유학생들에게, 자신을 발견하고 인생의 방향을 궤도 수정할 기회를 제공하고자 겁 없이 도전한 제자들이 정말 기특하다.

그리고 코로나19 팬데믹 시기에는 온라인으로 미국과 영국 등의 유학생 청년들을 만나 잠시나마 유익한 시간을 갖기도 했다. 이 미션도 내게는 현재진행형이다. 앞으로도 자

이주열 교수의 2025 비전

	세상의 다양한 문제를 해결하는 가슴 따뜻하고 도전적인 융합형 인재 육성	스타트업 CEO들을 가르치고 멘토링 해서 성장시킬 코치 양성	가치와 신념, 그리고 다음 세대를 위해 기꺼이 금전적 투자로 함께할 투자자 양성
	스타트업 CEO 양성	컴퍼니 빌더(Company Builder) 양성	임팩트 인베스터(Impact Investor) 양성
목표	스타트업 CEO 인재 Pool 300명 구축	각 분야 전문성을 갖춘 50명	다음 세대를 키우려는 투자자 100명

세부 내용	도전정신이 강한 스투피드 챌린저
	· 'Why?'를 정립하여 사명감에서 시작함
	· 확실한 대가를 치르고자 하는 용기 필요
	· 다니엘과 세 친구처럼 팀 구성을 해온
	  사람 선발
	
	자기다움에 관한 이해
	· 개인의 미션, 비전, 핵심 가치, 브랜딩 설정
	· 인사이트(통찰) 훈련과 문제 해결 방법 습득
	· '감사, 탁월, 집요, 신뢰, 펀' 태도 훈련
	
	비즈니스 모델과 사업계획서 교육
	· 페인 포인트 분석, 아이디어 도출
	· PSR을 통한 기존 통념 뒤집기
	· 사업계획서 작성 및 피드백
		함께 뛰고자 하는
		'리얼 프로페셔널'(Real Professional)
		· 코치의 핵심은 '따스한' 탁월함
		· 기획, 비즈니스 모델, IT 분야 코치 확보
		· '원 스피릿'(One Spirit)으로 공동체를 세워
		  갈 사람
		
		코칭의 기본과 멘토링 방법 교육
		· 코칭과 비즈니스 모델에 관한 이해와 문제
		  해결에 필요한 도구 학습
		· 실전 코칭을 통해 역량 강화
		
		비즈니스 모델 '빌드 업' 교육
		· 스타트업 분야별 성공 사례분석 및 토론
		· 비즈니스 모델 디자인 훈련
		· 각 분야 전문성에 기초한 토론과 대안 제시
			미래 리더 육성에 투자하는 리더
			· 자기 사업을 운영해 본 CEO로 구성
			· 1년에 1억 이상 후배 사업가에게 투자 가능
			· 단순 투자가 아닌 동행할 사람이 참여
			
			스타트업 생태계 이해
			· 스타트업, 무엇이 다른가?
			· 기업가 정신 POPs에 관한 이해
			· 트렌드 왓칭(Trend Watching)과 투자 실습
			  데모 데이
			
			임팩트 비즈니스와 투자 이해
			· ESG란 무엇이며, 임팩트 비즈니스란 무엇
			  인가?
			· 지구를 살리는 기업에 투자 사례 연구
			· 시대정신과 가치관을 갖고 투자하도록 자문

방법	열 개 팀 선발 40시간 교육, 원데이 클래스 월 1회	50명 선발 및 40시간 교육, 원데이 클래스 월 1회	20명 선발 및 20시간 교육, 원데이 클래스 월 1회

기답게 살기 위해 애쓰는 전 세계 모든 이를 돕기 위해 더욱 분발하겠다.

지난 시간 어떻게 살아왔는지 한눈에 볼 수 있다는 것이야말로 비전을 작성하고 리뷰하는 가장 큰 매력이다. 비전의 발자취를 따라가보면, 자신이 적어도 향방 없이 살지는 않았음을 알게 된다. 비전은 살아갈 삶에 관한 구체적 행동 지침이자 목표 달성에 집중하게 하는 나침반이 되어 준다.

이같이 비전은 미션과 달리 세부 목표를 나눠 단계적으로 실행하며 결과를 만들어 간다. 그리고 2021년 초 작성한 '2025 비전'을 나누고 싶다. 향후 5년은 시간과 돈 사용, 만나는 사람들, 노력의 방향이 이 비전 달성에 맞춰질 것이다. 여러분도―내가 작성한 것에 매이지 말고―자유롭게 자신의 미션을 작성해 보기 바란다.

한현재 제자의 비전

다음은 청년자기다움학교에서 공부한 한현재 제자의 비전이다. 흥미롭게도 그녀는 장기와 단기로 나눠 비전을 수립했다.

단기적 : 작은 목표 성취를 통한 미션 달성

• '온도시' 모임을 통해 최대한 많은 탈북민에게 교류의 장 제공
• 〈빅이슈〉 잡지를 통해 4050 노숙자들과 소통하는 방법 습득
• 선교사들에게 흘려보낼 자원 확보

장기적 : 피곤한 자와 무거운 짐 진 자들에게 쉴 곳 제공

• 필요한 이들에게 생필품과 식사, 공부방 제공
• 선교사들에게 한국에서 쉴 수 있는 공간 제공

한현재 제자는 단기 목표를 먼저 성취하기 위해 실제로 '빅이슈 코리아'Big Issue KOREA에서 근무하고, 노숙자들과 소외 계층, 빈곤층이 자신의 삶을 건강하게 변화시킬 해결책을 개발하는 비영리 사회적 기업에서 현장을 경험한 멋진 친구다. 그녀는 장기적으로 쉼이 필요한 이들을 위해 지속 가능한 공간과 자원을 마련할 방법을 구상 중이며 계속해서

도전을 이어가고 있다.

또한 다른 단기 목표에 등장하는 '온도시' 모임은 탈북 청년과 남한 청년이 서로를 알아가며 통일을 준비하기 위해 그녀가 마련한 교류의 장이다. 그와 함께 남한 청년과 탈북 청년이 함께 강연을 듣고 토론하며 마음을 나누는 '남북 살롱 브릿지워크'라는 행사도 열었는데, 참으로 대견하고 기특했다.

내 삶의 의사결정 기준 - 핵심 가치

핵심 가치는 미션을 이루기 위해 반드시 지켜야 할 의미이자 의사 결정 기준을 말한다. 미션을 이루는 과정에서 어떤 가치에 따라 판단하고 결정하고 실행할지 정리한 것으로, 미션 완수와 관련된 모든 생각과 행동의 기준이 된다. 일상에서 구체적 결정과 행동의 근거로 적용해야 하므로 최대한 구체적으로 작성하는 것이 좋다. 그래서 대개는 '정직'이나 '성실' 같이 보편적인 단어로 규정한 뒤, 그에 관한 조작적 정의를 내리고 그 정의에 따라 행동 방침을 만들어 실

행한다.

개인 핵심 가치 사례

다음은 제자들이 작성한 핵심 가치 사례이다. 자신의 핵심 가치를 정립할 때 참고하면 좋겠다.

- 겸손함 : 내가 아니라 하나님 능력으로 했음을 나타내는 것
- 꾸준함 : 깊은 신뢰를 쌓아가는 데 꼭 필요한 것
- 포용력 : 모든 이야기를 편견 없이 온전하게 경청하는 것
- 탁월함 : 공감하고 위로하는 것과 함께, 합당한 때 합당한 도움을 주는 것

단순히 좋은 단어를 나열한 것이 아니라, 그 단어에 자신이 생각하는 의미와 가치를 부여하여 조작적 정의를 한 것이다. 이렇게 자기다움 공부에서 조작적 정의를 많이 활용하기 때문에, 자기 생각과 가치를 다르게 정리하는 훈련을 꼭 해보기 바란다.

- 심(찾을 尋) 미(아름다울 美) 감(느낄 感) : 올바른 전제를 찾고 그것을 통해 아름다움을 느끼는 안목, 본래 아름답게 창조된 것을 인식하고 향유하는 분별력
- 진심 : 사람들과 만나거나 일하거나 메시지를 전할 때 근본적 힘이 되는 것
- 실패와 성취 : 실패를 두려워하지 않으며 작은 성취라도 꾸준히 경험해서 자기 것 삼는 것
- 지식 : 아름다움이 순간적 감정으로 끝나지 않게 하는 데 필요한 힘

평소 중요하게 여기며 추구하던 것을 규정하고 적절히 조작적 정의했음을 알 수 있다. 이렇게 완벽하게 정해진 답이 아닌, 남과 다른 나만의 해석과 가치를 담아 생각을 정리하는 훈련이 자기다움의 여정이다. 그러나 정의만 하고 실행하지 않으면 아무 일도 일어나지 않는다. 이것을 실제 의사 결정과 행동의 기준으로 적용하는 것이 가장 중요하다.

나의 미션과 비전, 핵심 가치 작성하기

미션과 비전, 핵심 가치는 창업 준비생이나 기업 경영자만을 위한 것이 아니다. '살아가는 이유'(미션)와 '그렇게 살기 위한 단계별 목표'(비전), '그렇게 살기 위해 지켜야 할 판단과 의사 결정 기준'(핵심 가치)은 가치 있고 의미 있는 인생을 살아가는 데 꼭 필요한 기초와 시금석이다. 지금까지의 설명을 참고해서 다음 도표에 여러분의 미션과 비전, 핵심 가치를 정리해보라. 충분히 고민하고 생각하면서 정리해두면, 든든한 인생 나침반이 되어 줄 것이다.

나의 미션과 비전, 핵심 가치

미션(Mission) 존재 이유와 사명	
비전(Vision) 목표, 지향점	
핵심 가치(Core Value) 의사결정 기준, 행동양식	

언제까지 소비만 하며 살 것인가?
당신 이름을 걸고 자기만의 브랜드를 만들라!!

지금은 '퍼스널 브랜딩' 시대다. 언제까지 남이 만들어 준 제품과 서비스를 소비만 하며 살 것인가? 자신의 가치와 생각과 신념을 담은 제품과 서비스 생산자가 될 생각은 없는가? 소비자가 아닌 생산자로 살아야 하는 시대다. 나만의 가치를 담은 제품과 서비스와 컨텐츠, 브랜드를 론칭하는 것은, 세상에 또 다른 나를 공개하는 것이다.

흔히 브랜딩이라고 하면, 고객이나 소비자가 특정 브랜드를 변별력 있고 가치 있게 인식하게 만드는 활동을 떠올린다. 자기가 자신을 남에게 알리는 마케팅과 반대로, 브랜딩은 남들이 자신에 관해 이야기하게 만드는 것이 핵심이다.

"저 사람, 저 분야 전문가 맞는 거 같아."

"저 사람이 그 분야 최고야!"

내가 나를 소개하고 자랑하는 것도 필요하지만, 타인이 나를 알아보고 이야기하고 자랑해준다면 더 좋지 않을까? 그래서 자기답게 살아가는 사람은 자기만의 색깔과 생각을 반영한 특별한 이름(브랜드)을 갖고 있다. 이름 석 자 앞에 붙어서 우리를 함축적으로 설명해줄 그 무엇 말이다. 퍼스널 브랜딩에는 실제로 '나, 이렇게 살고 싶어요'라는 간절한 소망과 꿈이 담겨 있는 것 같다.

그런데—자기 자신과 관련해서—아무리 애를 써도 포장되지 않는 것이 하나 있다. 자기답게 살아가는 삶 자체다. 뒤집어 보면, 자기답게 사는 것이 가장 효과적인 브랜딩이라는 말이 된다. 그런 관점에서 퍼스널 브랜딩을 조작적 정의해보면 다음과 같다(물론 정답은 아니다. 철저하게 내 생각과 경험과 가치를 담은 것이다).

나는 어떤 사람이고, 어떤 가치를 추구하며, 타인에게 어떻게 보이고 싶은지 스스로 묻고 답하면서 자신의 새로운 이름을 만들고, 그 이름대로 살겠다는 자신과의 약속

브랜딩 연습1_ 이름으로 브랜딩하기

앞의 정의를 염두에 두고, 아주 쉽게 브랜딩을 경험해보자. 영어 알파벳으로 표기한 여러분 이름만 있으면 된다. 영어 이름의 각 알파벳 철자에 여러분이 '되고 싶고 보여주고 싶은' 자기 모습을 진솔하게 담아 보

는 것이다.

내가 먼저 해보겠다. 내 이름을 영어로 표기하면 'LEE JOO YEUL'이 된다.

Ⓛ **Love Enough** : 사랑 넘치는 사람

Ⓔ **Excellent** : 탁월함을 추구하는 사람

Ⓔ **Educator** : 교육으로 세상을 변화시키는 교육자

Ⓙ **JAL**(우리말 '잘'을 발음대로 표기한 것) : 무엇이든 '잘' 해내고 싶은 사람

Ⓞ **Opportunity** : 다음 세대 청년들에게 기회를 만들어 주는 '키다리 아저씨' 같은 사람

Ⓞ **Optimist** : (인생의 파도를 넘나들며 어렵고 힘든 상황도 긍정적으로 바라보고 즐기는) 낙천적인
 사람

Ⓨ **Yanus** : 처음Beginning과 끝Ending, 시작Start과 변화Change를 지속적으로 추구하는 사람

Ⓔ **Eternity and Everlasting** : 영원한 것을 추구하고, 변하지 않고 지속하며 한결같은 사람

Ⓤ **Us** : 늘 '우리'를 위하고 공동체를 먼저 생각하는 사람

Ⓛ **Look Future and Look after Others** : 미래를 내다보며 주변을 돌보는 사람

내가 꿈꾸고 소망하는 것을 영어 이니셜처럼 표현해 보았다. 내 인생을 향한 소망이자 이상
적인 모습이며, '사람들이 나를 이렇게 봐주고 기억해주면 좋겠다'라는 바람이 가득 담겨 있다.

여러분도 자신의 알파벳 이름에 평소 바람과 이상, 가진 모든 것을 함축해서 브랜딩해보라.

다음은 청년자기다움학교에 참석한 제자 전대하 청년의 브랜딩 사례이다.

ⓙ Joyful : 언제 어디서든 즐거움을 잃지 않는 사람

ⓤ Understanding : 사람을 이해하려는 사람

ⓝ Never Stop Develop : 발전을 멈추지 않는 사람

ⓓ Do : 실행하는 사람

ⓐ Act : 진짜 실행하는 사람

ⓔ Every moments : 모든 순간에도, 어떤 순간에도 실행하는 사람

ⓗ Humble : 겸손한 사람

ⓐ And : 다음을 기대하게 되는 사람

다들 이런 사람으로 인정받고, 실제로도 그렇게 살고 싶은 소망을 담아 브랜딩했다고 생각한다. 그러나 중요한 것은 실천이다. 아무리 좋은 단어를 갖다 붙여도 그렇게 살지 않으면 브랜딩은 허상에 불과하다. 이름대로 살아야, 이름에 걸맞은 삶이 뒷받침되어야 브랜딩이 효과를 거둔다는 것이다.

이제 여러분 차례다. 아이덴티티에서 살펴본 내용을 참고해서 여러분 이름으로 브랜딩해보기 바란다. 영어도 좋고 한글도 좋다. 어떤 언어든 상관없다. 여러분 자신의 생각과 가치와 신념과 해석이 담긴, 진심이라는 것을 느낄 수 있으면 충분하다.

탁월하게 나답게 사는 삶

브랜딩 연습2_
키워드와 이미지로 브랜딩하기

여기에서는 인풋(3장)까지의 내용을 토대로 자기만의 브랜딩을 작성해보자. 퍼스널 브랜딩은 '나라는 사람'의 가치와 철학을 녹여내는 데 중점을 둔다. 여러분은 이 세상과 다음 세대에게 어떤 사람으로 기억되고 싶은가?(살아가는 이유와 비전, 핵심 가치, 좋아하고 잘하는 것 등을 모두 담아 함축하는 작업이 브랜딩일 것이다)

다음 설명을 따라 떠오르는 단어와 문장을 다른 사람이 쉽게 이해하고 받아들이도록 작성해보자.

1. 자신을 가장 잘 설명해주는 키워드를 고른다

아이덴티티에서 자신을 가장 잘 설명하는 키워드로 고른 열두 단어를 참고하라. 살아온 여정에서 가장 많이 들었고 듣고 싶었던 단어, 자신의 가치와 신념을 담아낸 키워드를 적어보라.

2. '이렇게 살고 싶다. 이런 사람으로 기억되고 싶다'라는

내용과 원하는 이미지, 느낌을 적는다

이름으로 이니셜 브랜딩 작업한 것을 참고해도 좋고, 자신의 꿈과 소망을 담아도 된다. 물론 '사람들이 나를 이렇게 기억해주면 좋겠다'라는 바람이 담겨 있어도 괜찮다.

3. 이상의 내용을 함축해서 자신의 브랜딩을 작성하고, 그에 관한 자신의 해석을 기록한다

4. 브랜딩한 것을 실제로 이루기 위해 지속적으로 실천할 핵심 행동을 정리한다

의미와 해석이 아무리 멋져도 실제로 그렇게 살지 않으면, 누구에게도 인정받지 못할 것이다. 말만 하고 실천하지 않으면, 절대 그 브랜드가 될 수 없다. 가장 중요한 것은 '실천'이다. 개인 브랜딩을 온전히 완성하려면, 진정성을 담아 스스로 꾸준히 실천해야 한다. 그래야 사람들도 여러분을 그런 존재로 인정하고, 여러분이 그렇게 살도록 도울 것이다. 그런 의미로 보면, 4번 내용이 가장 중요할지도 모르겠다.

다음은 내가 정리한 내용이다.

1. 나를 가장 잘 설명하는 키워드	2. 기억시키고 싶은 이미지
자기다움, 탁월함, 선한 영향력, 경영 컨설턴트, 교육 혁명가, 창의적 모험, 전략 실행가	넉넉함, 따스함, 사랑, 탁월함, 인재 키우는 사람
자기다움과 선한 영향력을 추구하는 따스한 탁월함, 이주열	매주 책 두 권씩 읽고 정리하기, 매주 한 명 이상 만나 내가 어떤 사람이며 어떤 사람이 되고 싶은지 이야기하기, 힘들고 어려운 상황에 있는 사람을 매주 한 명 이상 만나 위로하고 상담하기, 매일 감사일기 작성하기
3. 함축한 나만의 브랜드와 의미	4. 날마다 실천해야 할 것

1번 항목에는 나를 가장 잘 나타내는 키워드 일곱 개를 골랐다. 좋은 단어를 죄다 적은 것 같기도 하지만, 꼭 이런 삶을 살고 싶어서 욕심을 좀 냈다. 2번 항목에는 사람들이 나를 이렇게 기억해주면 좋겠다고 바라는 내용과 이미지를 적었다: 풍채(?)가 주는 이미지일 수도 있는 '넉넉함', 밥을 많이 사주는 데서 오는 '따스함', 냉정하게 보이지만 맘속에 한없이 가득한 '사랑', 사람 키우는 데 필요한 '탁월함'. 주

변 사람들이 나를 이렇게 기억해주면 좋겠다는 바람이 담긴 내용이다. 적고 보니 인간관계와 관련 깊은 내용으로 채운 것 같다.

3번 항목은 1번과 2번 내용을 함축해서 정리한 나만의 브랜드이다. 그리고—거듭 말하지만—4번 항목에서 가장 중요한 것은, 그런 사람이 되기 위한 실천과 노력이다. 그래서 실천할 내용을 적었다. 하지만 매달 매일 실천할 내용이

너무 많으면 실행 자체가 불가능 할 수도 있다. 나도 욕심이 많아서 꽤 많이 작성했지만, 최소한의 핵심 내용만 적고 실천하는 것이 더 유용하다. 작성한 모든 것을 실행하면 좋겠지만, 최소한 그렇게 살고자 하는 방향을 설정하는 것으로 충분하다고 본다.

자, 이제 여러분의 차례다. 다음 페이지에 자기만의 퍼스널 브랜딩을 작성하면서 깊은 고민의 흔적을 남길 차례다. 칸마다 영혼을 갈아 넣듯 고민하며 채워보라. 단, 아무리 내용이 멋있어도 실천하지 않으면 브랜딩은 말장난으로 끝날 것이다. 다시 강조하지만, 시간이 오래 걸리고 소박한 브랜딩이라도 꼭 실천해서 자기만의 목적과 목표를 친구와 지인들에게 자신 있게 소개할 수 있는, 자기다움으로 충만한 사람이 되면 좋겠다.

꿈꾸는 대로 그려보는 자기만의 인생 설계도

빌딩을 지을 때 설계도가 없다면 어떻게 될까? 그 빌딩이 멀티플렉스(Multiplex, 영화관과 쇼핑몰, 식당가 등을 모두 갖춘 복합건물)나 고층 건물이라면? 당연히 건축이 불가능하다. 높고 복잡한 건물일수록 더 정교한 설계도가 필요하다는 건 전문가가 아니어도 알 수 있다. 그렇다면 인생은 어떨까? 우리 삶에도 설계도가 있어야 하지 않을까?

살다 보면 생각대로 일이 흘러가지 않거나 길을 잃고 방황하게 되는 순간이 있다. 잘못된 선택으로 시간과 에너지를 낭비하고 쓸데없이 먼 길로 돌아가게 되는 경우가 있다. 그럴 때 인생 설계도가 있다면 방향을 틀고 다시 정돈해서 목표를 향해 직진할 텐데 말이다. 내 인생의 설계도는 남이 만들어 줄 리 없고 줄 수도 없기에 자신의 고민을 담아 직접 설계해야 한다.

여러분은 자신과 삶, 미래에 관해 깊이 성찰했고, 이를 바탕으로 미션과 비전과 핵심 가치, 브랜딩까지 완성했다. 힘든 과정이었지만, 보람을 느낄 자격이 충분히 있다. 그 수많은 질문의 숲을 뚫고 여기까지 왔다는 사실만으로도 여러분은 대단하다. 지금까지 머리 쥐어뜯으며 고민한 것들로 여러분은 하나의 큰 그림을 완성하게 될 것이다. 그것이 바로 나만의 인생 설계도이다.

1. 나를 가장 잘 설명하는 키워드   2. 기억시키고 싶은 이미지

3. 함축한 나만의 브랜드와 의미   4. 날마다 실천해야 할 것

인생 설계도는 크게 여섯 가지 질문으로 구성되어 있다. 각 질문에 답하려면 다른 관점에서 자신을 돌아보며, 생각 이라는 고된 작업을 해야 한다. 말만 들어도 지칠 수 있겠지 만, 마지막이라 생각하고 한 번 더 정리해보자.

인생설계도 질문1.
당신이 가진 것은 무엇인가?(Key Resource)

다음은 제자 중 한 친구가 적은 'AF블럭' 도표이다. 한눈 에 봐도 다양한 분야에 호기심과 관심 많은 청년임을 알 수

A 태생적으로 잘하는 것 남과 다르게 잘할 수 있는 것	B 너무 해보고 싶고 호기심 있는 분야 잘하고 싶은 분야나 일	C 관심과 호기심 있는 분야 전문가의 대표 도서와 강의
대장 놀이, 새로운 분야에 뛰어들기, 집중력(몰입), 단순 암기, 주장하기, 성취하기, 인터뷰하기	MC, 방송 출연(엔터테이너), 사업, 사회적 기업, 작가 등단, 지역 자치-부녀회장, 동장, 영화감독, 다큐멘터리 PD, 라디오 DJ, 기자	빅데이터-송길영 사회·경영·경제-제레미 리프킨 트렌드-토마스 프리드먼 역사-유시민 기업 동향(경영)
D 스트롱(STRONG) 진단으로 알게 된 것	E 다중지능과 관련된 직업과 지인	F 인턴으로 도전하고 싶은 일
대외 홍보, 대중 연설가, 성인 교육가, 마케팅 증역, 판매 관리자, 조직 관리자, 선거운동본부	글쓰기, 말하기, 언어(외국어) But, 게을러서 노력 안 함	다국적(외국계) 기업, 국제 무역 무역 계약 체결, 광고 계약 체결, 프로젝트 달성, 호텔 지배인, 파티 플래너, 행사 기획

있다. 그만큼 재능과 지식, 경험이 많다는 이야기이기도 하다. 인생 설계도에서 첫 번째로 필요한 퍼즐 조각은, 인생을 살아가는 데 필요한 '자기만의 밑천'이라고 부를 만한 자원들이다. 여기서는 이 여섯 가지를 내 '핵심 자원'Key Resource으로 부르겠다. 자신에게 어떤 재능과 지식과 경험과 네트워크 관심과 호기심이 있는지 정리해보기 바란다. 아이덴티티에서 이미 공부한 내용이므로 도표 작성이 쉬울 수도 있다.

또 다른 친구가 정리한 내용도 살펴보자.

이 도표를 작성한 강성웅 제자는 해병대 출신으로, 며칠만 운동해도 '식스팩'이 바로(!) 생긴다고 한다. 인문 경영 분야에 관심 많고 경영 컨설턴트 일을 경험하고 싶어 한다. 하지만 정말 되고 싶은 건 작가라고. 지금도 탄탄한 몸을 만들어 여자 친구와 보디 프로필을 찍고, 스타트업 엑셀러레이팅 기업에서 미래를 준비하며 멋지게 성장하고 있다.

A 태생적으로 잘하는 것 남과 다르게 잘할 수 있는 것	B 너무 해보고 싶고 호기심 생기는 분야 잘하고 싶은 분야나 일	C 관심과 호기심 있는 분야 전문가의 대표 도서와 강의
1. 자기 반성, 성찰 2. 몸 만들기 3. 도전적인 일에 뛰어들기 4. 중립 지키기 5. 성경 말씀 적용하기	1. 인문 경영 컨설팅 2. 유튜브(책 읽는 사자) 3. 소설 쓰기	1. 인문 경영연구소-전경일 2. 인문학 공장-김경묵
D 스트롱(STRONG) 진단으로 알게 된 것	E 다중지능과 관련된 직업과 지인	F 인턴으로 도전하고 싶은 일
1. A(예술형) - 문화 예술, 창작 활동 2. S(사회형) - 종교/영성, 사회과학 3. T(진취형) - 마케팅/광고, 기업 운영	1. 자기성찰 지능 - 신학자, 심리학자, 작가, 발명가, 　정신분석학자, 기업가, 자기 인식 훈련 프로그램 지도자 2. 언어지능 - 작가, 경영자 3. 인간친화 지능 - 사회학자, 사회운동가, 기업가, 　컨설턴트(코치님들), 가이드 4. 신체운동 지능 - 헬스 트레이너(친구-오민규)	경영 컨설턴트

핵심 자원을 파악하기 위한 AF블럭

A 태생적으로 잘하는 것 "내가 남들과 다르게 잘할 수 있는 것은?"	B 너무 해보고 싶거나 관심 있는 분야 잘하고 싶은 분야나 일 "도전하지 않으면 후회할 것 같은 분야나 일은?"	C "관심 있고 호기심 생기는 분야의 전문가나 책이 있다면?" "그 분야와 관련된 강의는?"
D 다중지능 검사를 통해 알게 된 "내게 의미 있고 가치 있는 일은?"	E "나의 다중지능과 관련 있거나 관심 있는 직업은?" "주변에 이런 분야에 종사하는 사람이 있다면?"	F "나의 강점, 경험, 지식, 재능으로 돕고 싶은 사람(들)이 있다면?"

인생설계도 질문2.
당신은 누구를 돕고 싶은가?
(Person Who have Pains)

자기만의 강점과 자원을 찾았다면, 그것으로 어떤 사람을 도울지 생각해야 한다. 페인 포인트를 가진 사람. 그중에서도 여러분의 자원으로 해결할 수 있는 페인 포인트를 가진 사람을 찾으라는 것이다. 누구를 돕고 무엇을 해결하고 싶은지 작성하는 것. 이것이 두 번째 퍼즐 조각으로, 인사이트에 해당하는 영역이다. 어떤 사람을 돕고 싶은지, 마음 가고 신경 쓰이는 사람들이 어떤 집단인지 고민해보라. 마케팅이나 경영학에서는 그들을 '고객'이라고 부른다.

돕고 싶은, 마음 가고 신경 쓰이는 사람이나 집단은?(고객)	꼭 해결하고 싶은 일은? 불편하고 불만스러운데 아무도 도전하지 않는 일은?	주변에서 불편을 겪으며 불만을 토로하는 사람은? 그들이 안고 있는 문제는?

오른쪽 도표는 청년자기다움학교 제자 중 한 친구가 맨 왼쪽 세로칸을 작성한 것이다. 이 친구가 '돕고 싶고 마음 가고 신경 쓰이는' 대상은 다음 세 그룹이었다.

첫 번째는 청소년과 대학생이다. 학교는 열심히 다니지만, 자신이 무엇을 좋아하고 잘하는지 도통 모르겠다는 친구들을 돕고 싶다고 한다. 그는 이들이 '인문학 관점'에서 자신을 마주하고 이해할 수 있도록 돕고 싶다고 썼다. 두 번째는 퇴직 이후 인생을 고민하는 중장년이다. 그는 부모님 연배 어르신들을 비롯한 퇴직자들에게 실제적 도움을 주고 싶어 한다. 세 번째는 농촌 독거노인들이다. 우연한 기회에 농촌에 갔는데, 혼자 지내는 어르신이 너무 많아서 놀랐다고 한다. 이를 계기로 생계나 건강, 고독사 같은 노인 문제의 심각성을 깨닫고, 자신의 역량으로 돕기로 한 것이다. 그가 작성한 것을 보니 내가 하고 있는 것과 너무 유사해서 놀랍기도 했다.

다음 페이지의 도표는 내가 가운데와 맨 오른쪽 세로칸을 채운 내용이다.

돕고 싶은, 마음 가고 신경 쓰이는
사람이나 집단은?(고객)

뭘 좋아하고 잘하는지 모르는 청소년 및 청년 대학생들

퇴직 후에 뭘 할지 고민하는 중년들과 퇴직 선배들

농촌에서 혼자 외롭게 사시는 어르신들

왼쪽부터 살펴보자. 나는 '발목 인대가 끊어진 사람들의 고통'에 관심이 많다. 나도 발목 인대를 다쳐 걷지 못했던 적이 있었기 때문이다(안타깝게도 발목 인대는 한번 끊어지면 재생되지 않는다고 한다). 당시 힘들었던 경험 때문에 다리가 아파 자유롭게 걷지 못하는 사람들을 도울 방법을 계속해서 찾고 있다. '존경받는 기업가 100명 양성'은 늘 도전하고 싶었던 것이며, 평생의 과제 같은 일이다. 마지막 '상대적 노인 빈곤율 개선'은 뜻을 같이하는 후배, 제자들과 함께 도전하고 싶다.

이 칸은 인풋과 인사이트에서 살펴본 우리 사회의 다양한 문제로 채울 수 있다. 단, 해결하겠다고 나서는 사람이 적거나 아무도 도전하지 않는 일, 자신이 불편을 느끼거나 직접 해결하고 싶은 문제를 선택해야 한다.

오른쪽은 우리가 선택한 문제를 겪고 있고 불편해하는 사람들의 진짜 문제를 찾아 적어보자. 주변에서 힘들어하는 사람들의 문제를 공감

꼭 해결하고 싶은 일은? 불편하고 불만스러운데 아무도 도전하지 않는 일은?	주변에서 불편을 겪으며 불만을 토로하는 사람은? 그들이 안고 있는 문제는?
발목 인대가 끊어진 환자가 다리가 아파 마음대로 걸을 수 없다	사업 또는 창업하고 싶은 사람들 "뭘 어떻게 해야 할지 모르겠다."
존경받는 기업가 100명을 양성해서 그들의 사업을 통해 일자리를 창출하고 기업가 정신을 확산한다	경력 단절 여성들 "새롭게 도전하고 싶지만 선뜻 용기가 안 난다."
상대적 노인 빈곤율 문제 개선	학교생활이 재미없는 십 대 청소년들 "학교 다니는 의미를 찾을 수 없어요. 그런데도 학교를 계속 다녀야 할까요?"

과 사랑의 눈으로 들여다보고 작성하기 바란다.

인생설계도 질문3.
그들을 돕기 위한 솔루션은 무엇인가?(Solution)

자신의 자원으로 도울 대상을 정했다면, 해결책을 찾아야 한다. 해결책을 찾으려면 아주 많은 공부가 필요하고, 그러려면 인풋을 무한대로 늘려야 한다. 누군가를 제대로 도우려면, 먼저 제대로 공부해야 한다는 이야기이다. 하지만 어떤 경우에는 해결책이 생각보다 훨씬 빠르고 간단할 수 있다. 다음 사례들이 그런 경우이다.

이사와 기부를 한번에. 홍콩 구세군의 기프트 박스

홍콩 사람들은 이사 갈 때 물건을 많이 버린다고 한다. 하루 최대 217톤의 이사 쓰레기가 나왔다는 통계가 있을 정도다. 그중에는 멀쩡한데 버려지는 의류도 엄청나게 많은데, 이런 현실을 안타깝게 여긴 홍콩 구세군(영국에서 시작된 기독교 교파로 구제·봉사 활동으로 널리 알려져 있다)은, 크라운 리로케이션즈Crown Relocations라는 운송 택배 기업과 함께 '기프트 박스'Gift Box라는 기발하고 효과적인 '재활용 기부' 운동을 기획했다. 캠페인 내용은 간단하다. 이사 때 가져갈 물건과 기부할 옷을 각각의 상자에 담고, 내용물에 따라 해당 인쇄면—가져갈 물건은 '킵'Keep 인쇄면, 기부 물품은 '기프트'Gift 인쇄면—이 보이게 포장하는 게 전부이다.

그렇게 하면 '킵' 박스는 후원자의 새로운 보금자리로 배송되고, '기프트' 박스는 구세군으로 보내져 필요한 사람들

구세군과 크라운 리로케이션즈가 함께한 기프트 박스 사례

clios.com

에게 전달되었다. 하나의 상자가 내용물에 따라 이삿짐 또는 기부 물품이 되는 것이다. 또한 기프트 박스 옆면에는 내용물 리스트가 인쇄되어 있어서, 옷 대신 장난감이나 책도 기부할 수 있었다. '이삿짐 정리와 기부를 함께 한다'라는 작지만 기막힌 아이디어 덕분에, 구세군은 큰 후원도 얻고 막대한 양의 의류 쓰레기를 줄일 수 있었다.

"긁으면 기부가 돼요!" 소셜 스와이프(Social Swipe)

매번 챙겨야 하거나 정기적으로 해야 한다는 생각에 기부를 부담스러워하는 이들에게 작은 행동 하나가 수많은 사람을 도울 수 있음을 실감 나게 보여준 광고가 있다(단순 광고라기보다 솔루션을 제공한 사례이다). 2014년 '미제레오르'Misereor라는 독일의 자선 단체는, 함부르크 공항에 인터랙티브Interactive 광고판을 설치하고 '소셜 스와이프'Social Swipe라는 기부 장려 캠페인을 진행했다.

거의 모든 상점 거래에서 신용카드를 사용한다는 점에 착안한 캠페인 내용은 아주 간단했다. 디지털 스크린의 수직으로 난 홈에 카드를 긁어서 제3세계 아동들에게 2유로(약 2,800원)를 자동으로 기부하는 것인데, 이 순간 소셜 스와

소셜 스와이프의 기부 장려 캠페인 사례
electricavenuetw.files.wordpress.com

이프의 재치와 독창성이 빛을 발한다. 카드를 긁는 것과 동시에 빵이 잘리거나 손목을 묶고 있는 밧줄이 끊어지는 영상을 보여주며 생생한 '나눔 경험'을 제공한 것이다.

소셜 스와이프는 기발하면서도 단순한 방식으로 해결책을 제시한 좋은 사례이다. 어렵게 생각하면 한없이 어려운 일도 관점을 바꾸면 쉽게 해결할 수 있다. 작은 아이디어 하나가 많은 사람의 인생을 바꾼다는 것을 믿는, 여러분의 바보 같은 도전을 기대하겠다.

농업과 기술의 결작 콜라보, 라이스 코드(Rice Code)

일본 북동부의 작은 농촌 마을 '이나카다테'는 대대로 벼 농사를 해온 곳이다. 식생활 변화로 쌀 판매가 감소하면서 인구 감소와 고령화 위기를 맞은 주민들은, 2014년 유명 광고 회사의 도움으로 기발한 마을 회생 프로젝트에 도전했다. 여러 색깔을 가진 다양한 품종의 벼를 심어서 논에 거대한 그림을 그린 것이다.

벼가 자라면서 논은 아름다운 미술 작품 자체가 되었고,

농촌 마을을 변화시킨 라이스 코드 사례
hakuhodo-global.com

주민들은 디지털 기술을 활용해서 큐알코드 같은 기능까지 부여했다. 스마트폰으로 논을 촬영하면 온라인몰로 링크되어 아나카다테의 쌀을 직접 구매할 수 있게 한 것이다. 이것이 바로 '라이스 코드'이다. 이 프로젝트는 수많은 관광객을 마을로 불러들였고, 쌀 매출까지 껑충 뛰어오르는 대성공을 거두게 된다. 라이스 코드는 농촌 문제를 스마트폰 기술과 접목해서 새로운 경험을 제공한 창의적 문제 해결의 좋은 사례다. 이나카다테 사무소 홈페이지 vill.inakadate.lg.jp

솔루션 만들기 연습1_벤치마킹으로 따라 해보기

앞에서 정리한 문제에 관한 여러분의 솔루션을 궁리해 보았는가? 크고 거창해야 할 것 같지만, 앞에 소개한 사례들처럼 작고 간단한 아이디어가 오히려 효과적인 솔루션이 되고 많은 사람에게 영향을 미칠 수 있다.

처음이라 막연하다면 선배들(?)에게 도움 구하는 것이 좋다. 여러분이 선택한 것과 비슷한 문제를 해결하기 위해 씨름하는 선배 기업과 단체들을 찾아보라. 우리보다 먼저 실행에 옮긴 기관과 단체, 사람들을 만나 벤치마킹하자는 것이다. 그럴 때는 다음 네 가지 질문이 유용할 것이다.

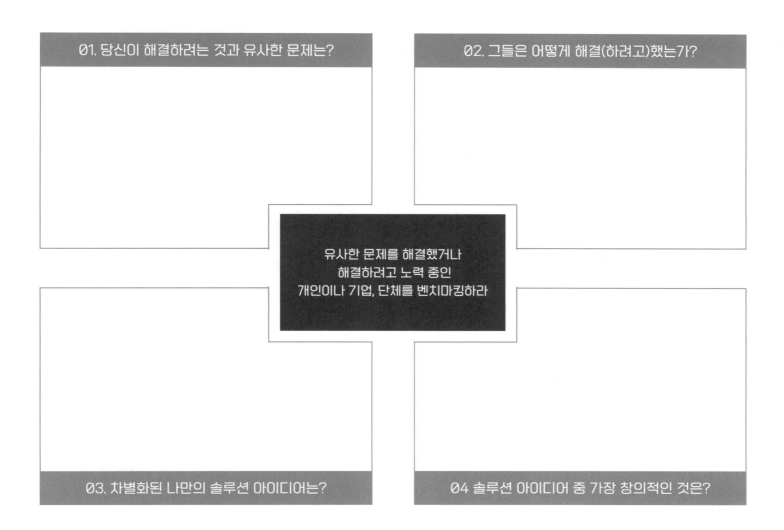

01. 당신이 해결하려는 것과 유사한 문제는?

02. 그들은 어떻게 해결(하려고)했는가?

유사한 문제를 해결했거나
해결하려고 노력 중인
개인이나 기업, 단체를 벤치마킹하라

03. 차별화된 나만의 솔루션 아이디어는?

04 솔루션 아이디어 중 가장 창의적인 것은?

먼저 당신이 선택한 문제 혹은 그와 유사한 문제를 해결했거나 해결하려고 노력 중인 대상을 찾아보라. 그 또는 그들이 어떤 관점으로 문제에 접근하고 무엇에 착안해서 해결책을 만들었는지 살펴보고, 가능하다면 만나서 직접 물어보고 제대로 벤치마킹하면 좋겠다(물론 반면교사로 삼아 다른 방향에서 아이디어를 얻을 수도 있다).

솔루션을 모방할 때는 백 퍼센트 따라 하는 것이 아니라, 자기만의 독창성을 더해 차별화해야 한다. 다양한 관점에서 생각하고 꾸준히 시도해봐야 새로운 방법과 혁신적 아이디어를 찾을 수 있다.

솔루션 만들기 연습2_
좋은 솔루션의 세 가지 특징 담아내기

솔루션을 개발할 때는 오른쪽 도표에 적힌 세 가지를 고려하는 것이 좋다. 이 요소들은 다양한 문제 해결 사례를 연구한 전문가들이 탁월한 솔루션의 공통점으로 뽑은 것이다.

청년들과 새로운 솔루션 도출을 궁리하다 보면, 차별화에 관한 강박(!)이 느껴질 때가 많다. 아무도 흉내 내지 못할 확실한 변별력으로 어필해야 한다는 부담이 너무 크다. 안

쉽다. 쉽다. 아주 쉽다. (대중적)

현장에서 바로 적용할 수 있다. (현장 중심)

남이 따라하기 힘든 자기만의 독특함이 있다. (차별화)

타깝게도 그런 상태에서는 오히려 창의적 사고가 제한받는다.

차별화는 꼭 필요하다. 쉽게 따라 할 수 없는 자기만의 독특함을 갖추려고 애쓰는 건 당연한 일이다. 하지만 그것만으로는 탁월한 솔루션을 만들기 어렵다.

'인터페이스'Interface는 모니터와 키보드, 마우스 같은 주변 기기로 컴퓨터와 대화하는 방식을 뜻하는 용어이다. 사람과 기계 간 인터페이스는 획기적 변화를 거듭해 왔다. 펀치 카드와 키보드로 컴퓨터에 명령 입력하는 것이 번거로웠던 사람들이 마우스를 발명했고, 마우스 클릭이 귀찮아진 사람들이 터치스크린을 개발했고, 이제는 목소리만으로 전

자 기기를 조작할 수 있는 시대가 되었다.

언젠가 말하는 것조차 귀찮아지면 어떻게 될까? 눈빛으로? 텔레파시? 실제로 과학자들은 사람의 뇌에 직접 컴퓨터를 연결하는 인터페이스를 연구하고 있다(그 대표적인 인물이 '뉴럴 링크'를 연구하고 있는 일론 머스크다).

이렇게 획기적인 인터페이스 방식이 널리 사용된 건, 쉽기 때문이다. 클릭하거나 터치하거나 말만 하면 되는 것, 즉 '쉽다'라는 것이 전제로 깔려 있다. 설치와 조작이 어려웠다면, 아무리 획기적이고 독창적이어도 대중화되지 않았을 것이다. 좋은 솔루션은 쉽고 단순하며 어렵지 않다. 널리 사용되는 솔루션을 만들고 싶다면, 최대한 사용하기 쉽고 간단, 간편하게 만들어야 한다. 간단하고 쉬운 걸 싫어하는 사람은 없다. 사람들의 습관을 바꿀 수 있으면 히트 상품과 히트 솔루션이 될 가능성이 크다. 그러려면 사람들이 이해하고 사용하기 쉽게 설계해야 한다. 그래서 솔루션을 만들 때 유념해야 할 또 하나의 요소가 '현장 중심성'이다. 사용자의 구체적 삶에 뿌리를 두고, 현장에서 바로 적용할 수 있어야 한다는 것이다.

2013년 설립되어 카셰어링Car-Sharing 분야에서 급성장한 '쏘카'라는 기업이 있다. '일상에서 내 차처럼 늘 사용할 수 있는' 자동차 공유 서비스 쏘카. 초창기 쏘카는 자신들의 솔루션이 널리 통용되려면, IT 기술과 자동차 외에 필요한 것이 하나 더 있다는 사실을 깨달았다. 그것은 차가 대기하는 공간이자 사용자들의 현장인 '쏘카존', 즉 주차장이었다. 언제 어디서나 이용하려면 고객들이 쉽게 접근할 수 있는 시내에 주차장을 확보하는 것이 필수였다. 이런 쏘카존을 전철에서 먼 곳, 도심 외곽에 설치했다면, 분명 고객들은 외면했을 것이다.

쏘카는 '현장 중심'이라는 솔루션의 핵심 요소를 확보하기 위해 어떻게 했을까? 처음에는 무작정 전화를 걸어 주차장에 협력을 요청했다고 한다. "안녕하세요. 쏘카입니다. ○○○ 주차장이죠?"

하지만 전화를 받는 주차장 관리자들은 대부분 연배가 있는 분들이다. 그래서 열에 아홉이 이렇게 되물었다고 한다.

"어디라고요? 뭔카?"

브랜드 인지도가 거의 없는 초창기였으니 당연한 일이었

다. 결국 쏘카는 접촉 방식을 바꿨다. 발로 뛰며 지역 주차장(현장)들을 직접 찾아다닌 것이다(덕분에 지금 쏘카 관계자들은 진담 반 농담 반으로 "쏘카존이 파리○게뜨보다 많다!"라고 자랑한다). 책상머리에 앉아 머리만 굴려서는 현장의 문제를 해결하고 실제적 변화를 가져올 수 없다. 좋은 솔루션은 부지런히 뛰어다녀야 만들 수 있다.

인생설계도 질문4.
이 일을 누구와 함께할 것인가?(Partner & Team)

해결책을 마련했다 해도 혼자 실행하기는 어렵다. 함께 일할, 마음 맞고 유능한 '좌청룡 우백호'가 필요하다고 앞에서 언급했다. '좌청룡 우백호'는 풍수지리에서 최고의 명당을 뜻하는 표현이지만, 요즘에는 함께 일하기에 가장 좋은 동료 또는 팔로워를 가리키는 말로 사용된다. 성경에도 이런 말이 있다.

"혼자 싸우면 지지만, 둘이 힘을 합하면 적에게 맞설 수 있다. 세 겹 줄은 쉽게 끊어지지 않는다." 구약성경 전도서 4:12,

새번역성경

뜻을 같이하고 합이 맞는 사람 셋만 있으면, 어떤 고난과 장애물도 거뜬히 이겨낼 수 있다.

중국 은(상)나라는 B.C. 1600년경 시조 탕왕이 한나라를 무너뜨리고 세운 국가다. 한나라 마지막 군주인 걸왕의 폭정을 견디다 못한 탕왕은, 새로운 세상을 만들기 위해 인재를 모았는데, 그중에 이윤이라는 사람이 있었다. 그가 지혜롭고 현명한 사람이라는 소문을 들은 탕왕은 이윤을 찾아가 함께 걸왕을 물리치고 새로운 나라의 재상이 되어 달라고 부탁했다.

매우 뛰어난 인물이었지만, 당시 이윤은 요리사로 일하고 있었다. 하지만 탕왕은 개의치 않고 다섯 번이나 이윤을 찾아가 함께해달라고 청했다. 제갈공명을 스카우트하려고 삼고초려(三顧草廬)한 삼국지의 유비보다 두 번 더 찾아간 것이다. 이에 감동한 이윤은 결국 탕왕의 신하가 되었고, 그와 함께 걸왕을 물리쳐 은나라의 태평성대를 이룩했다. 두 사람의 이야기는 '오청이윤'(伍請伊尹, 이윤을 다섯 번 청하다)이라는 사자성어로 전해지고 있다.

여러분도 탕왕이나 유비처럼 동료나 멘토로 꼭 함께하고 싶은 사람이 있다면, 몇 번이고 찾아가 요청하고 정중하게 초청하기 바란다. 당신보다 유능하고 경험 많고 탄탄한 네트워크를 가진 인물과 자연스럽게 관계 맺고 동료 될 수 있어야 함께할 조직이 생기고 성장한다. 어쩌면 그것이 리더가 해야 할 가장 중요한 역할인지도 모르겠다.

여러분은 어떤 사람들과 함께하고 싶은가? 다음 도표를 채우고 그중에서 가장 함께하고 싶은 사람이 누구인지, 어떤 사람과 함께 하는 것이 최선인지 고민해보라.

구분	멘토	친구	지인	가족/친척	기업/단체	기타
이 일을 함께하고 싶은, 꿈과 목표를 공유한 사람 (좌청룡 우백호)						
때로는 냉정하고 때로는 따뜻하게 책사가 되어줄 사람						
시간, 재정, 정보, 네트워크 등 자신의 자원을 제공해 줄 사람						
문제 해결에 도움을 줄 사람						

인생설계도 질문5.
필요한 핵심 역량은 무엇인가?(Key Activity)

솔루션과 동료가 있어도 자신이 그에 걸맞은 역량을 갖추지 못한다면, 실제로 문제를 해결하기는 어렵다. 그러므로 문제 해결에 필요한 역량이 무엇이며, 자신에게 그 역량이 있는지 확인해야 한다. 꼭 필요한데 부족한 역량이 있다면 갖춰야 하고, 그게 어렵다면 그 역량을 가진 사람이라도 데려와야 한다. 당신이 CEO라면 인재를 데려와 적재적소에 배치해서 역량을 발휘하게 하는 것이 가장 중요한 일임을 명심하기 바란다.

사회 곳곳에 산적한 문제를 해결하고 선한 영향력을 세상에 흘려보내려면 어떤 역량이 필요할까? 사회와 문화, 시대 변화를 연구하는 전문가들은 다음 세 가지를 미래 인재가 갖춰야 할 핵심 역량으로 꼽는다.

복잡하고 획일적이지 않은 문제 인식과 창의적 문제 해결 역량	다양성의 가치를 조합하는 대안 도출 역량	기계와도 대화하고 협력할 수 있는 커뮤니케이션 역량

나는 이 중에서 '커뮤니케이션 역량'이 가장 중요하다고 생각한다. 상대의 언어를 이해하고 마음과 감정을 살피며 그의 생각을 정리하는 것은 대단한 능력이다. 전공과 역량, 삶의 배경이 서로 다른 사람들과 협업해야 할 것이 분명하기에 커뮤니케이션은 '기본 중 기본' 역량이 될 것이다. 더구나 지금은 사람은 물론, 인공지능과도 소통해야 하는 시대이기 때문에 이 능력이 더 중요해질 거라고 본다.

'모든 곳의 모든 학생을 위한 세계적 수준의 무상교육'을 꿈꾸며 교육 정보와 지식을 나누고 있는 교육학 박사이자 현직 초등학교 교사인 박희진 선생님은 이렇게 이야기했다.
"미래에는 한 분야에 정통한 지식형 인재보다 다양한 분야의 정보를 폭넓게 이해하고 필요한 지식을 새롭게 창출할 통섭형 인재가 요구됩니다. 또한 여러 사람과 어울려 함께 일해야 하기에 효과적으로 협업하고 네트워크하고 소통하는 능력도 필요합니다." eduinnews.co.kr

여러분도 다음 질문에 답해보기 바란다. 어떤 역량이 필요하고 그 역량을 확보하기 위해 무엇을 해야 하는지 고민해보자.

이를 통해 자신에게 필요한 핵심 역량을 찾고, 그것을 갖출 방법도 구체적으로 생각해보면 좋겠다.

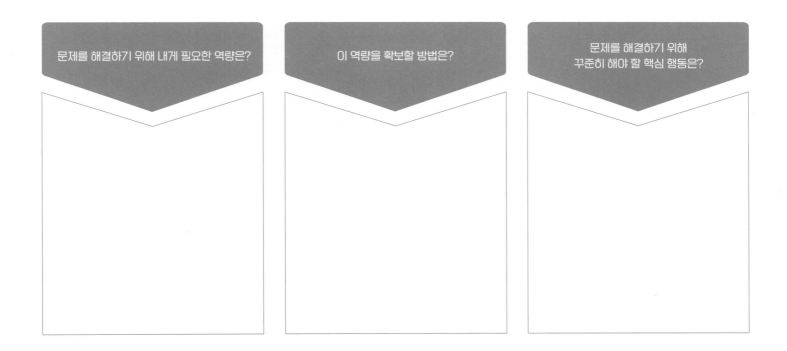

인생설계도 질문6.
치러야 할 대가와 얻게 될 이익은 무엇인가?(Cost&Benefit)

한 마디로, 손익을 따져보라는 이야기이다. 무슨 일을 하든 시작 전에 반드시 손익을 꼼꼼히 따져야한다. 여러분은 문제 해결을 위해 자원을 동원하고 솔루션을 만들고, 함께 실행할 팀을 꾸렸다. 남은 건치러야 할 대가와 얻게 될 이익을 살펴보는 것이다.

문제 해결을 통해 얻게 될 이익과 혜택은?

문제 해결을 위해 치러야 할 대가(노력, 비용, 시간 등)는?

그렇다면 문제 해결과 관련해서 대가로 봐야 할 것은 무엇이고, 이익으로 봐야 할 것은 무엇일까?예를 들면, 다음과 같은 것이 있다.이익에는 경제적 보상 외에 추상적 혜택도 포함된다. 급여나 로열티를 받지 않고 문제 해결에 뛰어드

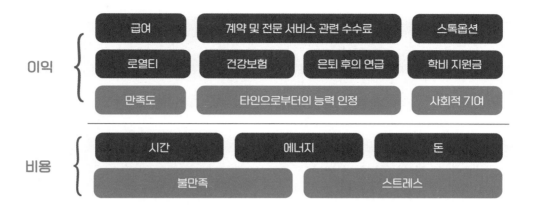

이익	급여	계약 및 전문 서비스 관련 수수료		스톡옵션
	로열티	건강보험	은퇴 후의 연금	학비 지원금
	만족도	타인으로부터의 능력 인정		사회적 기여

비용	시간	에너지		돈
	불만족		스트레스	

는 사람들이 있다. 그들에게는 사람들에게 능력을 인정받거나 사회 기여에 관한 보람을 느끼는 것이 '무형의' 이익으로 작동한다. 마찬가지로 비용에도 시간과 에너지, 돈처럼 금전적 가치를 가진 것 외에 불만이나 스트레스 같은 심리 요인이 포함된다.

이익과 비용 도표를 정리했다면, 양쪽을 비교하며 손익을 따져보자.

"비용을 뛰어넘는 보상이나 상쇄할 만한 혜택이 있는가?"

"이익보다 비용이 더 많이 들지만, 그런데도 해야 할 일인가?"

이렇게 묻고 검토한 뒤에 최종결정해야 한다.

치러야 할 대가가 크다 해도 기꺼이 감내할 수 있는가? 그렇다면 손해를 보더라도 마땅히 해야 할 일이라는 이야기다. 미션에 관련된 일이 그렇지 않을까 싶다. 손해 볼 것이 뻔한 데도 하고 싶거나 해야겠다는 당위성이 앞선다면, 분명 가치 있는 일이다. 도전하는 것만으로도 기쁨과 행복을 얻는 일이지 않을까 싶다. 물론 치러야 할 대가에 관해서도 정확하게 알고 있어야 한다.

하지만 진행 과정 중에는 냉정한 판단과 유연한 태도를

유지해야 한다. 큰맘 먹고 결단해서 손해 보며 일하는데 불평불만만 생길 수도 있다. 계속 그렇다면 그 일을 다시 한번 생각해보기 바란다. 멈추거나 방향을 선회하거나 다른 해결책을 찾는 것이 현명한 선택일 수 있다.

손익 비교와 함께, 그 문제가 여러분이 용기 내면 해결할 수 있는 일인지부터 냉정하게 검토해보기 바란다. 홀로 충분히 숙고하고, 모든 가능성을 열어 둔 채 동료들과 논의하고, 의사결정에 도움 줄 멘토를 찾아 대화해보라.

한 덕분이다). 여러분은 더 오래 걸릴 수도 있다. 하지만 겁내지 말고, 건너뛰지 말고 꼭 작성해보기 바란다. 꿈꾸는 대로 살기 위한 설계도라고 믿고, 꼼꼼히 작성해서 다른 사람의 피드백도 받아보면 좋겠다.

나만의 인생 설계도 그려보기

이상 여섯 가지 질문의 답을 종합해서 '다른 사람을 돕고 사회 문제를 해결하는' 인생 설계도를 그려보자. 다음 페이지의 도표는 청년자기다움학교 제자 중 한 친구의 인생 설계도이다.

인생 설계도 작업에는 시간이 많이 필요하다. 이 친구도 작성하는 데 다섯 시간 넘게 걸렸다고 한다(그가 다섯 시간 밖에 걸리지 않은 건, 매주 나와 함께 공부하며 하나씩 정리

치러야 할 대가와 얻게 될 이익은 무엇인가?
Cost & Benefit

"Your Success is My Mission!"

1) 내가 태어나기 전보다 더 좋은 세상을 만들 수 있다
2) 진정으로 원하는 삶을 살 수 있다
3) 가슴 뛰는 삶을 산다. 그러나 죽을 때까지 평생 공부해야 한다

06

당신이 가진 것은 무엇인가?
Key Resource

아프리카 1년 봉사 활동, 영국 교환학생, 평창 동계 올림픽 인턴십 등 대학생이 해봐야 할 경험은 거의 다 했다. 청년들의 시대적 아픔을 직접 살아왔기에 누구보다 잘 알고 공감할 수 있다.

01

필요한 핵심역량은 무엇인가?
Key Activity

1) 일주일에 한 권 이상 책 읽기
2) 매일 새로운 사람 만나기
3) 매일 15분 강의 듣기   4) 매일 감사일기 쓰기
5) 영어 공부하기   6) 매일 10분씩 기도하기

05

타인을 돕고 사회 문제를 해결하는 인생 설계도

당신은 누구를 돕고 싶은가?
Person who have Pains

도울 대상
1) 죽지 못해 살아가는 청년들
2) 꿈을 잃어가는 공시생

Pain Points
1) 왜 사는지 모른다
2) 어떻게 살아야 할지 모른다
3) 부모가 정해 놓은 삶을 살아간다

02

이 일을 누구와 함께할 것인가?
Partner&Team

이주열 대표님, 오해영 코치님, 강병호 코치님, 정주은 헬퍼, 박두산 헬퍼, 최보미 헬퍼

04

그들을 돕기 위한 당신의 솔루션은 무엇인가?
Solution

우물 안 개구리를 벗어나 세상을 바라보고 세계로 나아가도록
1) 새로운 사람   2) 새로운 시간
3) 새로운 장소를 경험할 수 있게 돕는다

03

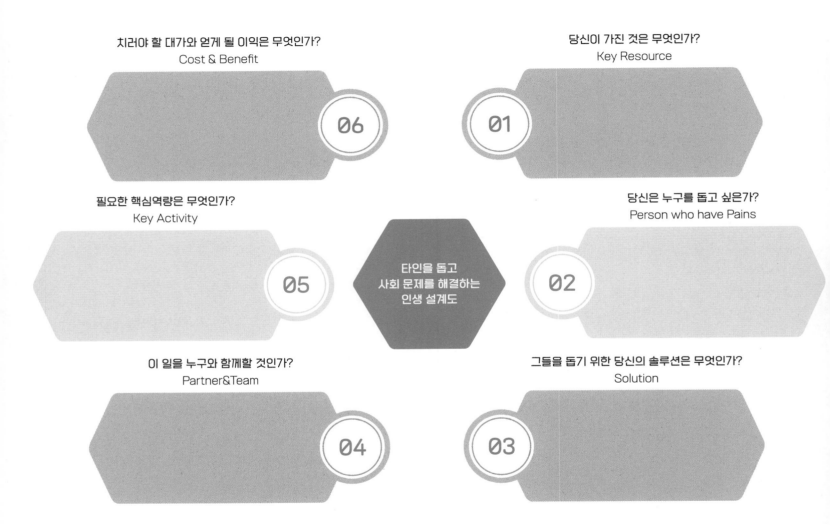

치러야 할 대가와 얻게 될 이익은 무엇인가?
Cost & Benefit

06

당신이 가진 것은 무엇인가?
Key Resource

01

필요한 핵심역량은 무엇인가?
Key Activity

05

타인을 돕고
사회 문제를 해결하는
인생 설계도

당신은 누구를 돕고 싶은가?
Person who have Pains

02

이 일을 누구와 함께할 것인가?
Partner&Team

04

그들을 돕기 위한 당신의 솔루션은 무엇인가?
Solution

03

Influence

인생의 방향을 정하고 해야 할 공부를 선택해서 실제로 회사를 다니거나 일해보면, 태도가 얼마나 중요한지 뼈저리게 경험하게 된다.

매력적인 태도Attractive Attitude가 함께하는 사람들에게 어떤 영향을 미치는지 깨닫게 된다는 뜻이다.

그래서 마지막 다섯 번째 장에서는 세상과 주변에 선한 영향력을 흘러보내기 위해 장착해야 할 사고방식과 내장해야 할 태도,

총 다섯 가지를 제언했다. '감사, 탁월함, 집요함, 신뢰, Fun(펀)'으로 주어진 일을 마주한다면,

누구나 부러워하고 본받고 싶은 건강하고 행복한 삶의 토대를 갖추게 될 것이다.

그것이 자기답게 살아가는 이들만의 '치명적인' 매력 아닐까?

다섯 번째 'I', 매력적인 태도로
선한 영향력을 세워가라, 인플루언스

드디어(?) 마지막 장까지 왔다. 지금까지 우리는 '자기다움과 탁월함, 선한 영향력'이라는 키워드로 어떻게 살아야 할지 계속 고민해왔다(덕분에 묻고 생각하고 답하는데 상당히 익숙해졌으리라). 이제 마지막으로 한 번 더 여러분이 어떤 내용을 고민하며 여기까지 왔는지 복습하도록 하겠다.

첫 번째 'I', 아이덴티티Identity는 '내가 누구인지 알아야 합니다'라는 내용이었다. 여기에서 우리는 자신이 누구이고 어떤 사람인지, 어떻게 살아왔고 어떻게 살아가고 싶은지 등을 묻고 답하면서 정체성을 확인하고 세우는 훈련을 했다. 과거와 내면을 돌아보며 좋아하고 잘할 수 있는 것이 무엇인지, 어디에 의미와 가치를 담고 싶은지 살피며 '나'를 알아가는 여정이었다.

두 번째 'I', 인사이트Insight는 '세상을 따뜻한 사랑의 눈으로 바라보고 해결하고 싶거나 도전하고 싶은 영역을 찾아보세요'라는 내용이었다. 자신의 재능과 역량, 삶의 방향을 토대로 세상 가운데 '천재성'을 드러낼 영역을 찾는 훈련, 그것은 한편으로 인류가 해결해야 할 산적한 문제 중 자신의 재능과 역량이 필요한 곳을 찾는 가슴 따뜻한 여정이기도 했다. 나는 여러분에게 어떤 사람들이 아파하고 힘들어하며 고통받고 있는지 사랑의 눈으로 살펴보고 그 안에서 문제의 본질을 파악하고 해결하는 사람이 되자고 도전한 바 있다.

세 번째 'I', 인풋Input은 '도전하고 해결하고 싶은 과제를 해결하려면 이렇게 공부하세요'라는 내용이었다. 사람은 세상과 타인을 위한 문제 해결자로 살아갈 때 진정한 자기다움을 발견할 수 있다. 그래서 우리는 인사이트에서 자신의 천재성과 따스한 마음을 적용하고 실제화할 영역과 문제를 찾았다. 이제 필요한 것은 문제 해결책과 그것을 도출하기 위한 공부이다. 인사이트에서 공부의 개념과 이유를 설명한 것에 이어, 인풋에서는 기본적인 공부법과 문제 해결법을 간략하게 설명했다.

네 번째 'I', 이미지Image는 '당신의 꿈을 그려보세요'Image Your Dream라는 내용이었다. 나를 돌아보고 세상을 통찰하며, 이웃과 공동체의 문제를 발견하고 해결책 마련할 길을 깨달았다면, 그 내용을 정리하고 종합해서 구체적인 꿈과 미래로 그려보자는 것이다. 여기에서 우리는 품고 있는 생각, 꿈, 비전, 핵심 가치, 비즈니스 모델, 브랜딩 등을 정리하고 기획하고 디자인해서 자신의 정체성을 더 분명하게 정립하는 과정을 살펴보았다.

마지막 다섯 번째 'I'는 '임팩트'Impact 또는 '인플루언스'Influence이다. 자기다움은 자신이 속한 공동체에 선한 영향력으로 이어진다. 하지만 그렇게 되려면, 네 가지 'I'를 실천해서 선한 영향력을 흘려보낼 무언가가 필요하다. 그것이 바로 '태도'이다.

아이덴티티에서 우리는 자기다움과 자뻑이 어떻게 다른지 살펴봤다. 자뻑에 빠진 사람은 모든 것이 자기를 향해 있어서 '나를 드러내고 나 잘난 맛에 살아가는' 사람이라고 했다. 혼자 잘 먹고 잘살려는 경향이 강하고 철학 없는 빈 껍데기 삶이 엿보이는 이들이다. 하지만 자기다움을 추구하는 사람은 함께하는 이들이 행복하도록 돕고 공동체를 아름답게 하기 위해 애쓴다. 주변을 밝게 하고 멋진 열매 맺는 삶을 추구한다. 그런데 이런 선한 영향력을 가지려면, 먼저 그에 걸맞은 몸과 마음, 삶의 태도부터 가져야 한다.

자기다움을 삶 속에서 어떤 태도로 구체화할지는 스스로 결정하고 선택해야 한다. 하루하루가 쌓여 인생이 되기에 일상을 사는 태도, 사람을 대하는 태도, 일과 마주하는 바른 자세는 매우 중요하다. 태도가 매력적인 사람이 실력까지 갖췄을 때 더 신뢰를 주게 된다. 이제부터 자신이 구체적으로 설계한 솔루션을 현장에 적용할 때, 어떤 태도를 갖춰야 세상에 선한 영향을 미치며 살 수 있는지 살펴보려한다.

문제는 태도다

할리우드 영화 〈킹스맨〉Kingsman에 이런 대사가 나온다.

"매너가 사람을 만든다."Manners Maketh Man.
〈Kingsman: The Secret Service〉, 2015

동네 건달들이 술집에서 주인공의 어머니를 욕하자 주인공의 동료가 그들을 때려눕히기 전에 문을 잠그며 던진 말이다. '어떤 태도를 갖고 있느냐가 사람됨을 결정한다'라는 의미인 동시에, '걸맞은 태도를 갖추면 원하는 사람이 될 수 있다'라는 의미이기도 하다. 태도가 충분히 삶의 경쟁력이 된다는 것이다! 사실 태도는 '그 사람의 모든 것'이라고 할 정도로 중요한 요소다.

기업 채용 때도 보면, 지식Knowledge과 기술Skill은 크게 차이가 나지 않는다. 하지만 태도Attitude에서 정말 많은 차이가 있다. 태도는 하루아침에 형성되지 않기 때문이다. 삶의 가치와 생각이 반영되어 축적된 결과, 그것이 바로 그 사람의 태도이다.

우리는 저마다의 모습과 스타일로 살아간다. 타고나고 주어진 조건이 아무리 비슷해도 똑같이 사는 사람은 없다. 남의 말에 반응하는 태도 하나만 봐도 그렇다. 같은 자리에서 같은 내용을 들어도 이 사람은 까칠하게, 저 사람은 긍정적으로 반응한다. 그리고 그 태도를 따라 각자 다른 인생을 살아간다. 다양한 순간과 사건에 어떤 태도로 반응할지 선택한 결과의 합이 지금 우리 모습이다.

태도에는 전혀 다른 인생을 살게 하는 힘이 있다. 그래서 미국의 저명한 동기부여가 제프 켈러도 자신의 책 《모든 것은 자세에 달려있다》Attitude is Everything에 이렇게 썼다.

"태도에는 당신의 운명을 바꿀 힘이 있다." 아름다운 사회, 2015

이 책에서 저자는 성공하는 태도를 얻기 위해 다음 세 가지 단계를 제안한다.

Think! Speak! Act!
(긍정적으로 생각하고, 감사의 말을 하고, 행동에 옮겨라!)

이 세 가지를 꾸준히 행하면, 그것이 바로 태도가 되어 우리 삶을 성공적 인생으로 변화시킨다고 조언하고 있다. 미국의 존경받는 비즈니스 매너 컨설턴트 로잔 토마스도 《태도의 품격》Excuse Me: The Survival Guide to Modern Business Etiquette이라는 책에서 이렇게 이야기했다.

"서로를 존중하고 예의 바르게 대하는 것은 직급을 막론하고 모든 사람의 의무다. 모든 사람이 최소한 자신의 가치는 제대로 인정받을 수 있다고 느낄 때, 비로소 그 조직 구성원 전부가 같은 방향을 바라보게 된다." 다산북스, 2018

태도가 개인을 넘어 조직과 공동체 전체에까지 영향을 미친다는 이야기다. 이렇게 태도의 중요성은 아무리 강조해도 부족하다.

"인간의 간절함은 못 여는 문이 없고, 때로는 그 열린 문 하나가 신의 계획의 변수가 되는 건 아닐까? 그래서 찾아보려고 간절하게. 내가 어떤 문을 열어야 신의 계획에 변수가 될 수 있는지." 드라마 〈도깨비〉, 2016

너무 재밌게 본 어느 드라마의 명대사이다. 신이 세운 계획을 바꿀 정도의 간절함. 신이 만든 계획에 변수가 될 정도의 간절함. 그런 간절함이라면 해내지 못할 일이 없을 것이라는 말이다. 이러한 간절한 태도는 일에 열정을 갖게 한다. 인생에서 가장 간절했던 순간은 언제였는가? 지금 간절히 바라고 집중하는 것은 무엇인가? 지금 여러분은 원하는 바를 얻고 이룰 만큼 충분히 간절한가?

인생에서 가장 간절했던 순간은 언제인가?

지금 간절하게 소망하는 일은 무엇인가?

간절히 소망하는 그 일을 이루려면 어떻게 해야 할까?

간절한 마음과 함께 내게 필요한 태도는 무엇일까?

사람을 만날 때 그 미팅에서 상대의 간절한 태도가 느껴지면 나도 모르게 감정 이입이 되고 도와주고 싶어진다. 간절한 태도는 사람 마음을 움직일 수 있는 소리 없는 무기가 된다. 잠깐 멈추고 다음 질문에 답해보자.

재능보다 중요한 것은 노력?

동물 관련 다큐멘터리를 보면, 포식자가 먹잇감을 사냥하는 장면이 종종 등장한다. 광활한 초원에서 잡으려는 자와 도망치려는 자가 치열한 경주를 벌인다.

"누가 이길까? 힘센 쪽일까? 아니면 더 빠른 쪽?" 아들에게 물었더니 시크하게 대답한다.

"더 빠른 놈이 이기지. 당연한 것 아냐?"

맞다. 동물 세계에서는 더 빠른 쪽이 이긴다. 그런데 인생을 살아보면 더 간절한 쪽이 이기는 것 같다. 살고자 하는 간절함과 애절함이 상황을 역전시키기에 충분하다는 거다.

여러분은 재능과 노력 중 무엇이 더 중요하다고 생각하는가? 그래도 재능이 있어야 뭘 해도 성공할 것 같은데, 성취와 성공을 연구하는 전문가들은 노력이 더 중요하다고 한다. 미국 펜실베이니아대학의 심리학과 교수 앤절라 더크워스도 그중 한 명이다. 그녀는 다양한 실험을 통해 노력이 재능보다 최소 두 배 이상 중요하다는 것을 검증했고, 그 내용을 자신의 베스트셀러 《그릿》Grit: The Power of Passion and Perseverance에 담았다.

《그릿》은 태도에 관한 책이다. 저자는 실패해도 계속 도전하는 끈덕진 태도, 열정을 꾸준히 유지하는 태도를 이야기하며, 성공에 결정적 영향을 미치는 네 가지 요인으로 '성장Growth, 회복력Resilience, 내적 동기Intrinsic Motivation, 끈기Tenacity'를 꼽았다. 비즈니스북스, 2019 그릿은 한마디로 '열정'과 '끈기'로 요약할 수 있다. 열정적 태도가 너무 중요하나 끈기를 동반하지 않으면, 한순간 반짝하고 사라지기 쉽다. 순간적인 열정은 누구에게나 있지만, 그 열정을 습관 삼고 규칙으로 만드는 사람은 많지 않다는 말이다. '열정을 규칙과 루틴으로 만들라'라고 말하고 싶다. 순간의 열정을 습관으로 만든 사람이, 뜻한 바를 이루고 성취하는 경우를 수없이 보고 경험했기 때문이다. 열정을 일으키고 발휘하는 것 못지않게 그것을 유지하는 일도 중요하다. 끈기 있게 꾸준히 가야 이긴다.

누구나 한 번쯤 다이어트를 뜨겁게(?) 마음먹어본 적 있을 것이다(내가 제일 못하는 것이 다이어트다). 살 빼고 싶은 순간적 동기부여와 열정은 누구에게나 있다. 특히, 여름이 다가오면 그런 동기가 내면에서 샘솟는다. 그러나 현실에서는 마음먹은 대로, 요요 현상 없이 다이어트에 성공하는 사람이 많지 않다. 열정을 유지하지 못하고 루틴을 잃어버리기 때문이다. 간절히 바라는 목표를 이루고 싶다면, 그것을 향한 열정과 그 열정을 유지할 끈기가 필요하다. 그런 태도만이 인생을 송두리째 바꿀 수 있다.

가수 비와 피겨 선수 김연아, 축구 선수 손흥민은 '연습벌레'로 알려진 사람들이다. 열정을 규칙과 습관으로 변화시킨 대표적 인물들이다. 최고의 자리에 올랐지만, 그들은 만족하거나 안주하지 않고 계속 성장하기 위해 끊임없이 노력했다. 희생이 따른다 해도 변함없이 자기 일을 사랑했고, 쉽고 편한 길이 있어도 한눈팔거나 흔들리지 않고 가는 길을 고수했다. 목표를 달성하기 위해 열정을 규칙과 습관으로 바꿔놓은 것이다.

네이버 창업자 이해진 대표나 배달의민족 김봉진 대표, 토스 이승건 대표처럼 기업 CEO 중에도 끊임없이 열정에 불을 붙이는 사람들이 있다. 그들은 실패해도 좌절하지 않고 도전하고 또 도전한다. 성공 확률이 낮아도 포기하지 않고 지독하리만큼 계속 도전하고 앞으로 나아간다. 이렇게 포기하지 않고 계속 돌진하는 그들의 열정과 끈기는, 많은 경우 열매와 성과로 이어진다. 시간이 걸리더라도 말이다.

변경희 박사는 암과 피부질환, 대사와 신경질환 분야에서 꾸준하게 좋은 연구 결과를 발표하고 있는 가천대학교 해부학과 주임교수다. 그런데 그녀는 중학생 때까지만 해도 촉망받는 육상선수였다. 하지만 운동부가 없는 고등학교에 가게 되면서 진로를 180도 바꿔야 했고, 새벽부터 밤늦게까지 학교와 독서실, 도서관에서 살다시피 하며 운동선수 때보다 더 열심히 공부했다. 덕분에 성적이 오르기 시작했고, 의대 졸업 후 지금의 일을 하게 되었다고 한다.

변 교수는 어릴 적 운동하던 경험이 지금까지 자신을 지탱해 준 원동력이었다고 이야기한다. 운동하며 체득한 끈기와 근성이 학창시절은 물론, 의학 전문가로 살아가는 데도 큰 도움이 된다는 것이다. 지금도 변함없이 새벽부터 밤늦게까지 연구에 몰두하는 그녀의 삶은, 어떤 분야에서든 포기하지 않고 성실하게 노력하는 사람이 좋은 성과를 거둔다는 사실을 보여주는 사례다. donga.com

잠재력은 누구나 갖고 태어난다. 사람의 지능과 능력은 매여 있지 않고, 노력에 따라 얼마든지 성장할 수 있다. 중요한 것은 그것을 실제로 발휘할 수 있느냐의 문제다. 나는 무엇이든 꾸준하게 실행하는 것을 소중하게 생각한다. 매일 최선의 일상을 살다보면, 꾸준함의 내공이 축적되고 그 삶의 태도가 실제로 인생을 변화시키리라 믿는다.

청년자기다움학교 설립 초기부터 지금까지 한결같이 함께하고 있는 친구 유훈 박사는 이렇게 이야기한다.

"훌륭한 이상이 훌륭한 인생을 만드는 것이 아니라 훌륭한 일상이 훌륭한 인생을 만든다."

당신이 살아온 하루하루가 당신 인생을 훌륭하게 만든다는 명언이다. 지금 여러분 인생이 변화되기 위해 필요한 태도가 무엇인지 생각해보라. 하루하루 최선을 다해 살아가는 그 태도가 지금 가장 필요한 것은 아닐까?

월화수목금 '감·탁·집·신·편' 하라

1990년대 초 공중파 TV 예능 프로그램에 '인생극장'이라는 인기 코너가 있었다. 매주 다른 이야기가 콩트 형식으로 펼쳐지는데, 그때마다 주인공은 A와 B 두 선택지 중 하나를 골라야 하는 상황에 놓인다. "그래, 결심했어!"라는 외침과 함께 주인공이 결정하면, 콩트는 각 선택이 어떤 결과로 이어지는지 보여준다. 현실과 달리, 주인공이 이전 결정을 번복하고 선택의 순간으로 돌아갈 수 있었던 재미난(사실은 부러운) 프로였다. 개그 요소가 많아 분위기는 가벼웠지만, '인생이 수많은 선택의 연속이며 현재는 과거 선택의 결과'라는 묵직한 이슈를 다루고 있었다. 긍정 대 부정, 능동 대 수동, 정직 대 거짓···. 어느 쪽을 선택하는가에 따라 결과가 완전히 달라졌다. 그리고 '다행스럽게도' 늘 선택 자체는 오롯이 우리 몫이라는 메시지로 마무리되곤 했다.

살다보면 누구나 수없이 많은 도전과 위기 상황을 만나게 된다. 인생의 파도가 예고 없이 들이닥치면 그런 상황에서 긍정적으로 반응할지 부정적으로 반응할지, 능동적으로 대처할지 수동적으로 대처할지 선택해야 한다. 그리고 그 선택에 따라 우리 인생도 완전히 달라진다. 선택에는 책임이 따르며, 그래서 신중하게 해야 한다.

긍정심리학이나 회복 탄력성을 연구하는 학자들은 하나 같이 어려움에 봉착하고 힘든 일을 겪을 때 감사하는 태도가 너무 중요하다고 이야기한다. 그리고 하루를 돌아보거나 일상을 살아갈 때 긍정적 관점을 유지하려면, 감사할 이유 찾는 연습을 계속해야 한다고 조언한다. 어떤 태도를 선택할지는 우리 몫이고 내 책임이다. 지금 당신은 어떤 태도로 살고 있는가? 오늘 하루 함께한 사람들을 어떤 태도로 대했는가? 모두 내 선택이며 그 결과도 내가 책임져야 한다.

자기답게 살아가며 공동체에 선한 영향을 미치려면 어떤 태도가 필요할까? 나는 다음 다섯 가지를 추천한다.

내게 꼭 필요한 다섯 가지 태도	내가 버려야 할 다섯 가지 태도
감사 표현하기	해보지도 않고 부정적으로 반응하는 것
탁월함 추구하기	거침없이 불평불만 내뱉는 것
집요하게 실행하기	약속 시간에 매번 늦는 습관
약속을 중요하게 여겨 신뢰감 주기	남을 비하하고 험담하는 것
재미있고 즐겁고 행복하게 살려고 노력하기-펀(Fun)	없는 데 있는 척하는 허세

이 다섯 가지를 줄여서 '감·탁·집·신·펀'이라고 부른다. 오른쪽에는 버려야 할 태도도 적어두었다. 자신의 태도 중 어떤 걸 버려야 할지 고민해보는 건 분명 유의미한 일이다. 자기도 모르게 좋지 않은 태도가 튀어나와 당황스러울 때가 있었는가? 버려야 할 태도는 하루 빨리 과감하게 던져버려야 한다. 지금 자신에게 필요한 태도와 버려야 할 태도를 각각 다섯 개씩 적어보기 바란다.

내게 꼭 필요한 다섯 가지 태도	내가 버려야 할 다섯 가지 태도

나만의 감·탁·집·신·편

자기다움은 탁월한 생각과 실행을 통해 선한 영향력으로 이어져야 하며, 그러려면 좋은 태도를 갖춰야 한다. 그래서 여러분에게 추천한 것이 '감 · 탁 · 집 · 신 · 편' 다섯 가지 태도이다. 하지만 이 다섯 가지 태도가 인생에 진정으로 필

요한 것이 되려면, 사전적 의미나 남이 내린 정의 대신, 자기 생각과 가치와 신념과 경험에 의한 재해석이 필요하다. 남과 다른 자기만의 정의, 곧 조작적 정의를 해보라는 이야기다. 자신의 생각과 가치와 경험 등에서 도출한 정의만을 온전히 자기 것으로 받아들일 수 있기 때문이다.

다음은 내가 생각하고 경험한 바를 토대로 '감 · 탁 · 집 ·

감사는

· 가족, 회사, 동료, 일터, 고객에게 고마움을 표현하는 것이다.

· 겸손하게 자신을 낮추는 것이다.

· 타인을 배려하는 것이다.

· 관심 있게 관찰하는 것이다.

탁월함은

· 도전적 목표를 정하는 것이다.

· 철저히 준비하는 것이다.

· 끊임없이 배우는 것이다.

· 일의 완벽을 추구하는 것이다.

집요함은

· 목표에 집중하는 것이다.

· 계획대로 철저히 행하는 것이다.

· 끈기 있게 도전하는 것이다.

· 치열한 프로의식을 갖는 것이다.

신뢰는

· 끝까지 책임지는 것이다.

· 정직하고 투명한 것이다.

· 상대를 철저히 믿는 것이다.

· 약속을 지키는 것이다.

펀(Fun)은

· 내가 즐겁고 행복한 것이다.

· 타인을 감동시키고 즐겁게 해주려는 마음이다.

· 이웃을 섬기려는 마음이다.

· 행복해지기 위해 적극적으로 행동하는 것이다.

신·편'을 조작적 정의한 내용이다.

여러분도 '감·탁·집·신·편'에 관한 자기만의 정의를 내려 보라.

감·탁·집·신·편	남과 다른 나만의 조작적 정의,
감사	
탁월함	
집요함	
신뢰	
편(Fun)	

다섯 가지 전부 자신만의 해석과 방식으로 풀어냈다면, 이제는 그 내용을 실제 행동에 옮길 준비를 해보자. 언어로 정의하는 것이 매우 중요하지만, 개념 정리에만 머무르면 안 된다. 그것이 최종 목표가 아니기 때문이다. 우리에겐 개념을 실현할 행동, 즉 '액티비티'Activity가 필요하다. 감사를 습관으로 만들려면 어떤 액션, 행동이 필요할까? 탁월함을 습관으로 만들려면? 집요하게 실행하기 위한 습관은? 일상에서 구체적으로 실천할 아이디어들을 마련해야 한다.

일상에서 실천하는 감·탁·집·신·편

다음은 '감·탁·집·신·편'을 습관으로 만들기 위해 실행한 액션 리스트이다.

감사

1. 아이디어를 끌어내기 위한 질문

"다른 사람에게 고마움을 표현하는가?"
"내 일터에 고마워하며 사는가?"

2. 실천 방법
· 감사 일기 쓰기
· 다행 일기 쓰기
· 감사 문자 보내기
· 함께하는 사람들에게 감사 카드 주기
· 가정과 일터에서 감사 편지 주기 또는 문자 주고받기

탁월함

1. 아이디어를 끌어내기 위한 질문

"탁월함을 추구하고 있는가?"
"탁월해지려면 어떻게 해야 할까?"

2. 실천 방법
· 나만의 강점과 차별 포인트 발견하기
· '나만 할 수 있는' 강의 개발하기
· '나만 할 수 있는' 강의를 만들어보라고 타인에게 권하기
· 독서 토론 모임 열기
· 도전적 목표 설정하고 실행하기

집요함

1. 아이디어를 끌어내기 위한 질문

"목표를 위해 집요하게 노력하는가?"

"책임을 다하기 위해 집요하게 노력하는가?"

2. 실천 방법

· 주간 계획을 세워 실행 여부 점검하고 친구들과 공유하기

· 집중할 시간 확보해서 몰입하기

· 실행 결과물을 3개월에 1번 공유하기

신뢰

1. 아이디어를 끌어내기 위한 질문

"다른 사람을 신뢰하는가?"

"다른 사람의 신뢰를 얻으려면 어떻게 해야 할까?"

2. 실천 방법

· 함께하는 사람들 간의 상호 신뢰를 위해 지켜야 할 기본 원칙 합의하기

· 지속적인 약속/책임 이행으로 가정과 일터, 공동체의 소중한 이들과 신뢰 쌓기

펀(Fun)

1. 아이디어를 끌어내기 위한 질문

"즐겁게 일하고/살고 있는가?"

"함께하는 이들은 즐겁게 일하고/살고 있는가?"

2. 실천 방법

· 목표를 달성하거나 계획대로 했을 때 자신에게 보상하기

· 오롯이 자신만을 위한 취미 갖기

· 지속적인 배려와 감사로 가정과 일터, 공동체의 소중한 사람들 감동시키기

· 금요일마다 한 주를 돌아보며 주변에 우울해하거나 힘들어하는 지인 밥 사주기

'감·탁·집·신·편'은 인간관계 가운데 작동하는 태도의 집합이다. 그래서 이를 습관 삼으면 자연스럽게 자신이 속한 집단에 변화를 일으키게 된다. 일상 속 '감사, 탁월, 집요, 신뢰, 편'의 행동은 가정과 회사, 공동체에 하나의 '문화'로 자리 잡는다. 뒤집어보면, 우리 가족과 회사, 공동체가 어떤 식으로 존재하고 상호작용할지 선택할 수 있다는 의미가 된다. 공식적으로 지도자 자리에 있든 아니든 상관없이 말이다.

'자리'가 아니라 '영향력'을 가진 사람이 리더라고 하는 건 그 때문이다. 리더는 영향력을 흘려보내 조직과 공동체의 문화를 바꾸고 새롭게 하는 사람이다. 실제 회사에서도 팀 문화는 팀장이, 부서 문화는 부서장이, 전사 차원의 문화는 CEO가 만든다고 생각한다. 그래서 기업 문화를 보면 리더가 어떤 사람인지 알 수 있다. 선한 영향을 미치는 사람이 되고 싶다면, 자신이 속한 곳에 어떤 문화를 형성할지 고민해야 한다. 그것이 공동체의 오늘을 만들고 내일을 결정하기 때문이다.

그래서 여러분에게 월요일부터 금요일까지 '감·탁·집·신·편'하자고 제안하고 싶다.

"월요일은 감사로 시작하고, 화요일엔 탁월함을 추구하고, 수요일엔 계획한 바를 집요하게 실행하고, 목요일엔 신뢰를 차곡차곡 쌓고, 금요일은 다른 사람들과 함께 최대한 재미있고 즐겁게 보내자!"

지금부터 이 태도들을 요일별로 꼼꼼히 살펴보겠다.

월요일은 감사로 시작하세요

"감사합니다"라는 말은 자신을 변화시키고 주위를 따뜻하게 하는 생명의 언어다. 그런 말로 한 주간을 시작하면 어떻게 될까? 여러분은 월요일 아침 출근하는 사람들의 표정을 본 적 있는가? 밝고 행복한 모습이었는가? 즐겁고 기대에 찬 표정? 안타깝지만 피곤하고 지쳐 보이는 얼굴이 대부분이었을 것이다. '아, 또 가야 하는구나.'

영혼을 집에 두고 출근한다는 직장인이 많다. 직장에 영혼을 가져가면 상처받고 다치니까 몸만 간다는 거다. 슬픈 일이다.

그런 월요일 아침을 감사하는 태도와 마음으로 시작한다

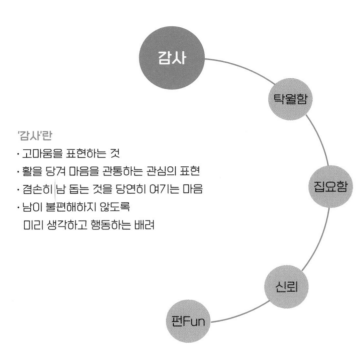

'감사'란

· 고마움을 표현하는 것
· 활을 당겨 마음을 관통하는 관심의 표현
· 겸손히 남 돕는 것을 당연히 여기는 마음
· 남이 불편해하지 않도록
  미리 생각하고 행동하는 배려

감사

탁월함

집요함

신뢰

펀Fun

내 언어는 '불평, 불만, 비판, 비난'에 젖어 있지 않은가? 감사는
나를 변화시키고 주위를 따뜻하게 하는 생명의 언어이다.

면 어떨까? 일주일을 시작하면서, 월요일 일과 시작하기 전
에 감사 편지를 쓰고, 회의 시작하기 전에 함께하는 이들에
게 감사하고, 고객과 거래처에도 감사 메시지를 전한다면?
그렇게 하지 않았을 때와 얼마나 어떻게 달라질까?

관심과 고마움의 표현

감사는 남을 향한 '관심'(關心)에서 출발한다. 관심의 문자
적 의미는 '활을 당겨서(關) 마음(心)을 관통하는' 것이라고
한다. 집중력이 있다는 이야기이다. 하지만 안타깝게도 현
대 사회는 '관심 없음', 즉 무관심으로 가득 차 있다. 2012년
봄, 한 초등학생의 죽음이 보도된 적이 있다. 안타깝게도 이
웃들조차 아이의 죽음을 알지 못했다. 정말 아무도 몰랐다.
뉴스를 전한 아나운서는 아이가 학교를 장기 결석하는데도
어느 한 사람 궁금해하지 않았다며 우리 사회에 만연한 무관
심을 개탄했다. 한 달 넘게 학교에 나오지 않았는데 아이에
게 관심 둔 사람이 아무도 없었다는 것이다.

그 외에도 2020년 미등록 발달장애 아들이 사망한 어머
니를 5개월 동안 장례도 치르지 않고 집에 모셔 두었던 방배
동 모자 사건, 2019년 월세도 낼 수 없는 형편의 80대 어머

니와 50대 딸이 숨진 채 발견된 망우동 모녀 사건, 또 탈북민과 그의 여섯 살 어린 아들이 사망한 지 두 달 만에 발견되어 사회에 충격을 준 2019년 봉천동 아사(餓死) 사건 등은 모두 무관심에서 비롯된 것이 아닐까. 이런 무관심은 공동체를 넘어 세상 전체를 병들게 할 수 있다. bokjitimes.com

후배가 새로 이사한 곳에서 주변에 떡을 돌린 적이 있다.

"어쩌다 마주치면 인사라도 하고 싶어서 떡을 돌렸죠. 덕분에 많은 사람과 친해질 기회가 생겼어요. 한 명만 빼고요. 떡을 줄 때는 반갑게 맞이하더니 그 후에는 만나도 끝까지 모른 척하더라고요. 인사해도 그냥 고개를 돌리더라니까요."

요즘은 이사 떡 돌리는 집이 거의 없다. 옆집에 누가 사는지도 모른다. 주변을 돌아보며 더불어 살면 좋겠지만 사생활이라는 이유로 거리를 둘 수밖에 없는 것 같다. 이웃사촌이라는 말이 옛날이야기가 된 것 같아 아쉽다.

주위를 돌아보자. 관심이 필요한 이가 보이는가? 위로와 따스한 말 한마디가 필요한 사람이 있는가? 그런 사람들은 언제 어디서나 우리 곁에 존재한다. 그들이 왜 힘들어하고 아파하고 고통받는지 헤아릴 수 있다면 좋겠다. 함께하는 사람들에게 관심 갖고 작은 것에도 감사하는 것이 삶의 지혜 아닐까?

매일 바쁘게 돌아가는 일상을 무의식적으로 "힘들어, 어려워, 고통스러워, 지겨워" 같은 말로 채운다면 어떻게 될까? 글자 그대로 '죽지 못해 사는' 인생이 될 것이다. 그러니 "감사합니다. 고맙습니다. 사랑합니다"처럼 행복을 키우는 말을 더 많이 해보자. 평소 자주 연락하지 못한 고마운 분들이 있을 것이다. 오늘은 관심의 화살을 당겨 그분들 마음을 관통해 보면 좋겠다. 마음을 담아 '그동안 감사했습니다'라는 문자 메시지로 말이다. 답장받지 못해도 괜찮다. 감사 표현은 누구보다 자신에게 좋은 일이며, 나중에라도 상대방이 고마워한다면 그걸로 족하지 않을까.

긍정적 마음과 감사

우리는 모두 자본주의 사회에 살고 있다. 여러분은 자본주의 사회에서 가장 중요한 '자본'이 무엇이라고 생각하는가? 학자들은 사람이 살아가는 데 네 가지 자본이 꼭 필요하다고 이야기한다.

• 물적 자본 : 돈과 같은 경제적 자원과 수단

- 지적 자본 : 지혜와 지식, 정보
- 관계 자본 : 신뢰와 신용, 인맥
- 심리자본 : 정서적 안정감과 성품, 의지

그런데 여기서 학자들이 가장 중요하게 여기는 것은 심리자본이다. 그리고 심리자본 중에서도 '긍정 심리자본'을 가장 중요한 자본으로 꼽는다. 돈이나 지식, 인맥보다 긍정적 마음이 더 중요하다는 것이다. 이 긍정 심리자본을 얻는데 감사 나눔만큼 좋은 방법은 없다고 생각한다. 감사가 빚어내는 문화에는 다음과 같은 모습이 나타난다.

- 말과 행동으로 고마운 마음 전하는 것
- 타인에게 지속적이고 적극적인 관심 보이는 것
- 타인을 존중하고 상대의 기분 먼저 생각하는 것
- 남 돕는 것을 당연히 여기며 대가 바라지 않는 것
- 자신이 한 일을 남에게 자랑하지 않는 것
- 다른 사람을 배려할 때 그가 불편해하지 않도록 미리 생각하고 행동하는 것 등등

건강한 감사는 관계 맺고 소통하면서 가정과 일터와 공동체, 나아가 세상을 행복하게 하는 열쇠다.

감사하여 일상을 사는 연습, 감사 일기

청년자기다움학교에는 매일 감사 일기를 작성해야 하는 과제가 있다. 제자 중에는 이것을 루틴으로 삼아 1년 동안 하루도 빼먹지 않고 감사 일기를 적은 친구들이 있다. 1기 김찬용 보배와 강병호 보배, 2기 박정환 보배 등이 그랬다. 강병호 보배는 1년 365일 쓴 감사 일기를 책으로 엮어 내게 선물했는데, 눈물 나고 감동적인 일상의 기록이 읽는 내내 마음을 울렸다.

힘든 상황에도 계속해서 블로그에 감사 일기를 올리던 사랑하는 제자 김수현 보배도 생각난다. 병원에서 암 투병 중인 어머니를 간호하던 수현이는, 엄마가 남의 도움 없이 스스로 걸으며 어떤 음식이든 잘 드시는 것과 음악을 통해 위로받으며 낮의 햇살을 볼 수 있는 것 자체가 엄청난 축복이라고 고백했다. 그녀는 그렇게 엄마와 마지막을 함께 한 일상을 담담하게 적었고, 덕분에 절망과 좌절의 순간에 오히려 더 깊고 넓게 감사할 수 있었다(병마에 시달리는 어머니 곁을 지

엄마가 돌아가시고 나서 그전까지는 전혀 눈에 보이지 않던 것들이 보인다. 살면서 한 번도 알아채지 못했던 것들을 알아간다.

사촌 언니의 결혼식이 있어서, 오랜만에 외가 식구들이 한데 모였다. 회를 한~상 차려놓고 다들 먹느라 여념이 없는데, 문득 내 눈에 어떤 풍경이 담겼다. 네 살배기 조카가 밥을 먹는다. 혼자 숟가락질을 해보지만 흘리는 게 반, 입으로 들어가는 게 반이다.
그런 아이를 돌보랴, 남편 챙기랴, 본인도 한술 뜨랴 사촌 동생은 정신이 없다.
이모는, 이모의 눈은 자주 숟가락을 향했지만, 그 시선의 끝은 사촌 동생에게로 향했다. 나는 밥을 먹다가 문득 딸에게로 향하는 이모의 눈을 봤고, 그 시선은 오래도록 마음에 남았다.
'아, 엄마는 딸을 저런 눈으로 바라보는구나.'
이모가 사촌 동생을 바라보는 눈은, 엄마의 사랑이었다. 그리고, 그게 사랑이라는 걸 아는 나는, 우리 엄마 눈의 사랑을 먹고 자란 사람이구나.
생각했다. 그게 아니면 내가 이모의 눈빛이 딸에 대한 사랑이라는 걸 알 수 없었을 텐데. 엄마는 나를 눈의 사랑으로 키워냈구나.

엄마한테는 자랑도 좀 하고 싶다. 엄마 딸들 정말 줄라 열심히 잘 살고 있다고.
엄마 둘째 딸 전기구이는 얼마 전에 공모전에 참가했는데, 전국 1등을 했다고. 그래서 복지부 장관상 받는다고.

회사에 현수막도 크게 걸리고, 전기구이 덕분에 걔 네 원장님 임기도 늘어나고, 시청에서도 축하 전화가 오고, 아무튼 요즘 여기저기서 축하 전화 받느라고 정신없다고.

엄마 큰딸인 계탕이는, 대표님이랑 이사님 다음으로 제일 오래 다닌 직원이라 상을 받게 되었다고. 대표님이 갑자기 5년 이상 다닌 직원들에게 포상하겠다고 하셔서(두 명뿐임) 얼결에 상장도 받고 상금도 받고 금도 받는다고.
살면서 제일 중요한 가치는 신의라고, 힘주어 말하던 엄마 딸답게 우리 참 잘 크지 않았냐고. 그러니까 천국에서 여기저기 자랑하라고.
애들이 이렇게나 책임감 있고 바르게 잘 컸다고,
엄마 기도 덕이라고 큰소리로 자랑하라고 말해주고 싶다.

키며 짬짬이 적은 수현이의 글을 읽으며 혼자 울고 웃던 기억이 난다. 그녀가 최근에 다시 글을 쓰기 시작한 것을 보고 너무 반가웠다. 글재주가 있는 수현이가 언젠가 감사 일기로 책을 내면 참 좋겠다).

지나고 나면 다 아름다운 추억이 된다. 그때는 그 아름다움을 모른다. 그때는 그 가치를 잘 모른다. 그때는 그 소중함을 잘 모른다는 것이 가장 안타까운 일이다. 시간이 흐르고 흘러 먼 훗날, 이날의 행복했던 순간을 떠올리며 웃을 수 있었으면 좋겠다. 자기다움은 평생 찾아가는 것이다.

여러분이 걸어온 길과 지금 서 있는 자리를 돌아보며 감사할 일을 찾아보라. 인생의 다양한 순간에 함께해 준 이들에게 감사 메시지를 전해보자. 감사할 거리가 몇 개든 괜찮다. 생각나는 게 하나뿐이어도 좋다. 있는 그대로 감사 일기에 적어보자.

제자들과 함께 시간을 보낸다는 것 자체가 최고의 순간이고 감사의 시간이다

그렇게 하루를, 일주일을, 한 달을, 1년을 살아보자. 여러분의 크고 작은 감사 고백이 인생의 엄청난 긍정 심리자본으로 열매 맺을 날이 반드시 올 것이다. 그리고 그 감사의 일상이 쌓여 힘들고 어려울 때 여러분을 지켜주고 회복시켜 줄 것이다.

년 월 일 [   ]의 감사일기

1.

2.

3.

4.

5.

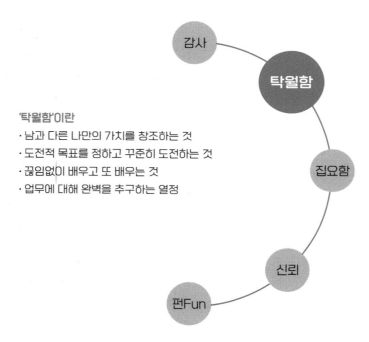

'탁월함'이란
· 남과 다른 나만의 가치를 창조하는 것
· 도전적 목표를 정하고 꾸준히 도전하는 것
· 끊임없이 배우고 또 배우는 것
· 업무에 대해 완벽을 추구하는 열정

탁월함은 배움에서 비롯되고, 나만의 강점을 극대화하여 스스로를 차별화하는 과정이며, 늘 새롭고 도전적 목표를 즐기는 행동이다.

화요일엔 탁월하게

에이미 멀린스는 1996년 미국 패럴림픽 육상 국가대표였다. 종아리뼈가 없는 선천적 장애를 갖고 태어난 에이미는, 한 살 때 양쪽 무릎 아랫부분을 모두 절단했다. 그대로 두면 의족도 사용하지 못하고 평생 휠체어를 타야 했기 때문이다. 다리를 잃었지만, 에이미는 아주 밝고 건강하게 성장했다. 나중에 언론과의 인터뷰에서 그녀는 자신과 자신의 인생이 '장애 덕분에 성장했다'라고 고백했다. "나는 내가 '장애 때문에 또는 장애가 있었지만 이렇게 되었다'라고 생각하지 않는다. 지금의 내가 있는 것은 전부 장애 덕분이다."

패럴림픽에서 에이미는, '백 미터 달리기 15.77초, 이백 미터 달리기 34.60초, 멀리뛰기 3.5미터'라는 놀라운 기록을 얻었다. 또한 2009년 그녀는 〈피플〉People 지가 선정한 '세계에서 가장 아름다운 여성 50인'에 이름을 올리기도 했다.

에이미의 탁월함은 '해석하는 능력'에 있다고 본다. 그녀는 '무슨 일이 벌어졌는가?'보다 '그 일을 어떻게 받아들이고 해석할 것인가?'를 더 중요하게 생각했다. 같은 일을 만나도 어떻게 해석하고 어떤 태도로 반응하느냐에 따라 전혀 다른 삶을 살게 되는데, 그녀에겐 시련을 이기는 오뚝이 같은 힘이 있었던 것이다.

'탁월함'이란 늘 새롭고
도전적인 목표를 즐기는 행동 패턴

작은 역경에도 유리창 부서지듯 주저앉는 사람이 있는가 하면, 높은 데서 떨어져도 다시 튀어 오르는 '탱탱볼'처럼 주체하기 어려운 절망을 재도약의 발판으로 삼는 사람도 있다. 왜 이런 차이가 생기는 걸까? 심리학에서는 불행과 역경, 시련이 찾아올 때 그에 맞서 오뚝이처럼 다시 일어나는 힘을 '회복탄력성'이라고 부른다. 회복탄력성은 외적 고난을 극복할 뿐 아니라, 어떤 환경에도 적응해서 내적 성장까지 하게 만드는 능력이다.

탁월한 해석 능력으로 역경을 성장 발판 삼은 에이미 멀린스
i.pinimg.com

패럴림픽 출전에서 인생 도전을 멈추지 않은 걸 보면, 에이미도 이 회복탄력성이 아주 높았던 모양이다. 1999년 모델로 데뷔한 그녀는 부정적 시선과 선입견을 깨뜨리고 지방시 수석 디자이너의 패션쇼에서 보란 듯이 멋진 런웨이를 펼쳤다. 그 후에도 에이미는 잡지 표지 모델과 배우로 활동하며 다양한 영역으로 지경을 넓혀갔다. 누구보다 자연스럽고 자유롭게, 역경을 기회 삼아 끊임없이 새로운 것에 도전하는 그녀의 모습은 사람들에게 커다란 감동과 용기를 주었다.

자기 결정력의 중요 요소인 회복탄력성은, 좌절에 빠졌을 때 "그래, 다시 시작해보자"라고

결단하며 일어서는 힘이다. 회복탄력성이 강한 사람은, 에이미처럼 끝까지 자신을 믿고 앞으로 나아가 탁월함에 도달한다.

탁월함을 추구할 때 우리에겐
미국의 동기부여가 랄프 마스턴이 이런 말을 했다.

"탁월함은 기술이 아니라 태도이며, 마음 자세다."
Excellence is not a Skill, It is an Attitude.

살다 보면 누구나 어려운 일을 겪는다. 여러분도 그렇고 나도 그렇다. 예상치 못한 힘든 순간이 많을 것이다. 하지만 문제를 해석하는 방식은 오직 자신만 선택할 수 있다. '그래도 이겨낼 수 있을 거야'라고 긍정으로 대응할지, '더 못 하겠어'라고 좌절할지 결정할 수 있는 건 오직 '당신'뿐이다. 그리고 그 해석과 선택이, 같은 상황에서도 각자 다른 삶을 살게 할 것이다.

탁월함도 이 해석 능력에서 비롯된다고 생각한다. 에이미의 삶이 그것을 증명한다. 최악의 조건까지 새로운 기회로 해석하고 꿈꾸는 삶을 찾아 도전하는 것이야말로 진정한 탁월함에 이르는 지혜 아닐까?

화요일에는 탁월함을 추구해보자. 탁월함을 추구하는 태도가 습관이 되고, 나아가 문화가 되면 어떤 변화가 일어날까?

우리는 역사상 어느 때보다 불확실성과 그로 인한 불안이 팽배한 시대를 살고 있다. 과거 개인의 마음을 움직이며 조직과 공동체를 이끌어 가던 성공주의 신화는 공허한 구호가 되었고, 직장은 '함께 가는' 곳이 아니라, '거쳐 가는' 곳으로 여겨진다. 하지만 이런 사회 분위기에서도 결이 다른 선택과 행보를 보이는 조직과 공동체들이 있다. 그들은 경쟁에서 이기지 않아도 즐겁게 일한다. 규모에 집착하지 않아도 건실한 수입으로 지속 가능함을 보인다. 성공 여부로부터 자유롭지만, 동시에 몸담은 분야에서 최고의 전문성을 확보하기 위해 치열하게 노력한다.

놀랍게도 이것은 기존의 '탁월함을 추구하는' 조직들이 보여준 문화와 똑 닮았다. 남과 다른 나만의 가치를 창조하려 하며, 창의적이고 새로운 생각을 통해 끊임없이 차별화를 시도한다. 늘 도전적 목표를 설정하고 이를 성취하기 위해 계속해서 학습하고 열정적으로 공부한다. 이들에게 탁월해지기 위한 평생학습은 선택이 아닌 필수이다. 오늘부터 탁월함을 추구하며 하루하루 살아갈 때, 우리가 속한 조직과 공동체에도 이런 모습이 나타날 수 있다. 그러니 바로 지금 탁월해지기 위한 '스몰 스텝'Small Step을 시작해 보자.

탁월함을 위한 공부

내게 하브루타를 가르쳐준 유대인 친구 아리엘리 헤츠키—그는 세계적으로 널리 알려진 교육 전문가로 하브루타를 활용한 학습법을 가르친다—에게 이렇게 물은 적이 있다. "헤츠키, 탁월해지려면 어떻게 해야 할까? 유대인들은 탁월함을 어떻게 생각해?"

그런데 예상 밖의 답이 돌아왔다. "유대인들은 세 가지 과정을 거쳐야 탁월해질 수 있다고 생각해."

"세 가지 과정? 그게 뭐야?" "결핍과 배움, 기록이야."

결핍과 배움과 기록? 어디서 들어본 것 같다면…, 맞다. 인풋에서 나눈 적 있다. 유대인들이 신이 내려준 축복으로

해석했다는 '결핍과 배움, 기록'이 탁월함에 이르는 과정이라는 것이다. 탁월함이라는 관점에서 헤츠키의 말을 정리해보면 다음과 같다.

탁월함에 이르는 첫 번째 과정, 결핍 탈무드에 이런 말이 있다. "가난한 아이에게 귀를 기울여라. 지혜가 그들에게서 나올 것이다."

가난한 집 아이들은 부족한 게 많다. 돈이 없으니 장난감도 사는 대신 만들어서 논다. 그런데 직접 놀이를 궁리하고 장난감을 만들면서 아이는 자기도 모르게 창의성과 분석력, 혁신 욕구를 키우게 된다고 한다. 모든 가난한 아이가 그렇게 되는 건 아니겠지만, 자급자족이 지혜와 경험을 얻을 기회가 된다는 점은 분명한 것 같다. 가장 벗어나고 싶은 것이 가장 큰 동기부여 요인으로 작동하다니 놀랍지 않은가?

탁월함에 이르는 두 번째 과정, 배움 감사하게도(!) 결핍으로 건강한 동기부여를 받은 사람은, 탁월함에 이르는 두 번째 과정으로 나아가게 된다. 바로 자신의 부족함을 채우는 '배움'이다. 이것은 정해진 연령이나 기간이 없는 '평생

학습'이다. 여기에서 진정한 배움에 관한 유대인의 철학을 엿볼 수 있다. 유대인들은 자신의 부족함을 채우기 위해서만이 아니라, 주변 사람을 돕고 더 나은 세상을 만들기 위해서도 공부한다고 한다. 그리고 이를 위해 열린 토론 방식의 하브루타로 가르치고 배운다. **배움의 목적과 방법이 전혀 다른 것이다.**

탁월함에 이르는 세 번째 과정, 기록 유대인들의 지혜서 탈무드는 첫 페이지와 마지막 페이지가 '백지', 즉 비어 있다고 한다. 공부에는 시작도 없고 끝도 없다는 의미이자, 인생의 마지막 장에 자기만의 이야기를 적어 넣으라는 뜻이란다. 자기다운 모습으로 살며 남과 다른 나만의 콘텐츠를 소유한 사람만 그렇게 할 수 있을 것 같다.

문학을 사랑하는 사람이라면 어떤 언어로 마지막 메시지를 남길지 고민하고, 예술을 사랑하는 사람이라면 삶의 마지막 장에 어떤 예술적 가치를 부여할지 고민하라는 것이다. 여러분은 자신의 인생을 담는 책의 첫 페이지와 마지막 페이지를 무엇으로 채우겠는가? 그 선택은 오롯이 우리 자신의 몫이다. 그래서 **나는 만나는 모든 제자에게 자기만 할**

수 있는 강의 컨텐츠를 만들어보라고 권한다. 남 따라하지 않고 자기만의 관점과 경험과 가치를 담은, 자신만 할 수 있는 이야기 말이다. 이것은 탁월함으로 나아가는 여정의 기록인 동시에 자기만의 방식으로 세상에 던지는 우리의 승부수가 될 것이다.

어떤 역경을 만나도 긍정적으로 해석하고, 부족한 데서 배울 것을 찾아 지혜로 남기는 습관은 탁월한 삶으로 열매 맺는다. 에이미 멀린스와 유대인들처럼 말이다. 모든 것에서 배우고 끊임없이 공부하며, 자기만의 것을 남기기 위해 최선을 다해보자. 시작도 없고 끝도 없는 긴 여정이겠지만, 그래도 남과 다른 나만의 방법과 스토리, 콘텐츠를 꾸준히 만들어 세상을 섬기는 탁월한 사람이 많아지면 좋겠다. 이 책을 읽는 모든 독자가 그렇게 되기를 간절히 기도한다. 그런 역량을 갖추려면 어떤 공부를 해야 할까? 어떤 책을 읽고, 무엇을 배우고, 무엇을 연습할지 다시 한번 고민해보자.

탁월한 역량을 갖추기 위해 해야 할 공부는 무엇인가?

읽어야 할 책은?	
배워야 할 것은?	
연습해야 할 것은?	

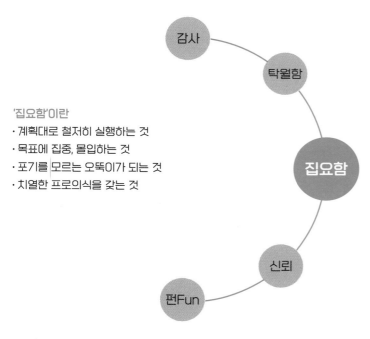

'집요함'이란
· 계획대로 철저히 실행하는 것
· 목표에 집중, 몰입하는 것
· 포기를 모르는 오뚝이가 되는 것
· 치열한 프로의식을 갖는 것

집요함은 자신이 추구하는 바를 이루기 위해 분명한 대가를 치르는 것으로, 목표와 행동과 책임에 대해 나타나야 한다.

수요일에는 계획을 점검하고 집요하게 실행을

수요일에는 무엇이든 집요하게 매달려보자. 여기서 집요함이란, 무언가를 추구하려고 그에 관해 분명한 대가를 치르는 것을 말한다. 또한 집요함은 끈질기게 목표를 이루려 하고, 끈질기게 행동에 옮기려 하고, 끈질기게 책임을 다하려는 태도이기도 하다. 그런데…, 고작 '집요함'이라니…, 조직과 공동체의 문화로 일궈내기에는 너무… 평범한 것 아닐까? 이런 생각이 들지도 모르겠다. 하지만 정말 그럴까?

내가 이야기하려는 집요함의 대상은 크게 세 가지이다: 목표와 행동과 책임. 집요함은 끈질기게 목표를 이루려 하고, 끈질기게 행동에 옮기려 하고, 끈질기게 책임을 다하려는 태도이다.

꿈을 향한 집요함이 인생을 바꾼다

난세에 영웅이 나온다는 말이 있다. 만사 성공하고 매사 태평할 때는 다들 고만고만해서 눈에 띄는 사람이 없다. 실력도 비슷해 보인다. 진짜 실력을 검증받을 만큼 큰 문제가 없기 때문이다. 하지만 난세, 곧 참모습을 드러내야 맞설 수 있는 어려운 상황이 오면 이야기가 달라진다. 진짜 실력은 어려운 상황에서 나타난다. 난세의 영웅들은 누구보다 꿈에 대해 집요하고 간절했던 사람들이다.

조선 건국을 다룬 드라마 중에 〈육룡이 나르샤〉SBS, 2015라는 퓨전 사극이 있다. 정형화된 인물만 보여주는 정통 사극들과 달리, 여기에는 자유롭고 개성 있는 입체적 캐릭터가 다수 등장한다. 이 드라마를 보면서 파악한 '육룡'(주인공)의 공통점은 집요하게 꿈을 추구하는 것이었다. '새로운 나라 건설'을 위해 달려가는 인물도 있고(이성계), 그 새로운 나라에서 '최고 권력자'가 되겠다는 인물도 있다(이방원). 비극적인 과거의 트라우마에 시달리면서도 사랑하는 사람을 지키겠다는 일념으로 '조선 제일검'이 되는 인물도 나오고(이방지), 백성들에게 땅을 돌려주고 함께 행복하게 살아가는 소박한 꿈을 품은 인물도 나온다(분이).

정도전과 정몽주처럼 같은 꿈을 꾸면서도 치열하게 맞선 이들도 있다. 두 사람은 같은 스승 밑에서 공부한 친구이자 새로운 나라를 꿈꾸는 동지였다. 하지만 정몽주는 훗날을 도모할 인재를 키워 새로운 고려를 만들려 했고, 정도전은 고려라는 기존 틀에서는 개혁을 제대로 할 수 없으니 새로운 나라를 세워 새로운 시대를 열어야 한다고 주장했다. 두 사람은 집요하게 상대를 설득했지만, 끝까지 평행선을 달렸고 결국 절대 공존할 수 없는 적이 되고 말았다.

집요하게 꿈을 좇는 드라마 속 인물들을 보며 나 자신에게 이렇게 물었다.

"나는 어떤 일을 할 때 집요한가?" "내가 집요하게 도전하고 싶은 것은 무엇인가?"

내 대답은 "인재 키우는데 누구보다 집요한 사람이 되고 싶다"였다. 나는 사람 길러내는데 집요해지고 싶다. 진정으로 세상과 이웃을 섬기는 정치가, 많은 이에게 지속 가능하고 행복한 일터를 제공하는 기업가, 자기다움을 아름답고 건강하게 표현하는 예술가… 사회 각 분야에서 자기다운 모습과 방식으로 선한 영향력을 펼칠 탁월한 사람들을 키우는데 평생 집요해지고 싶다. 돈이나 권력, 인맥, 폭력이 아니라 진짜 실력과 바른 성품으로 세상을 변화시킬 이들과 함께 새로운 세상을 세우는데 끝까지 도전하고 싶다.

집요하게 실행하고 싶은 것이 있는가? 포기하지 않고 끝까지 매달리고 있는 일이 있다면 무엇인가? 무엇을 할 때 진심이 우러나오고 집요하게 실행하게 되는가? 여러분을 움직이고 행동하게 하는 집요함의 테마는 무엇인가? 자신의 꿈과 소망이 가리키는 나침반은 과연 무엇인지 진지하게 생각해보기 바란다.

평범한 이들의 인생 역전 드라마를 다룬 《한국의 슈퍼리치》라는 책이 있다. 신동일, 리더스북, 2012 이 책에는 맨손으로 시작해서 백 억대 부를 이룬 사람들이 등장한다. 백 억대 부자가 된 카센터 정비사에서부터 부동산 경매 박사가 된 미용실 원장, 보따리 장사로 부자가 된 35세 사업가, 하루 매출액 70만 원인 대박 커피숍 사장에 이르기까지 다양한 성공담이 소개되어 있는데, 자산관리와 재테크 전문가인 저자가 이들의 가장 큰 공통점으로 꼽은 것은 바로 '실행력'이었다. 흥미로운 건 이 책에서 슈퍼리치가 되는 사람과 되지 못하는 사람을 가르는 기준으로 제시한 것 역시 실행력이라는 점이다.

요즘에는 탁월한 강의와 좋은 책, 멋진 조언을 찾아다니는 사람들이 많다. 하지만 보고 듣고 읽은 대로 실행하는 사람은 좀처럼 만나보기 어렵다. 그런데 아이러니하게도 성공하는 사람들은 배우고 깨달은 바를 백 퍼센트 실천하더라는 것이다. 마음 다해 실행하기. 사소하고 별 것 아닌 것 같지만, '실제로 하는가 하지 않는가'의 차이는 어마어마하다.

작심삼일 극복 프로젝트 3단계

우리는 작심삼일이라는 심리적 관성에 늘 허무하게 무너지는 연약한 존재들이다. 초점을 잃고 미적대거나 뭉개지 않고 꿈꾸는 바를 집요하게 실행하려면 어떻게 해야 할까? 무언가를 집중해서 이뤄야 할 때, 나는 3단계 과정을 계획하고 실행한다.

1. 하고 싶은, 또는 해야 할 최종 과제를 명확하게 정한다 (실행 목표 결정) 뭐니 뭐니 해도 목적지와 목표를 분명하게 정하는 것만큼 중요한 것은 없다. 그리고 목표를 정했다면, 그걸 공개적으로 선포하기 바란다. 주변 사람들에게 "나 오늘부터 공부할 거야! 나 오늘부터 다이어트 할 거야! 나 오늘부터 ○○ 끊을 거야!"라고 최대한 떠들라는 이야기다. 물론 이렇게 해도 안 될 수 있고 공표한 것과 다른 결과가 나올 수도 있다. 하지만 명확한 목적지를 정하는 것과 그 과

정을 공유해서 실행하도록 장치를 만드는 것은, 나약한 내 의지를 돕는 수단이 될 수 있다.

2. 최종 과제를 완수하기 위해 할 일을 추린다(실행 목록 작성) 목표를 정했다면 할 일들을 목록으로 만들어보자. 목적지로 가기 위한 실행 목록을 만들고, 그것을 꾸준히 관찰하며 기록하는 것이다.

3. 진행 상황을 한눈에 볼 수 있게 정리한다(실행 과정 시각화) 계획대로 집요하게 실행하려면 목표를 이뤄가는 과정을 한눈에 볼 수 있게 시각화하는 것이 좋다. 보이지 않으면 멀어지고 소홀히 하기 쉽다. 자주 보고 접해야 잊지 않는다. PC나 스마트 기기를 활용해도 좋고, '수제'(?) 도표를 만들어 잘 보이는 곳에 붙여 매일 보고 '셀프 동기부여'해도 좋다. 자신에게 잘 맞고 유용하다면 적극적으로 활용하기 바란다. 핵심은 쉽게 자주 눈으로 보게 하는 것이다. 그렇게 하면 미처 하지 못한 일과 해야 할 일, 후속 조치가 필요한 일 등 을 의식에서 놓치지 않을 수 있다.

삼일작심은 가능하다. 누구나

20세기 초 여성 최초로 대서양 횡단에 성공한 미국의 비행사 아멜리아 에어하트가 이런 말을 했다.

"가장 어려운 것은 행동하기로 결정하는 것이고, 나머지는 끈기일 뿐이다."

The Most Difficult Thing is Decision to Act, The Rest is Merely Tenacity.

집요함이란 목표를 이루기 위해 해야 할 일을 철저히 실천하는 것이다. 또한 19세기 영국의 생물학자 토마스 헉슬리도 이렇게 말했다.

"인내와 끈기는 영리한 것보다 두 배 이상의 가치가 있다."

Patience and Tenacity are Worth More Than Twice Weight of Their Cleverness.

인내와 집요함을 겸비해야 재능과 더불어 진정한 역량을

갖추었다고 할 수 있다. 계획대로 철저히 행하는 것도 집요함이고, 목표에 집중하고 몰입하는 것도 집요함이다. 오뚝이처럼 포기하지 않는 것도 집요함이고, 치열한 프로의식을 갖는 것도 집요함이다.

오늘 하고 싶거나 해야 할 일이 있다면 미루지 말고 지금 당장 실행하라. 기간을 정해놓은 목표가 있다면, 더 집요하게 매달려보라. 작심삼일의 함정에서 벗어나기 어려운가? 3일까지는 입술 꽉 깨물고 버틸 수 있는데, 그 뒤부턴 속수무책인가? 그런데 뒤집어 보면 3일 동안은 계획하고 결심한 대로 했다는 이야기가 된다. 즉 '삼일작심'은 가능하다는 것이다. 삼일작심을 반복하면 작심삼일을 이겨낼 수 있다. 오늘 계획을 세워 3일 동안 실행하고, 4일째 다시 계획을 세워 3일 동안 실행하는 거다. 중간에 포기하지 않고 집요하게. 그렇게 1년 365일 버틸 수 있다면, 웬만해선 이루지 못할 일이 없을 것이다. 지금 집요하고 꾸준하게 해야 할 것이 무엇인지 적어보자. 아래 도표는 내가 정리한 것이다.

다음 세대의 인재 키우는 일을 집요하게 하고 싶다	
구체적 목표	**매일 매주 실천해야 할 일**
▸ 1년에 다섯 명씩 리더를 세운다. ▸ 1년 2회 청년자기다움학교 학기를 열어 가르친다. ▸ 콘텐츠를 모아 책을 발간하고 적극적으로 홍보한다.	▸ 매일 관심을 표현한다. ▸ 매주 만나 이야기 나눈다. ▸ 제자가 원하는 삶을 지지하고 적극적인 도움을 준다.

내가 집요하게 실행해야 할 일은 무엇인가?

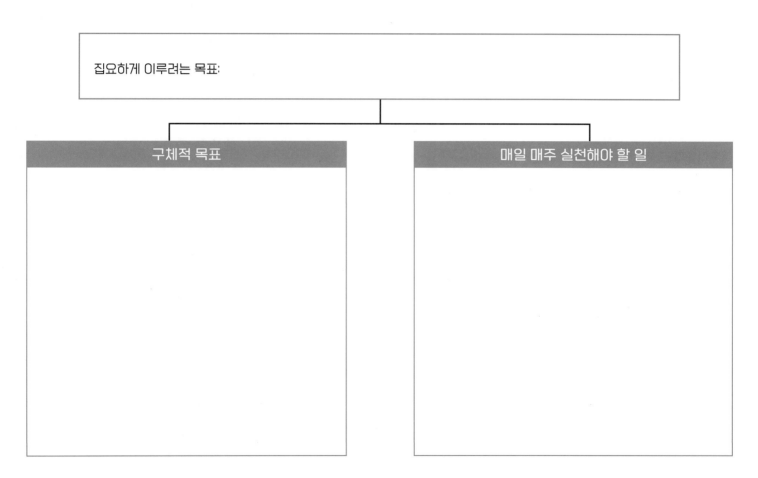

집요하게 이루려는 목표:

구체적 목표	매일 매주 실천해야 할 일

감사

탁월함

집요함

신뢰

펀Fun

'신뢰'란
· 끝까지 책임지는 행동
· 정직하고 투명한 것
· 믿어주는 것
· 약속을 지키는 것

신뢰는 눈에 보이지 않지만, 은행에 예금이 누적되듯 쌓여 간다. 신뢰는 약속을 지키고 믿어주며 끝까지 책임지는 모습과 정직하고 투명한 자세, 그리고 문제 해결 속도로 얻을 수 있다.

여러분 목표도 이렇게 간단히 작성해서 실행 의지를 다져보자. 집요하게 실천하려고 하는 목적과 목표를 적고 그 내용을 구체적으로 작성한 다음, 매일 매주 실천할 목록까지 작성해보기 바란다.

목요일에는 세상을 움직이는 보이지 않는 힘, 신뢰를 쌓자

기억이나 감정처럼, 보이지 않지만 사람 간에 계속해서 쌓이는 것들이 있다. 신뢰도 그렇다. 특히 신뢰는 은행 통장에 돈이 모이듯 형성된다. 약속을 지키지 않으면 상대방 마음속 내 신뢰 잔고가 줄고, 약속을 지키면 내 신뢰 잔고가 늘어난다.

이탈리아 프로 축구 리그를 대표하는 인터밀란(FC 인테르나치오날레 밀라노)에서 활동한 선수 중에 하비에르 사네티라는 아르헨티나 출신 스타 플레이어가 있다. 그는 이탈리아인이 아닌데도 이탈리아 축구 팬들에게 큰 사랑을 받았다. 최다 출장 857경기, 최다 트로피 수상 16회, 밀란 더비 최다 출장 47경기, UEFA 챔피언스리그 최다 출장 등등…. 2014년 은퇴하기까지 인터밀란에서 사네티는 어마어마한 기록들을 남겼다. 하지만 사람들은 그가 엄청난 존경과 사랑을 받은 것이, 화려한 업적이 아니라 인간성 때문이라고 이야기한다. 오랜 세월 선수로 뛰면서 딱 한 번 레드카드를 받았는데, 그때도 항의하지 않고 심판과 정중하게 악수하고 퇴장했다는 일화만 봐도 그가 어떤 사람인지 짐작할 수 있다.

사네티는 새로 입단한 선수에게 가장 먼저 다가가 팀 적응을 돕고, 주말마다 동료와 후배들을 집으로 초대해 손수 음식을 대접하며 살뜰히 챙기는 맏형이었다. 그가 아닌 다른 선수가 주장이 되자 이를 부당하게 느낀 팬들이 흥분해서 주장이 된 선수의 자동차를 파손한 적이 있는데, 이때 사네티가 나서서 난동 피운 사람들 대신 피해자에게 새 차를 사줬다고 한다. 또한 그는 아내와 함께 불우한 어린이들을 위한 자선 단체를 세우고 연봉의 30~40퍼센트라는 큰 금액을 꾸준히 기부했고, 그 일로 선행상을 받기도 했다.

독일의 전설적인 축구 영웅 베켄바워는 그를 두고 이렇게 말했다. "인터밀란 팬들이여! 챔피언스리그에서 오랫동안 우승하지 못했다고 안타까워하지 말라. 그대들에게는 세상 그 어떤 우승컵보다 위대하고 빛나는 주장 사네티가 있지 않은가!"

정말 엄청난 찬사이다. 세계적으로 유명한 축구 감독 모리뉴도 이렇게 말했다. "사네티를 만난 건 생애 최고의 영광이었다."

심지어 라이벌 AC 밀란 서포터즈까지 인터밀란에서 유일하게 존경하는 선수로 사네티를 꼽았다고 한다.

skira.net

많은 선수가 그와 동시대에 함께 뛰었다는 사실을 영광스럽게 여기며 행복해했다는 것이 정말 인상적이다. 하비에르 사네티 같은 친구가 있으면 얼마나 좋을까? 하지만 정말 중요한 건, 그런 친구를 얻으려면 우리 자신이 먼저 그런 친구가 되어야 한다는 사실이다. 지금 여러분 곁에 있는 친구와 동료들을 생각해보라. 그들은 여러분과 함께하는 것을 기뻐하고 행복해하는가?

우리 모두 가족과 친구와 동료들에게 "넌 정말 믿을 만해!", "당신은 신뢰할 수 있는 좋은 친구입니다!"라고 인정받는 사람이 되면 좋겠다. 그리고 우리 곁에도 사네티처럼 늘 신뢰할 수 있는 듬직한 사람이 많으면 좋겠다. 물론 우리 자신이 먼저 실천하며 날마다 신뢰를 쌓아야 한다. 또한 이를 통해 우리의 가정과 조직, 공동체에도 신뢰를 중요하게 여기는 문화가 생겨날 것이다.

회피하거나 떠넘기지 않고 말과 행동을 끝까지 책임지는 것이 모두의 합의된 가치가 되고, 언제나 있는 그대로 정직하게 행동하는 투명한 분위기가 일상이 되고, 상대방이 약속을 반드시 지킬 거라 믿는 것이 당연해지고, 합의한 약속을 지키는 것이 상식이 되는 세상은 우리의 태도에 달려있다. 지금 서 있는 자리에서 그런 관계와 공동체, 조직을 시작할 수 있다. 우선 일주일에 하루 목요일을, 신뢰를 쌓고 약속을 꾸준히 실천하는 날 삼는 것부터 도전한다면 말이다.

10억이 있다면, 여러분은 그 돈을 누구한테 맡기겠는가?(왠지 안 맡기겠다는 사람이 더 많을 것 같다) 맡길 대상은 저마다 다르겠지만, 맡길 사람을 선정하는 원칙은 거의 비슷할 것 같다(당연히, 가장 신뢰하는 사람에게!). 그런데 그런 사람을 어디서 어떻게 찾을 수 있을까? 앞서 나눈 대로 나부터 그런 사람이 되려고 노력하면 된다. 비슷한 사람들이 모이게 되어 있기 때문이다. 내가 먼저 다른 사람들의 신뢰 통장에 잔고를 늘려가면 그런 사람들이 하나둘 모일 것이다. 내 실천이 핵심이다. 남이 아닌 나부터!!

공자님이 귀한 이야기를 정말 많이 하셨는데, 가장 가슴에 와 닿았던 말씀 중 하나가 이것이다.

"한 나라를 이끌기 위해서는 충분한 먹거리와 군사력, 백성의 신뢰가 필요하다. 이 셋 중 부득이하게 하나를 빼야 한다면 군사력을 빼야 한다. 또 부득이하게 하나를 빼야 한다면 먹거리를 빼라. 백성의 신뢰는 나라를 이끄는 근본이 되는 힘이다." 논어 안연편

백성의 신뢰는 국가의 근간이다. 정치가들이 신뢰를 주지 않으면 민심은 항상 등을 돌린다. 마찬가지이다. 사람 마음을 얻는 것이 가장 중요하고 어렵다. 그래서 세상과 사람을 움직이는 '보이지 않는 힘', 신뢰를 무기로 장착해야 한다. 국가와 지역, 기업과 조직, 단체와 공동체의 지도자라면 더더욱 그래야 한다.

《성공하는 사람들의 7가지 습관》저자로 잘 알려진 스티븐 코비의 아들, 스티븐 M. R. 코비는 자신의 책《신뢰의 속도관》에서 이렇게 말했다. "상대와 나의 신뢰 수준이 문제 해결의 속도다."《The Speed of Trust》, 김영사, 2009

이해 충돌이 있거나 조율과 협력이 필요할 때 관계자 간에 신뢰가 있으면, 문제를 신속하고 효과적으로 해결할 가능성이 크다. 하지만 그렇지 않다면 무엇을 하든 더디게 진행되고 결과가 만족스럽지 않을 것이다. 신뢰 없는 온전한 소통과 협력은 불가능하다.

신뢰는 약속을 지킬 때 생기고 약속을 어길 때 사라진다. 쌓는 건 오래 걸리지만 깨지는 건 한순간이다. 한번 무너진

신뢰가 쌓이는 말과 행동

신뢰가 쌓이는 말과 행동	신뢰가 깎이는 말과 행동
그건 제가 해볼게요	어려울 것 같아요
얼마든지 가능합니다	왜 자꾸 저한테 시키세요!
언제든지 환영입니다	잠수 탈 거예요. 저 찾지 마세요!
책임지고 완수할게요	리더에게 책임지라고 하세요
제가 있잖아요!	어떻게 되든 저와는 상관없어요!

신뢰가 깎이는 말과 행동

신뢰를 회복하는 것은 처음보다 몇 배 더 힘이 든다. 말한 바를 삶으로 증명하고 약속을 목숨처럼 소중히 여기는 태도로 살아가는 것이 유일한 해법이다. 늘 따뜻한 말 한마디로 가족과 친구, 동료의 마음속 신뢰 통장에 잔고를 쌓으며 살아가자.

평소 신뢰를 쌓을 수 있는 말과 행동에는 어떤 것이 있을까? 반대되는 말과 행동에는? 다음과 같이 정리할 수 있을 것 같다.

신뢰가 쌓이는 말과 행동

신뢰가 깎이는 말과 행동

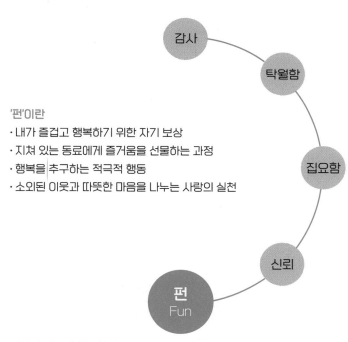

'펀'이란

· 내가 즐겁고 행복하기 위한 자기 보상
· 지쳐 있는 동료에게 즐거움을 선물하는 과정
· 행복을 추구하는 적극적 행동
· 소외된 이웃과 따뜻한 마음을 나누는 사랑의 실천

펀이란 자기만 행복하고 즐거운 것이 아니라 동료, 팀, 고객, 이웃 등 모두가 즐겁고 행복하게 일하며 살 수 있게 적극적으로 생각하고 행동하는 '감동 창출 PD' 역할을 하는 것이다.

신뢰할 수 있는 사람이 되기 위해 해야 할 말과 행동은 무엇이고, 평소 언행에서 고쳐야 할 것은 무엇인가? 진지하게 고민하며 적어보기 바란다.

금요일에는 '펀', 그런데 타인과 함께

'플레이슈머'Playsumer라는 말이 있다. 소비 과정에 재미까지 더해 경험하기 원하는 사람을 뜻하는 신조어이다.

Playsumer = Play(놀다) + Consumer(소비자)

플레이슈머는 사용 과정과 정서적·심리적 효용을 가장 중시하기 때문에, 구매 단계에서 그 제품이나 서비스로 '어떻게 놀 수 있을지'부터 고려한다. 그래서 일부 기업과 회사들은 기발한 아이디어로 이들을 공략해서 좋은 성과를 거두기도 했다. 스마트폰 앱으로 소비자가 토핑을 선택하고 레시피까지 공유하는 피자 회사, 조명을 끄고 어둠 속에서 음식의 향과 맛에만 집중하는 식당, 크레인으로 테이블을 높이

들어 올려 주변 풍경을 보며 식사하는 레스토랑, 클럽 느낌을 주는 옷 가게…. 전부 플레이슈머 관련 사례들이다. 이렇게 식사 한 끼, 옷 한 벌에서까지 재미와 즐거움을 찾는 것은, 그것이 인간의 본능이기 때문이다.

세상에 즐겁게 살고 싶지 않은 사람은 없다. 한 번뿐인 인생이라 다들 행복해지려고 최선을 다한다. 그렇게 보면 '편'은 인간이라면 누구에게나 있는 삶의 태도다. 하지만 '감·탁·집·신·편' 중 하나인 편은 나 홀로 행복하고 즐겁게 살려는 것이 아니다. 가족, 친구, 동료, 이웃, 사회 모두 즐겁고 행복할 수 있게 적극적으로 생각하고 행동하는 '감동 창출 PD'로 사는 것. 이것이 편이 추구하는 가치이다.

혼자 즐겁고 행복한 건 '자기 보상'일 뿐이다. 주변과 세상에 선한 영향력을 흘려보내는 데 필요한 다섯 번째 태도 '편'은, 지친 사람에게 즐거움과 위로를 선물하거나, 다른 사람의 행복을 위해 적극적으로 돕거나, 소외된 이웃과 따뜻한 사랑을 나누려는 의지와 실천이다.

여러분은 'T.G.I.F.'라는 말을 들어본 적 있는가?
"예전에 유명했던 패밀리 레스토랑 아니야?" "그거 트위터, 구글, 아이폰, 페이스북이잖아."

이렇게 알고 있는 사람도 있겠지만, 'T.G.I.F.'는 본래 다음 문장의 앞 철자를 따서 만든 관용어이다.

Thank God. It's Friday! (신이시여, 감사합니다! 드디어 금요일입니다!)

1970년대 미국에서 라디오 프로그램과 영화를 통해 널리 알려진 이 말은, 금요일을 맞으면서 느끼는 주말에 대한 기대감과 해방감을 담은 표현이다. 우리 식으로는 '와우, 드디어 불금이다!'와 뉘앙스가 비슷하다고 보면 된다. 이렇게 동서양을 막론하고 금요일이 되면 사람들은 행복해한다. 주말에 재미있고 즐거운 일, '편'한 계획이 기다리고 있다면 더욱더 그렇다.

'편'한 금요일을 만드는 건 생각보다 간단하다. 잠시 눈을 감고 숨을 깊게 들이마신 뒤 한 주간을 돌아보자. 짧은 순간이어도 좋으니, 하늘을 날듯 기쁘고 즐겁고 행복했던 일을 떠올려보자. 머릿속을 아무리 뒤져도 이번 주간에 그런 일이 없었다면? 그래도 괜찮다. 신이 우리 모두에게 '생각의 타임머신', 즉 기억을 선물로 주셨으니까! 어느 때든 상관없으니 여러분 인생에서 가장 행복했던 때를 떠올려보자. 아무 걱정 없이 신나게 뛰놀던 어린아이 시절도 좋다. 자연스럽게 입가에 미소가 생기거나 함박웃음을 짓게 하는 기억이면 언제든 괜찮다.

'편'한 날을 만드는 또 다른 방법은, 주말이나 휴일처럼 여유 있는 날 자신에게 보상하는 시간을 갖는 것이다. 평소 갖고 싶었던 것을 사거나, 여행을 가거나, 친구를 만나거나, 부모님이나 가족을 방문하거나, 조용한 커피숍에서 빈둥대거나, 연인과 멋진 곳에서 데이트 하거나, 보고 싶었던 영화나 드라마를 시청하거나, 미술관이나 음악 공연장에 가보자. 무엇을 하든 지금까지 열심히 달려온 여러분 자신에게 "수고했어"라고 격려할 수 있는 것이면 된다.

자기 보상을 해야 오래도록 그 일을 할 수 있다. 광고 카피에도 있지 않은가! "열심히 일한 당신, 떠나라."

하지만 우리 주변에는 도무지 즐겁거나 행복한 일이 없다는 사람들이 있다. 삶의 의미도 없고, 고난만 가득하고, 사는 게 힘들기만 하고, 모든 게 귀찮고, 너무 외로운 이들이다. 혹시 지금 생각나는 사람이 있는가? 늘 힘들고 우울한 표정을 달고 사는 사람. 그런 사람들을 어떻게 도울 수 있을까?

우리가 길러야 할 '편'은 가족, 친구, 이웃, 사회와 함께 기뻐하고 즐거워하는 것이기에, 남을 위로하고 격려하는 것까지 포함한다. 이번 주에 '편'이 필요한 가족이나 친구, 동료가 있는지 살펴보고, 위로가 필요한 누군가에게 따뜻한 커피 한 잔 선물해보자. 함께 '편'해지도록 그들과 마음을 나눠보자. 모두가 꿈꾸는 살맛 나는 세상은 그렇게 시작된다.

1992년 바르셀로나 올림픽 400미터 결승전에 데렉 레드먼드라는 영국 선수가 출전했다. 강력한 우승 후보였지만, 안타깝게도 데렉은 150미터 구간에서 다리 힘줄이 끊어져 고통 속에 주저앉고 말았다. 하지만 그는 보안요원의 권유에도 포기하지 않고 절뚝거리며 자기만의 레이스를 계속했다.

그때 한 남자가 보안요원의 제지를 뚫고 트랙 안으로 들어왔는데, 바로 데렉의 아버지 짐 레드먼드였다. 짐은 아들이 레이스를 마칠 수 있게 곁에서 부축하며 함께해주었다. 메달을 따지 못한 서러움과 부상의 고통 때문에 데렉은 아버지에게 안겨 울음을 터뜨리고 말았다. 그러나 그 모습을 지켜본 전 세계인들은 레드먼드 부자의 전무후무한 올림픽

동반 레이스에 크게 감동했고 진심 어린 응원을 보냈다.

　여러분에게도 짐 레드먼드처럼 힘들고 어려운 순간을 함께해 줄 소중한 사람이 있는가? 우리는 소중하다고 생각하는 그 사람에게 짐 레드먼드처럼 함께해주고 있는가 살펴봐야 한다. 일이 많고 사는 게 바빠서, 시급하게 해결해야 할 문제가 있다는 핑계로 소중한 이들을 잊고 있는 건 아닌지 모르겠다(나도 이 부분에서 늘 반성하며 살고 있다).

　소중한 가족과 친구, 동료를 돌아보고 그들과 함께하는 시간, 그들을 위로하고 격려하는 시간을 가지면 좋겠다. 차 한 잔의 위로가 필요한 사람, 밥 한 끼의 칭찬과 축하가 필

이번 주나 오늘 내 위로와 격려가 필요한 사람은?

구분	구체적 대상	미션 수행을 위한 액션
위로와 격려가 필요한 사람은?		
칭찬과 축하가 필요한 사람은?		
즐거움을 선물하고 싶은 사람은?		

요한 사람, 케이크를 자르며 즐거움을 선물할 사람 명단을 구체적으로 작성해서, 그들을 위해 할 수 있는 것을 찾아 실행해보면 어떨까?

감·탁·집·신·편. 인생에 도움이 될 다섯 가지 태도 이야기를 마무리하면서, 이를 갖추기 위해 무엇을 어떻게 할지, 주변에 롤모델 삼을 사람이 있다면 그들의 어떤 모습을 벤치마킹할지 작성해보자. 생각의 근육은 질문과 스스로 작

경쟁력 있는 태도를 갖기 위해 해야 할 일은?

내게 필요한 태도는?	미션 수행을 위한 액션	미션 수행을 위한 액션
감사		
탁월		
집요		
신뢰		
FUN		

성하는 답, 그리고 손발을 움직이는 실행으로 만들어진다.

이제 모든 이야기를 마무리하려고 한다. 상황과 환경은 각자 다르지만, 우리는 모두 살아가면서 다양한 도전을 받았고, 받고 있으며 받게 될 것이다. 언제 어디서일지는 모르지만, 끊임없이 도전받으며 살아갈 것이 분명하다. 그래서 매 순간 어떻게 해석하고 반응할지가 매우 중요하다. 영향력 있고 경쟁력 있는 태도만큼 인생의 파도에 효과적으로 맞설 수 있는 무기는 없다(사실상 유일한 무기이기도 하다).

하지만 겁내거나 두려워할 필요는 없다. 우리 앞을 막아서는 고난이 오히려 우리를 앞으로 나아가게 하고, 우리를 압도하는 문제가 거꾸로 우리 내면을 더 단단하고 강건하게 만들 것이다. 아이러니하지만, 그것이 인생인 것 같다. 물론 저절로 그렇게 되는 것은 아니다. 자기다움을 찾고, 통찰력을 키우고, 문제 해결을 위해 열심히 공부하고, 명확한 삶의 목표와 방향을 세우고, 매력적인 태도를 갖추기 위해 끊임없이 노력해야 한다. 오직 그럴 때만 더 나은 세상을 만드는 '스투피드 챌린지'Stupid Challenge를 시도할 수 있다.

여러분이 자기다움을 찾아가기 위해 도전해야 할 스투피드 챌린지는 무엇인가? 장차 다양한 분야와 영역에서 들려올 여러분의 챌린지 소식을 기대한다. 마지막으로 어떤 태도로 어떤 스투피드 챌린지를 할지 생각해보고, 기록하고, 정리하고, 실천해보기 바란다.

년 나의 스투피드 챌린지는?

감사의 글

책을 쓰면서 고마운 분이 참 많았다. 그중 몇 분께는 지면을 빌어 "고맙고 감사하고 사랑합니다"라는 말을 전하고 싶다.

나답게 산다는 것에 관한 화두를 던져주시고 인생의 방향을 잡아가는데 영감을 주신 다니엘 할아버지께 정말 감사하다고 말씀드리고 싶다. 그리고 지난 10여 년 동안 함께 이 길을 기꺼이 걸어가 준 사랑하는 이승제 목사님, 소중한 친구 유훈 박사에게 감사의 말을 전하고 싶다.

그리고 매주 4~5명의 청년이 밤 11시 넘게 와서 하룻밤 자고 갈 수 있도록 기꺼이 방을 내주고 배려해 준 사랑하는 아내 오영주, 아들 이찬, 이준에게 참으로 감사하다. 매일 아들을 위해 기도하시는 아버지 이종선 목사님, 어머니 신혜자 권사님께 깊이 감사드린다.

청년자기다움학교의 시작을 함께해 준 이명연, 김한범, 박재은, 이지수, 김정아, 박예진 코치에게 깊은 감사의 말씀을 드린다. 초기 모일 곳이 없어 매번 비싼 장소비를 내면서 여기저기 떠돌며 전전긍긍할 때 기꺼이 청년들을 위해 공간을 내어주신 유니에스 이용훈 회장님, 현태봉 부사장님께도 깊은 감사의 말씀을 드리고 싶다. 또한 매번 멘토로 청년들을 만나 주신 서울벤처대학원대학교 김춘호 총장님, MYSC 김정태 대표님, 유수석 대표님, 권광영 부사장님, 신영진 대표님, 김민석 대표님, 남주현 대표님, 유정현 대표님, 장재혁 대표님, 장정아 팀장님, 김도연 팀장님, 임형주 부사장님, 강대성 회장님, 박정현 대표님, 이립 상무님, 그리고 귀한 영상 콘텐츠를 만들어 주신 김태형 대표님, 나다움 강의를 MKYU에 만들어 주신 김미경 대표님께 감사를 전한다.

그리고 설립 초기부터 지금까지 함께 공부하고 멋지게 성장해서 코치가 되어 준 나의 제자들, 그들은 이제 나의 동역자이고 친구가 되었다. 강병호, 김수현, 김진환, 김찬용, 조대경, 김현희, 박혜은, 박정환, 박민영, 황선규, 김재연, 윤다혜, 위복영, 백은총, 유주열, 오해영, 김수연, 김승하, 정연태, 김하영, 유지원, 이대근, 최다예, 최한슬, 정주온, 위아현, 한진수, 김수란, 박수빈, 김태연, 김지환, 임태희, 임기상, 김진영, 김예은A, 김예은B, 황소리, 길익근, 박건우, 이치영, 김혁상, 김혜린, 노윤영, 오성훈, 이준혁, 박이래, 김지현A, 김성동, 여정윤, 김예슬, 박예은, 이혜선, 정성민, 국찬양, 김도훈, 박두산, 배명인, 윤지훈, 지예진, 박종화, 맹현석, 최은지, 양지안, 이정아, 이수연, 김지현B, 이혜송, 이혜원, 청년자기다움학교 15~16기 보배 등 일일이 열거하지 못했지만, 사랑하는 귀한 나의 아들딸들에게 사랑의 마음을 담아 고마움을 전한다.

무엇보다 지난 10년을 지켜봐 주시고 함께해 주신 하나님, 감사합니다. 생명 다하는 날까지 즐겁고 행복하게 사역하다가 하늘에서 뵙겠습니다. 사랑합니다.

탁월하게 나답게 사는 삶

초판 1쇄 발행 2023년 6월 6일

지은이 이주열

펴낸곳 (주)디씨티와이북스
출판등록 제16-3821호
주소 (06258) 서울 강남구 도곡로 110
전화 02-529-7722
팩스 02-571-5353
홈페이지 dctybooks.co.kr
이메일 dcty@dctybooks.co.kr

ISBN 978-89-6804-069-6 (02230)

ⓒ 이주열